다산과 강진 용혈

다산과
강진 용혈

정
민

글항아리

머리말

다산 정약용의 18년 강진 유배는 어쩌면 조선 학술사에 쏟아진 축복이었다. 40세 이전의 다산은 천주교 문제에 얽힌 건곤일척의 정치 투쟁으로 학문에 몰입할 여건을 가질 수 없었다. 강진에 유배를 내려가서도 처음 7년간은 취객의 고성이 일상화된 주막집 뒷방과 강진 뒷산 고성사의 좁은 골방, 그리고 제자 이정의 집 사랑방을 전전해야만 했다.

1808년 봄, 귤동 다산초당에 정착하고서야 다산은 깊은 안도를 느꼈다. 1805년 처음 만덕사 승려 아암 혜장과 만난 이래, 둘은 자석처럼 서로를 끌어당겼다. 아암은 전력을 다해 다산을 뒷바라지했다. 귤동 초당으로 승려 제자를 보내, 초당 옆에 얽어 세운 임시 부엌에서 생선 손질까지 시키며 다산의 정착을 도왔다. 아암 혜장과의 만남이 천주교로 인해 귀양 온 다산을 다시 불교의 깊은 세계로 이끌었다. 아암은 다산과 『주역』에 대해 토론하며 밤을 새웠고, 며칠씩

서로를 붙들어 학문의 깊은 갈증을 풀었다.

하루는 아암이 다산에게 낡아 해진 책 한 권을 내밀었다. 『호산록湖山錄』이라고 적혀 있었다. 아암이 말했다. "고려 때 이곳 만덕사에서 백련결사의 주맹主盟으로 계시던 진정국사 천책 스님의 시문집이올시다." 책을 건네받아 펼쳐 읽던 다산의 눈길에 경탄의 빛이 떠올랐다. "이런 놀라운 시인을 내가 몰랐다니! 이럴 수가 있는가? 신라의 최치원이나 고려의 이규보와 나란히 둔대도 조금의 손색이 없겠네. 그가 누군가? 아는 것이 있는가? 자세히 말해보시게." "저야 잘 모르지요. 듣기로는 덕룡산 기슭에 그 스님이 만년에 기거하시던 용혈암 터가 남아 있다고 합니다. 언제 한번 함께 가시지요." 1806년이나 1807년경 다산은 아암을 통해 천책을 만나 그에게 이끌렸다. 더 나아가 이를 계기로 다산은 고려 때 백련결사의 자취를 찾아 『만덕사지』를 편찬하기까지 했다.

지난 10여 년 동안 다산에 미쳐 수도 없이 강진 땅을 밟았다. 강진에 올 때마다 필자 또한 용혈을 서성였다. 당시의 기록을 손에 들고, 신우대로 길이 막혀 걸음조차 떼기 힘든 암자 터를 찾아 헤맸다. 더 높은 시야를 얻으려고 반대편의 가파른 벼랑길을 미끄러지며 기어오르다 구르기도 했다. 그 와중에 산길에서 내 결혼반지까지 잃었으니, 용혈은 내 혼인의 언약이 묻힌 공간이기도 하다.

기록과 현장이 꼭 맞지는 않았다. 2013년 민족문화유산연구원의 용혈암지 발굴조사 보고서는 인공으로 석축을 쌓은 용혈암지의 표면을 정리하고 트렌치를 설치해 지표 조사를 하는 것에 그쳤다. 그런데도 아래쪽 땅굴 안에서 청자 불상편이 쏟아져 나왔다. 정작 산 위쪽의 진짜 용혈 굴은 손도 대지 않았는데 말이다. 용혈 입구는 1983년부터 만덕광업이 규소를 채굴하는 채석장을 운영해와서, 용혈 반대편 산에서 발파하여 채굴해 들어온 깊이가 2킬로미터에 달한다고 들었다. 트럭 두 대가 교행할 수 있는 크기의 굴이 그처럼 길고 깊게 뚫려 있는 것이다.

채석장에서 날아오는 분진으로 용혈암지로 올라가는 산길의 차나무와 신우대 잎에는 늘 먼지가 부옇게 쌓여 있었다. 비가 내려도 씻겨나가지 않고 허옇게 엉겨붙어 옷을 더럽혔다. 그 너머 상사곡上寺谷에 있었다는 괘탑암과 능허대, 초은정의 위치를 잡아보려고 아슬아슬한 등반을 몇 차례 했다. 하지만 끝내 정확한 지점을 특정하지 못했다. 기록이 모호한 데다, 800년 넘는 지난 세월 동안 지형이 바뀌고, 무엇보다 숲이 우거져서 갈 때마다 이 골짝 저 골짝을 뒤졌어도 심증만 있을 뿐, 막상 여기다 싶은 지점은 나오지 않았다.

그러다가 삼성미술관 리움이 소장하고 있는 「표피장막책가도」 그림 속 서첩에 적힌 글귀에서 놀랍게도 '자하산인紫霞山人'과 '다창茶傖'이란 호를 쓴 이가 천책국사의 시에 차운한 시를 발견했는데, 지은이는 바로 다산 정약용이었다. 그래서 이것으로 논문 한 편을 썼다. 또 만덕사고려팔국사각의 상량문에 고려 백련결사 8국사의 사적이 자세히 나와 있었는데, 이 글 또한 다산이 철경 응언의 이름을 빌려서 대신 써준 것이라는 사실을 밝혀냈다.

『동문선東文選』과 『호산록』의 기록을 하나하나 대조해, 조선 초기

서거정이 왕명으로 『동문선』을 찬집할 당시, 『호산록』에 수록된 시문이 대거 녹아 들어갔음을 확인하는 성과를 거두었다. 『동문선』에는 이것 말고도 만덕사와 용혈을 거점으로 했던 백련결사에 대한 글들이 많이 수록되어 있었다. 터만 남은 용혈암에 관한 이처럼 풍성한 기록들은 당시의 다산을 놀라게 했고, 또 지금의 필자를 경동시켰다. 어째서 이런 일이 있을까? 나는 이 같은 기록들의 존재에 더 큰 흥미를 느꼈다.

19세기 후반 윤치영의 문집에서는 용혈에 보관되었던 고려 국왕이 하사한 금동 향로에 대한 기록을 찾아냈다. 그 밖에 국왕이 하사한 바리때와, 용혈 굴에 원래 있었던 용이 깃들었다는 깊은 연못에 대한 증언도 더 확인했다. 모든 기록이 한자리에 모이자, 백련결사의 4대 주맹이었던 진정국사 천책뿐 아니라, 이곳을 거쳐간 고려의 3국사와 여러 고승의 고결한 행적들이 속속 드러났다. 새로 만난 용혈암은 전국 어디에나 있는 그렇고 그런 수백수천의 암자 터가 아닌, 거룩한 고려 불교의 성지였다. 그리고 그것을 재발견해서 이번 정리가 가능하도록 매개해준 것은 19세기 초 강진에 귀양 왔던 다산 정약용의 손길과 정리였다.

800년 전 천책은 이곳에 머물렀고, 이후 폐허로 방치되어 묻혔다. 200년 전 다산은 용혈암을 다시 호명해내서 이 땅의 유래와 역사를 기록으로 남겼다. 200년이 다시 지나 다산의 정리와 다산조차 못 본 자료들을 묶어 세상에 선보인다.

답사 때마다 강진 향토사연구회 신영호 회장이 나를 도와 동행했

다. 용혈암이 자리한 도암면 월하리의 윤치정 선생도 어려운 산행에
두 번이나 길잡이가 되어주셨다. 윤동옥 선생도 한 차례 답사 안내
와 가전의 필사 자료를 제공해주었다. 깊이 감사드린다. 또한 2013년
용혈암지 발굴을 진두지휘했던 민족문화유산연구원 한성욱 원장께
서도 보고서와 함께 귀한 사진 자료를 제공해주셨다. 국립광주박물
관과 강진 고려청자박물관에 수장된 용혈암지 출토 청자 불상편 촬
영에 협조해주신 관계자분들께도 깊이 감사드린다. 자료 정리와 현
장 답사에 제자 강진선의 노고가 컸다. 유동훈 선생도 두 차례 답사
에 동행했다. 고마운 뜻을 적어 남긴다.

　이 책의 출간을 계기로 용혈암이 800년의 긴 잠에서 깨어나, 옛
모습을 하루빨리 되찾게 되기를 바란다. 그 옛날 진정국사를 뵙고자
조정의 고관들이 수레를 몰고 몰려들던 백련결사의 서원이 오늘의
어둡고 우울한 세상에 무지개의 희망으로 되살아났으면 하는 바람
을 가져본다. 『강진 백운동 별서정원』(2015)과 『잊혀진 실학자 이덕
리와 동다기』(2018)에 이어 이 책도 글항아리가 함께해주었다. 깊은
감사의 뜻을 전한다.

2020년 6월
행당서실에서 정민 씀

제1부

강진
용혈암지의
관련 기록
검토

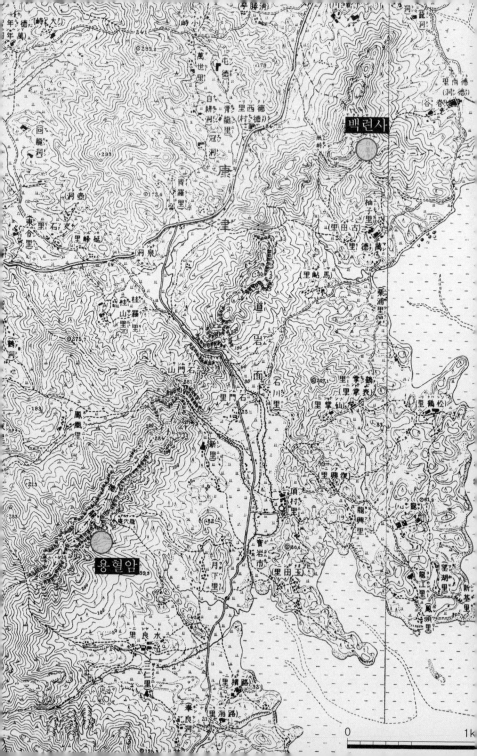

이 책은 강진군 도암면 석문리 덕룡산 동남쪽 산자락에 자리잡고 있는 용혈암지와 관련된 문헌 기록을 종합적으로 정리해, 이 공간이 지닌 문화사적 의미와 향후 문화 공간으로의 활용 방안을 살펴보는 데 목적이 있다.

용혈암은 고려 때 암자 터다. 이곳은 지금 참죽 덤불로 뒤덮인 빈터에 지나지 않지만, 고려의 빛나던 한 시절에는 백련사 2대 정명국사靜明國師 천인天因(1205~1248) 스님이 이곳에서 입적했다. 4대 진정국사眞靜國師 천책天頭(1206~?) 스님과 7대인 진감국사眞鑑國師 정오丁午(?~?) 스님이 오랫동안 머물러, 당시 스님을 뵙기 위해 조정 고관들의 수레가 줄을 잇던 고려 불교의 빛나던 성지였다.

용혈암은 강진군 만덕산 만덕사萬德寺를 창건한 원묘국사圓妙國師 요세了世(1163~1245) 때에 처음 암자로 조성되었다. 백련결사白蓮結社에 속한 승려들의 수행처로 활용되었고, 2세 정명국사 천인이 만년에 이곳에서 입적했다. 이후 백련결사를 이끌었던 4대 진정국사 천책과 7대 진감국사 정오, 즉 만덕사의 3국사가 이곳을 거쳐가며 유서 깊은 수행 공간이자 고려 불교의 한 성지로 자리매김했다.

1208년 원묘국사 요세는 월출산의 약사난야藥師蘭若에 처음으로 자리잡았고, 3년 뒤인 1211년 강진의 신사信士 최표崔彪와 최홍崔弘, 이인천李仁闡 등이 힘을 합쳐 만덕사를 창건하여 당우堂宇가 서면서, 1216년에 원묘국사를 만덕사로 옮겨왔다. 이를 계기로 이른바 백련결사가 형성되어, 송광사의 정혜결사와 함께 고려 불교 결사의 양대 축으로 성장하는 계기를 만들었다.

이후 요세는 1245년 4월, 절의 일을 만상좌 천인에게 맡기고 별원別院으로 물러나 지내다가 7월에 입적했다. 요세가 입적한 별원을 용혈암으로 보는 견해가 있으나, 요세의 비문에서 수시로 천인을 불러 대화하고, 객실 등으로 공간을 이동하는 내용이 나오며, 다산이 지휘해서 엮은 『만덕사지』에 "용혈 정람精藍은 천인과 천책, 정오 세 분 국사가 정수精修했던 사원"이라고 명시한 것으로 보아,[1] 요세가 만년에 머문 별원은 멀리 떨어진 용혈암이 아닌, 만덕사 경내의 암자였음이 분명하다.

용혈암이 언제 처음 건립되었는지 기록으로 남은 것은 없다. 다만 천인이 당시 용혈암에 머물며 『법화경法華經』을 사경하던 서상인誓上人에게 보낸 시가 있는 것으로 미루어, 용혈암은 1대인 원묘국사 요세

---

1 『만덕사지』 156쪽.

다산과 강진 용혈

당시에 조성되어 백련사 승려들이 들어가 용맹정진하던 수행처였던 것으로 보인다.

이를 이어 만덕사 2대 정명국사 천인이 만년에 이곳에서 머물다 입적했다. 이후 4대 진정국사 천책이 이곳에 머물게 되면서 용혈암은 비로소 세상에 크게 알려졌다. 백련결사에 입사를 청하는 조정 고관들의 서원이 잇달았고, 진정국사에게 가르침을 청하려는 고관들의 수레가 연이어 산속 암자로 몰려들었다. 이후 이곳은 대단히 비중 있는 종교 공간으로 탈바꿈했다. 이렇게 볼 때 용혈은 진정국사 천책으로 대표되는 공간이다. 천책을 용혈대존숙龍穴大尊宿이란 칭호로 부르는 것만 보더라도 알 수 있다. 이후 다시 진감국사 정오가 이곳에 3년간 머물렀으며, 그 뒤 용혈암 위쪽 골짜기의 퇴락한 괘탑암을 보수하고, 능허대와 초은정 등 부속 건물을 지으면서 공간은 한층 확장되었다.

이곳에는 용혈龍穴로 불리는 용굴이 있었고, 용굴 속에는 이무기가 산다는 연못이 있었다. 그리고 그 이무기가 굴 천장 쪽으로 10여 미터 이상 뚫고 승천했다는 통천혈通天穴이 지금까지 신비한 모습 그대로 남아 있다. 이 영험한 공간은 통천혈의 기묘한 형상만으로도 신앙의 대상이 되기에 충분했다. 용굴 안에는 감실을 꾸며 부처님을 모셨고, 각종 부속 건물이 차례로 들어서면서 용혈암은 상당한 규모의 사찰을 구성하게 된 듯하다. 용혈 아래쪽에는 암자 터로 닦은 평지 유구 옆에 땅굴이 하나 더 있다.

이후 용혈암은 500년이 훌쩍 넘는 세월 동안 사람들의 뇌리에서

까맣게 잊혀 사라졌다. 터는 잡초에 매몰되고, 아무도 그 존재를 알지 못했다. 그러다가 1800년대 초반 인근 만덕산에 유배객으로 머물던 다산 정약용에 의해 이 공간은 새롭게 주목받았고, 덤불 속에 묻혀 있던 찬연한 옛 역사가 되살아났다. 다산은 강진 유배지에서 만나 교유를 나눈 아암兒菴 혜장惠藏(1772~1811)을 통해 과거 이곳에 머물렀던 만덕사 4대 진정국사의 시문집 『호산록』을 구해 읽었고, 그에게 깊이 매료되었다.

그는 천책의 향기를 찾아 해마다 봄철이면 다산초당의 제자들을 이끌고 이곳으로 소풍을 오곤 했다. 이후 아암의 부탁에 따라 그의 사후 『대둔사지』와 『만덕사지』를 편찬할 때, 다산은 의욕적으로 만덕사와 용혈암의 자취 및 이곳을 거쳐간 고려 8국사의 흔적을 복원해서 수미를 갖춘 기록으로 남겼다. 이 과정에서 용혈에 상당한 비중을 둠으로써 용혈은 불교사 정리 작업의 연관 속에서 비로소 실체를 세상에 드러낼 수 있었다. 용혈암지는 다산에 의해 새롭게 의미가 부여되어 재탄생한 공간이다.

하지만 또다시 오랜 세월 잡초와 참죽 덤불로 뒤덮여 존재가 망각되었다가 2013년 민족문화유산연구원의 발굴조사에서 고려청자로 만든 불두와 불수佛手, 보살상, 나한상, 동자상 파편이 여러 점 출토되어 세상을 놀라게 했다.[2] 이 같은 유물의 존재는 이 산속 작은 암자의 위상이 결코 만만치 않았음을 분명하게 알려준다.

---

2 민족문화유산연구원에서 강진군의 지원으로 진행한 발굴 작업은 『강진 백련사 용혈암지 발굴조사 보고서』(2017년 2월 28일)로 간행되었다.

한편 용혈암에 대한 문헌 기록은 폐허와 불상의 파편으로만 남은 유적에 비해 비교적 풍부하게 남아 있다.『동문선』과『호산록』에 고려 당시 용혈암 관련 기록이 상당히 많이 남아 있고, 조선 후기 다산 정약용의 글 외에 윤정기와 윤치영의 문집 속에 용혈암 공간 및 이곳에 있었던 고려 국왕이 천책에게 하사했다는 금동 바리때와 향로에 관한 유물 기록도 남아 전한다.

이 책은 몇 가지 목표를 세워 집필되었다. 먼저 다산 정약용에 의해 용혈 공간이 재발견되는 과정과, 그 후 다산의『만덕사지』와『대둔사지』편찬 과정에서 확인된 고려 용혈암의 성립 경과, 그리고 이곳에서 이루어진 고려 국사들의 활동 자취를『동문선』과『호산록』등 각종 문헌 기록을 통해 확인하기로 한다. 또 당시 기록과 용혈암지의 공간을 비교하여 용혈 구역의 구성과 배치에 대해 살펴보겠다. 나아가 용혈 관련 유물 기록과 출토 유물도 일괄하여 소개하기로 한다. 이러한 정리를 통해 고려 불교사에서 용혈이 갖는 상징적 의미를 음미하고, 이 공간의 발굴과 온전한 복원을 촉구하는 계기로 삼고자 한다.[3]

---

3 이 책에 앞서 필자가 진행한 관련 연구는 다음과 같다.
정민, 「다산 불교 관련 일문 자료의 종합적 정리」, 『세계사 속의 다산학』[AKSR2016-J08], 2016년 한국학중앙연구원 고전자료의 현대화연구과제보고서, 152~231면; ___ , 「「萬德寺高麗八國師閣上梁文」攷」, 『불교학보』 제78집, 동국대학교 불교문화연구원, 2017년 3월, 117~152면; ___ , 「만덕사지의 편찬 경과」, 『불교학보』 제79집, 동국대학교 불교문화연구원, 2017년 6월, 117~131면; ___ , 「제3견월첩고」, 『불교학보』 제80집, 동국대학교 불교문화연구원, 2017년 9월, 251~280면.

이 책의 구성은 다음과 같다.

제1장에서는 강진 용혈암지의 위치와 연혁을 정리하고, 용혈암지 관련 문헌 기록의 소재와 실태를 확인한다. 또한 공간의 구성과 배치에 대한 개황을 소개한다.

제2장에서는 다산 시문을 중심으로 용혈 관련 내용을 번역하고 분석하겠다. 이를 통해 다산과 진정국사 천책 그리고 진감국사 정오에 얽힌 기록을 점검하고, 『다산시문집』과 『만덕사지』 등에 실린 기록을 종합적으로 검토하겠다. 또 삼성미술관 리움에 소장된 「책가도」 속의 다산 시문과 다산의 글로 밝혀진 「만덕사고려팔국사각상량문」도 함께 소개하겠다.

제3장에서는 『동문선』과 천책국사의 『호산록』에 수록된 각종 불교 기록에서 파악되는 용혈암 관련 내용을 종합적으로 정리하여 제시하겠다. 이를 통해 고려조 백련결사 당시 만덕사와 용혈암의 위상이 좀더 분명하게 드러날 수 있을 것이다.

제4장에서는 이들 기록 속에서 용혈암의 공간 구성과 배치에 관한 기록들을 따로 간추려본다. 용혈암의 규모와 상부 용굴 및 하부 땅굴 두 곳의 용혈과 부속 건물 등의 공간을 관련 시문을 분석하면서 검토하겠다. 이는 이후 용혈암지의 복원을 위한 기준이 될 것이다. 이 밖에 다산의 외손인 방산 윤정기와 석오 윤치영 등의 문집에 실린 용혈 관련 시문도 함께 제시하겠다.

제5장에서는 문헌 및 출토 유물을 통해 본 용혈암의 불교사적 위상을 검토한다. 문집 등 여러 문헌 기록에 보이는 이곳에서 나온 향

로와 그릇 등의 기록을 제시하고, 현재 국립광주박물관과 강진 고려 청자박물관에 나뉘어 보관된 용혈암지 출토 불상편도 소개하겠다.

제6장에서는 용혈암지 복원을 둘러싼 그동안의 논의를 정리하고, 이를 바탕으로 강진 용혈암지의 발굴과 복원 및 문화재 지정 방안 그리고 전략을 제시할 것이다. 현재는 용혈암지가 있는 절벽 뒤편에서 만덕광업이 1988년 이래로 광산을 운영하고 있어 환경 파괴와 분진 소음 등의 문제가 지속적으로 제기되고 있다.

이 같은 자료의 정리와 소개를 통해 지금은 광산 입구에 막혀 일반인의 접근도 힘든 폐사지에 불과한 용혈암지가 강진 문화권에서 갖는 불교문화사적 위상에 대한 새로운 인식을 촉구하고자 한다. 동시에 향후 이 공간의 본격적인 발굴에 이어 복원까지 이루어져 강진 문화권의 새로운 역사 문화 공간으로 거듭날 수 있기를 기대한다.

제2부

다산의
용혈
관련
기록

까맣게 잊혔던 용혈암의 흔적을 되찾고, 이곳에 머문 고려 국사의 자취를 문헌에서 찾아 기록으로 처음 남긴 사람은 다산 정약용이다. 다산은 용혈암의 존재를 기억할 수 있게 만든 주역이다. 그가 아니었다면 용혈암은 오늘날까지 아무도 모른 채 잊히고 말았을 것이다. 다산이 용혈암과 이곳에서 있었던 고승들의 자취를 찾아 정리하면서 그 내력이 처음으로 밝혀졌고, 이는 『만덕사지』 편찬이라는 큰 작업으로 확장되었다. 이 과정에는 다산과 만덕사 주지 아암 혜장의 깊은 인연이 있었다. 아암 혜장을 통해 알게 된 진정국사 천책에 대한 다산의 존모도 크게 작용했다. 다산은 천책의 문집 『호산록』을 읽으면서 깊은 인상을 받았고, 그의 행적을 추적하다가 고려 때 용혈암을 거쳐간 국사들과 이곳에서 있었던 여러 사실에 대해 정리하기 시작했다.

다산은 자신의 시문집과 『만덕사지萬德寺志』 및 『대둔사지大芚寺志』

에 용혈 또는 천책국사와 관련하여 다음과 같은 여러 편의 글을 남겼다.

1. 「용혈행龍穴行」
2. 「조석루기朝夕樓記」
3. 「천책의 시권에 제함題天頙詩卷」
4. 「승려 초의 의순을 위해 써준 증언爲草衣僧意洵贈言」
5. 삼성미술관 리움 소장 「표피장막책가도豹皮帳幕冊架圖」
6. 「유용혈기遊龍穴記」
7. 「만덕사고려팔국사각상량문萬德寺高麗八國師閣上樑文」

이제 이들 작품을 차례로 살펴보겠다. 전문을 번역하여 원문과 함께 제시하고 내용을 검토하기로 한다.

1.

「용혈행龍穴行」

먼저 용혈에 대해 최초로 언급한 다산의 시 「용혈행」을 읽어보자. 1808년 5월 11일에 지은 이 시는 『다산시문집』 권5에 실려 있다. 다산은 강진에 유배 온 지 8년 만인 1808년 봄에 처음으로 만덕사 옆 귤동의 다산초당에 거처를 정해 정착했다. 원제목은 「용혈행. 5월 11일 윤문거 등 여러 사람과 놀았는데, 학포學圃가 따라갔다龍穴行. 五月十一日, 與尹文擧諸人遊, 圃兒從」이다.

갯가 날씨 새벽 무렵 천둥과 비가 개자	浦天曉色雷雨霽
부옇게 가렸던 산 말쑥하게 씻기었네.	蕩滌山巒氛霧翳
숲 기운 차고 맑아 가을날과 다름없고	林氣凄清似秋日
쭉 뻗은 구름발은 기이한 형세 있네.	雲脚悠揚有奇勢
주인이 나에게 용혈龍穴 유람 권하자	主人勸我遊龍穴
아이들 팔짝팔짝 기세를 못 꺾겠네.	小輩踴躍鋒莫折

오랜 병에 입성이 온통 엉망이지만　　久病衣襪渾散漫

번거롭게 주섬주섬 억지로 방 나선다.　　強起出房煩拾掇

돌길을 걸을 때는 비틀댈까 근심타가　　石徑試步愁蹣跚

외나무다리 지난 뒤론 힘든 것을 잊었다네.　　野彴已過忘崎艱

논 속의 새싹은 푸르게 무늬 지고　　水中新苗紋綺綠

풀 사이 작은 딸기 단사丹砂덩이처럼 붉다.　　草間小莓砂錠丹

석문石門에 접어들자 냇물 빛이 차갑고　　漸投石門溪色冷

갓 테두리 들썩들썩 바람 몹시 거세다.　　帽簷拂拂風力猛

맨머리의 꼬맹이들 당해내질 못해서　　頭童髻小當不得

모래 물가 잠시 들어 안정을 취했다네.　　暫入沙磧取安靜

푸른 절벽 붉은 비탈 구비가 삼백인데　　翠壁紅岶三百曲

가는 샘물 누운 폭포 푸르기 옥과 같다.　　裊泉臥瀑靑如玉

조건曹楗의 사당이야 황량한 지 오래건만　　曹楗祠堂久已荒

정선鄭選의 그림 병풍 눈앞에 또렷하다.　　鄭選畫屛森在目

차츰차츰 서쪽으로 소석문小石門 지나가자　　取次西過小石門

몇 채의 울타리가 산자락에 기대었다.　　數家籬落依山樊

들판 연못 얼핏 지나 강파른 비탈 올라서니　　輕捐野池趨峻阪

나무꾼의 좁은 길이 마을로 이어진다.　　樵蘇細路斜連村

뜻하잖게 두 윤공尹公이 아이들을 거느린 채　　不圖二尹領兒穉

산허리에 가로 앉아 내가 오길 기다리네.　　橫坐山腰待我至

반갑게 해후하여 술 따르길 재촉해선　　歡然邂逅催瀉酒

두 패가 어우러져 한바탕 술 취했지.　　兩曹合幷成一醉

저 멀리 용혈龍穴 보매 푸른 연기 피어나니　　遙瞻穴中碧煙生
계집종 미리 보내 음식 조리하는 걸세.　　已遣婢子具炊烹
넝쿨을 부여잡고 돌 쌓인 길 올라서자　　捫蘿挽葛陟磊砢
첫 자리에 갈증 풀라 붉은 앵두 차렸구나.　　初筵解渴陳紅櫻
농어국에 전복회가 어지러이 쌓여 있고　　羹鱸膾鰒紛相疊
파를 삶고 미나리 데침 법대로 갖추었다.　　蔥渫瀹芹俱如法
젊은이와 갖은 음식 땅에 잔뜩 차렸지만　　少年飣飯皆錯地
높은 집에 좋은 자리 깐 것보다 훨씬 낫다.　　勝在高堂藉絪㲉
바위산 조각한 듯 기괴하기 짝이 없고　　巖岫雕鑱儘譎怪
우멍한 종유동굴 허공에 걸렸구나.　　谽谺乳竇空中掛
그 옛날의 선원禪院이 지금은 파묻혀서　　昔時禪院今蕪沒
층층 누대 가파른 섬돌 모두 다 무너졌다.　　層臺急砌都崩敗
남은 힘 다시 모아 높은 뫼 넘어서자　　更收餘力蹻嶔岌
청라 넝쿨 우거진 골짝 넓고도 깊숙하다.　　靑蘿洞天恢且深
소윤小尹이 이곳에다 집 지으려 하는 것은　　小尹於此謀築室
동백나무 푸르게 숲 이룸을 아껴설세.　　愛有山茶翠成林
지는 해를 따라서 산 그림자 내려오고　　落日漸隨山影下
술병이 바닥나도 아쉬워 못 파하네.　　酒盡壺乾惜未罷
어부 집엔 물안개가 가로로 걸려 있고　　漁莊水煙橫一抹
먼바다 푸른 물결 빛을 받아 반짝인다.　　遠海碧斄光猶射
숲 까치는 노루 뛰자 홀연 놀라 깍깍대고　　忽驚林鵲嗔駁麚
들 송아지 돌아가는 사람 따라 가는구나.　　稍見野犢隨歸人

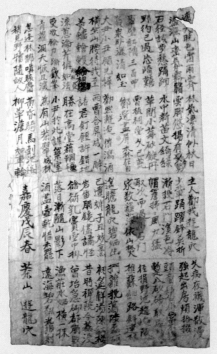

윤시유 집안에 전해오는 「용혈행」 시고, 5대손 윤동옥 소장.

| 황혼 무렵 말 타고서 지각池閣에 당도하니 | 黃昏騎馬到池閣 |
| 버들가지 말쑥한 달 수레바퀴만 하구나. | 柳梢澹月如車輪 |

7언 52구 364자에 달하는 장시다. 다산초당 이주 후에 제자들과 가진 첫 번째 소풍을 기록했다. 다산의 아들 정학유丁學遊(1786~1855)가 8년 만에 처음으로 1808년 4월 20일에 막 초당으로 이주한 아버지를 뵈러 내려왔다. 당시 정학유는 학포學圃란 이름을 사용하고 있었으므로 제목에서 '포아圃兒'라고 썼다. 한창 학문에 몰두해야 할 16세 때 아버지가 귀양을 가고 폐족이 되면서 자포자기에 빠진 둘째 아들 정학유 때문에 다산은 당시 무던히도 속을 썩이고 있었다. 그 둘째가 수염이 거뭇거뭇하게 자란 청년이 되어 자기 앞에 절을 올리자 부자는 머쓱하기 짝이 없었다. 이후 정학유는 1810년 2월까지 2년 가까이 다산초당에서 아버지를 모시고 공부했다.

다산초당으로 옮겨 거처가 안정된 데다 둘째 아들까지 찾아오자, 괴롭기만 하던 7년간의 유배생활에 갑자기 생기가 돌았다. 초당의 주인 윤단尹博은 손자들의 교육을 다산에게 부탁했다. 이렇게 해서 다산초당의 공부방이 꾸려졌다.

화창한 봄을 맞아 윤단의 아들 문거文擧 윤규노尹奎魯(1769~1837)가 하루는 다산에게 소풍 삼아 바람을 쐬러 가자고 청했다. 이야기를 들은 아이들은 펄펄 뛰면서 좋아했다. 이때 소풍 장소가 바로 용혈이었다. 하지만 소풍을 가기로 한 전날 밤에 우레가 치고 비가 쏟아졌다. 준비만 해놓고 못 가면 어쩌나 싶어 마음을 졸이다가 새벽

녘에 보니 비가 말끔하게 갰다. 모처럼 애비를 찾은 아들에게 다산은 이곳 강진의 봄 풍경을 선물해주고도 싶었을 것이다.

용혈은 초당에서 깎아지른 벼랑이 문처럼 버티고 선 석문石門 쪽으로 나와 주작산朱雀山 쪽으로 가는 길목 덕룡산德龍山 자락에 자리잡은 고려 때 암자 터였다. 고려시대 진정국사 천책이 머물렀던 유서 깊은 공간이었다. 다산은 아암 혜장을 통해 특별히 진정국사 천책의 시문집인 『호산록』을 구해 읽으면서, 그에 대해 깊은 관심을 가졌다.

석름봉을 돌아 석문 어귀로 접어드니 늘어선 돌 절벽 사이로 바람 골이 매서웠다. 머리에 쓴 갓의 테두리가 흔들릴 정도였다. 아이들이 염려되어 잠시 냇가에서 바람의 기세가 잦아들기를 기다렸다. 다시 길을 재촉해 일행의 발걸음은 소석문小石門 길을 벗어나 마침내 용혈에 당도했다. 그곳에는 이미 도암면 석문리에 사는 윤서유尹書有와 그의 사촌 동생 윤시유尹詩有가 집안의 아이들을 데리고 다산 일행이 도착하기를 기다리고 있었다.

귤동 패와 목리 패가 처음으로 한자리에 모였다. 대뜸 술자리가 펼쳐져 술잔이 바삐 오간다. 오늘의 최종 행선지인 용혈 쪽을 올려다보니 푸른 연기가 피어난다. 윤서유가 여종을 미리 보내 음식 준비를 시킨 까닭이다. 이제 일행은 용혈을 향해 돌길을 바투 올라선다. 자리에 빨갛게 잘 익은 앵두가 놓였다. 우선 갈증부터 풀라는 배려다. 이어 농어국이 나오고 전복회가 놓인다. 삶은 파로 만든 강회와 데쳐 무친 미나리 무침이 입맛을 돋워준다.

용혈은 우멍하게 하늘을 향해 구멍이 뻥 뚫려 있다. 이곳에 살던 용이 그리로 솟구쳐 하늘로 올랐다는 전설에 걸맞다. 하지만 그때의 자취는 찾을 길이 없고, 층층의 누대도 가파른 섬돌도 희미하게만 남았다. 온통 폐허가 되었다.

유쾌한 자리를 마무리한 일행이 다시 고개 하나를 더 넘는다. 청라 넝쿨이 우거진 넓고도 깊은 골짜기가 나타난다. 윤서유는 이곳에다 집을 새로 지으려 한다. 둘레의 동백나무 숲을 아껴서다.

이제 해도 뉘엿해졌다. 그래도 일행은 차마 자리를 털고 일어나지 못한다. 멀리 바닷가 어부의 집에 물안개가 드리우고 먼 바다는 석양볕을 받아 물결이 반짝인다. 돌아갈 때가 된 것이다. 산 노루가 인기척에 놀라 후다닥 달아나자 놀란 까치가 갑자기 크게 울어댄다. 종일 풀밭에 놓여 놀던 송아지도 목동 아이를 따라 집으로 돌아오고 있다. 다산도 말에 올라타 초당으로 돌아오는 길에 올랐다. 마침내 초당에 도착하자 밤은 어느새 깊어 버들가지 사이로 수레바퀴만한 달이 덩실 비친다.

귀양 온 지 8년 만에 처음으로 가져본 성대한 소풍이었다. 더구나 병으로 시름시름 앓던 뒤끝에 서울에서 아들까지 내려와 동행했으니 다산의 기쁨은 비할 데 없었다. 더욱이 윤서유의 집안과는 선대부터 인연이 있었다. 예전 다산의 부친 정재원이 이 집에 들렀을 때, 윤서유의 부친 윤광택의 환대를 받았었다. 그로부터 수십 년이 지나, 이번엔 다산이 그의 아들 정학유와 함께 이곳을 찾아 다시 한번 환대를 받았다.

위의 시 중에서 용혈암 터를 묘사한 대목만을 따로 떼어서 살펴보면 이렇다.

바위산 조각한 듯 기괴하기 짝이 없고	巖岫雕鐫儘譎怪
우멍한 종유동굴 허공에 걸렸구나.	谽谺乳竇空中掛
그 옛날의 선원禪院이 지금은 파묻혀서	昔時禪院今蕪沒
층층 누대 가파른 섬돌 모두 다 무너졌다.	層臺急砌都崩敗

기괴한 형상의 바위산이 우뚝 솟았고, 그 아래쪽에 움푹 팬 동굴이 허공에 걸려 있다. 이곳은 예전에는 선원, 즉 스님네가 거처하던 절집이었다. 하지만 지금은 잡초 더미에 덮였고, 건물터에 우뚝 솟았던 층층의 누대와 경사로를 타고 둘러쳐진 섬돌 및 계단은 모두 무너져서 자취조차 찾기 어렵다.

이 기록이 지금부터 210여 년 전인 1808년 5월 11일에 다산이 초당의 주인 윤규노와 자신에게 배우던 생도, 그리고 아버지를 찾아온 둘째 아들 정학유 등과 함께 처음 찾아갔던 용혈암 터에 대한 다산의 첫인상이었다.

2.

「조석루기」朝夕樓記

다산이 첫 소풍 장소로 용혈을 택했던 이유는 진정국사 천책의 자취를 사모한 까닭 외에 위 「용혈행」에도 등장하는 용혈 너머 도암면 석문리 용산 기슭에 윤서유의 집인 조석루朝夕樓가 있었기 때문이다. 용혈 소풍의 일정과 두 공간의 관계를 설명한 「조석루기」가 『다산시문집』에 실려 있다. 용혈에 관한 부분은 얼마 되지 않지만, 소풍의 하루 일정과 두 공간의 위치를 이해하는 데 도움이 되므로 이 글에서 함께 소개한다.

조석루는 개보皆甫 윤서유의 서루書樓다. 내가 다산茶山에 산 지 이제 4년에 되어간다. 매년 꽃 시절이면 반드시 도보로 산을 따라 오른쪽 길로 가서 고개 하나를 넘고 시내 하나를 건너, 석문에서 바람을 쐬고, 용혈에서 쉬다가, 청라곡靑蘿谷에서 술을 마시고, 농산農山의 별서別墅에서 하룻밤 잔 뒤에 말을 타고 다산으로 돌아오는 것이 상례였다.

윤서유는 그의 사촌 아우 군보群甫 윤시유와 함께 술병을 차고 물고기를 가지고 와서, 혹 석문에서 만나기로 약속하고, 혹 용혈이나 청라곡에서 만날 것을 약속하곤 했다. 술에 취해 배가 부른 뒤에는 함께 농산의 별서에서 자는 것 또한 상례였다.

농산은 윤서유의 별장이다. 농산으로 가는 길은 바로 용산의 기슭이다. 그의 아버지를 장사지냈고, 아버지의 고조도 장사지냈다. 또 그 서편에는 아버지의 할아버지를 장사지냈다. 묘도墓道 옆 한 뙈기 땅에 집을 짓고는 편액을 달아 '영모재永慕齋'라고 했다. 영모재의 왼쪽 담장을 따라 작은 누각을 지었는데, 이 누각에 올라가면 용산의 여러 봉우리가 우뚝 솟아 험준하고 깊숙한 모습이 책상 앞에 늘어서고, 빽빽하게 우거진 것은 티끌세상의 표면을 벗어난 듯하여 놀랍고 기뻐할 만했다. 만약 장마가 계속되다가 갠 달빛이 산마루를 벗어나면, 마치 여러 신선이 노니는데 상서로운 구름이 허공에 서린 것만 같아 천 리에 한 번 만날까 말까 한 절경이었다. 나의 발자취는 용산에 두루 미쳤다. 어떤 때는 멀리서 바라보았고, 어떤 때는 가까이서 살펴보았다. 가끔은 그 옆모습을 흘깃 보았고, 가끔은 정면을 마주보기도 했다. 그 어떤 경우든 험하고 가팔라서 높게만 여겨질 뿐이었다. 그 기쁜 듯한 얼굴과 상서로운 낯빛은 이 누각에 오르는 통쾌함만 같은 것이 없었다.

옛날에 자유子猷 왕휘지王徽之가 여기에 맛을 들였으나 다만 그 아침 기운만을 취했고, 원량元亮 도잠陶潛도 일찍이 여기에 맛을 들였지만 저녁 기운만을 취했었다.1 이제 윤서유는 두 가지를 모두 취하여 누각의 이름을 조석루라고 했다. 어찌 다만 저 두 사람은 어리석은데 윤서유 홀로 지혜롭고, 두 사람은 청렴한데 윤서유만은 탐욕스러운 것이겠는가? 대개 이른바 왕휘지의 서산과 도잠의 남산이 이곳 용산의 수려함만 못했기 때문일 것이다. 그것도 아니라면 두 사람이 차지했던 땅이 이 누각이 요지를 차지한 것만 같지 못해서일 것이다. 내가 이 누각에 묵으면서 저녁에는 이곳의 저녁 풍경을 보고, 아침에는 아침의 경관을 보았다. 그러고 나서 앞서 두 사람은 치우쳐 어느 한 편만 얻었고, 윤서유가 온전함을 얻었음을 더욱 믿게 되었다.

누각의 사방은 모두 굵은 왕대밭이다. 그중 통로 하나를 열어서 문으로 삼았다. 문의 서편으로 동쪽 언덕을 등지고 선 것은 '한옥관寒玉館'이라 한다. 한옥관 남쪽에 열 아름이나 되는 큰 나무가 서 있는데, 가파른 바위가 괴이한 것은 '녹운오綠雲塢'라고 한다. 녹운오를 돌아서 동편으로 꺾어 수십 보를 가면 한 구비 연못이 있다. 연꽃을 심어 붉은 잉어를 기르는지라, '금고지琴高池'라고 부른다. 연못가에는 정자를 지어 '척연정滌硯亭'이라고 한다. 척연정 동편에는 해묵은 잣나무 한 그루가 있어 '국단掬壇'이라 한다. 정자 서편에 시원한 샘이 하나 있으니, '녹음정鹿飲井'이라 부른다. 녹음정 위편으로 길이 나 있고 논물 흘러가는 소리를 들을 수 있는지라 '의장혜倚杖蹊'라 부른다. 동천東阡의 동편으로 1만 그루나 되는

---

1 왕휘지王徽之의가⋯취했었다: 왕휘지(338~386)는 동진東晉의 명사로 서성書聖 왕희지의 아들이다. 그는 대사마 환온桓溫의 참군이 되었으나 벼슬길에는 관심이 없었고, 환온이 그의 직분에 관해 묻자 "서산西山에 아침이 오니 공기가 이처럼 상쾌하다西山朝來, 致有爽氣"라고 대답한 일로 유명하다. 또 도연명은 시 「음주飮酒」에서 "동쪽 울타리 아래서 국화 캐다가, 유연히 남산을 바라보누나. 산 기운 저녁이면 더욱 고운데, 나는 새 서로 함께 돌아가누나採菊東籬下, 悠然見南山. 山氣日夕佳, 飛鳥相與還"라고 읊었다. 이 두 구절에서 아침과 저녁의 논의를 가져왔다.

소나무가 빼곡한 곳은 '표은곡豹隱谷'이라 한다. 서쪽으로 난 길의 서편에는 좋은 나무들이 무성하게 늘어서 있어 쉴 수도 있고 그늘로 삼을 수도 있으니, '앵자강鸎子岡'이라 부른다. 앵자강에서 서쪽으로 가면 맑은 시내에 붉은 바위가 있어 물가를 따라 거닐거나 씻을 수 있으므로 '수경간漱瓊澗'이라고 한다. 앵자강에서 남쪽으로 백여 보 떨어진 곳에 초가 한 채를 지어놓았다. 나무 베어가는 것을 감시할 수도 있고 책을 읽을 수도 있어서 '상암橡菴'이라 부른다. 그리고 옻나무 숲과 감나무 동산이 지형에 따라 모두 자리를 잡고 있어서, 이 또한 이 누각의 풍경에 보탬이 된다.

농산에서 동쪽으로 몇 리를 가면 옹중산翁仲山이다. 이곳 말로 옹중을 법수法壽라 하는데, 그의 조부를 장사지낸 곳이다. 여기에도 멋진 원포園圃가 있어 '옹산별업翁山別業'이라 부른다. 가경嘉慶 신미년(1811) 봄에 짓다.

朝夕樓者, 尹皆甫之書樓也. 余寓茶山, 今且四年. 每花時試步, 必由山而
右, 越一嶺涉一川, 風乎石門, 憩乎龍穴, 飲乎靑蘿之谷, 宿乎農山之墅.
而後騎馬而反乎山, 例也.

皆甫與其從父弟羣甫, 佩酒持魚而至, 或期乎石門, 或期乎龍穴, 或期乎
靑蘿之谷. 旣醉而飽, 與之宿乎農山之墅, 亦例也.

農山者, 皆甫別業, 農山之阡, 卽龍山之麓. 厥考葬焉, 厥考之高祖葬焉.
又其西, 厥考之皇考葬焉. 於其墓道之側, 起一畝之宮, 而扁之曰永慕齋.
齋之左序, 因而閣之, 爲小樓. 登斯樓, 則龍山百峯, 崒然嵰嶷, 而列乎几

案之前. 鬱然葱蒨, 而拔乎塵埃之表, 可驚可悅. 若積雨連延, 而霽月出嶺, 若羣仙遊戱, 而靄雲盤空, 蓋千里一遇之絶境也. 余之足跡, 遍乎龍山, 或遠而望之, 或迫而視之, 或睨其側面, 或對其正面, 皆不過巢嵬嵂兀, 以爲高而已. 其歡顔瑞色, 未有若登斯樓之爲快也.

昔王子猷嘗有味乎斯也, 特取其朝氣. 陶元亮嘗有味乎斯也, 特取其夕氣. 乃皆甫兩取之, 名其樓曰朝夕. 豈惟彼二子者之愚, 而皆甫獨慧. 二子者之廉, 而皆甫獨貪與. 蓋其所謂西山南山者, 不若是龍山之秀麗耶. 抑二子者之所據乎地者, 不若斯樓之得其要也. 余旣宿斯樓矣, 夕而觀其夕, 朝而觀其朝, 益信夫二子者之偏, 而皆甫之得其全也.

樓之四畔, 皆篔簹巨幹, 通一竅以爲門. 門之西, 負其東阡, 曰寒玉之館. 館之南, 有樹大十圍, 巉岩詭怪, 曰綠雲之塢. 自塢而轉, 東折數十步, 有池一曲, 以植芙蕖, 以養赤鯉, 曰琴高之池. 臨池爲榭, 曰滌硯之亭. 亭之東有老柏一株, 曰掬壇. 西有洌泉一眼, 曰鹿飮之井. 井之上有徑, 可聽田水, 曰倚杖之蹊. 東阡之東, 密松萬計, 曰豹隱之谷. 西阡之西, 嘉木森列, 可休可蔭, 曰鷽子之岡. 自岡而西, 淸流赤石, 可沿可濯, 曰漱瓊之澗. 自岡而南百餘武, 構一草屋, 可以禁伐, 可以讀書, 曰橡菴. 而漆林栭園, 隨地皆有, 亦斯樓之羽翼也.

自農山東行數里, 曰翁仲之山. 方言翁仲曰法壽, 厥王考葬焉. 亦有園圃之勝, 謂之翁山別業. 嘉慶辛未春.

농산별업은 용혈 권역이 문화재로 지정되어 개발될 경우, 이와 연계된 문화 공간으로 확장할 수 있는 곳이다. 그런 까닭에 이 글에서 자세히 살폈다. 다산초당과 농산별서 사이에 용혈이 자리잡고 있다. 농산별서는 용산 기슭에 자리잡았고, 윤서유의 부친과 5대조의 산소가 있는 곳이다. 묘도 옆에 재각인 영모재가 있고, 그 왼편 담장 곁에 선 작은 누각이 바로 조석루다. 조석루는 아침도 좋고 저녁도 훌륭한 풍광을 누릴 수 있는 누각이란 뜻이다.

이어 다산은 농산별서 조석루 주변의 11경을 꼽았다. 조석루 둘레의 왕대밭으로 문 서편의 동쪽 언덕배기에 있는 '한옥관'과, 그 남쪽의 열 아름 되는 큰 나무와 우뚝한 바위가 선 언덕이 '녹운오'다. 녹운오를 돌아 동편으로 꺾어 수십 보 거리에 있는 붉은 잉어를 기르는 연못은 '금고지'이고, 연못가 정자는 '척연정'이다. 정자 동쪽의 해묵은 잣나무가 있는 곳은 '국단'이고, 척연정 서편의 샘물은 '녹음정'이다. 녹음정 위편 길을 '의장혜'라 부르고, 동쪽으로 난 길 동편 1만 그루 소나무가 빼곡한 곳은 '표은곡'이다. 서쪽 길의 서편은 '앵자강'이라 하고, 다시 서편으로 더 가서 나오는 냇물은 '수경간'이다. 그리고 앵자강 남쪽 100여 보 떨어진 곳의 초가집은 '상암'이다. 여기에 더해 옻나무 숲과 감나무 동산이 더 있어 조석루의 풍광을 보좌한다.

다산은 봄철마다 용혈에 들렀다가 농산별서로 와서 하룻밤을 묵고 가곤 했다. 조석루와 그 둘레의 경관은 오늘날 자취가 무색해졌지만, 다산이 용혈과 관련지어 특별히 세밀하게 묘사한 공간이어서, 복원할 가치가 충분한 공간이다.

3.

「천책의 시권에 제함題天頙詩卷」[2]

세 번째로 읽을 글은 「제천책시권」이다. 이 글은 『만덕사지』 상책에서 고려 8국사 설명 중 제4 진정국사 천책조의 끝 대목에 인용되어 있다. 『다산시문집』 권14에도 「제천책국사시권題天頙國師詩卷」이 그대로 실려 있다. 하지만 이 두 글은 본문상 유의미한 차이가 있다. 『만덕사지』에 실린 글이 다산이 애초에 쓴 글이어서 여기에 따라 전문을 제시하면 다음과 같다.

이는 고려의 이름난 승려로 진정국사眞靜國師의 호를 받은 천책이 남긴 시문집이다. 본래 4권 2질帙이었는데, 그 절반을 이웃 절의 수좌승首座僧이 훔쳐간 바가 되어, 연담 유일蓮潭有一이 일찍이 그것을 찾아서 가져

---

2 『만덕사지』는 1977년 아세아문화사 영인본과 동국대 불교기록문화유산 아카이브에 올라 있는 용흥사 소장 필사본 『만덕사지』, 그리고 백련사 소장본이 있다. 백련사 소장본이 원본이다. 원문은 인터넷에서 검색이 가능한 용흥사 소장본을 기준으로 인용한다.

오려고 했지만 마침내 얻지 못했다. 내가 살펴보니, 천책의 시는 시상이 농려濃麗하고 굳세어서 채식만 하는 승려의 담박한 병통이 없다. 그 학문은 해박하면서도 두루 꿰었고, 그 재주는 용사用事에 민첩하여, 위로 유산遺山과 수레를 나란히 하고, 아래로는 몽수蒙叟와 어깨를 겨룰 만했다. 애석하도다, 이름이 이미 묻혀버리다니. 만약 예원藝苑을 주도하는 자로 하여금 신라와 고려시대에서 세 사람을 고르라고 한다면, 최치원과 천책, 그리고 이규보일 것이다. 천책은 본래 만덕산 사람인데 용혈로 옮겨가서 살았다. 내가 다산에 살게 된 뒤로부터 해마다 한 번씩 용혈로 놀러 왔는데, 천책이 남긴 향기를 맡아보기 위해서였다.

此高麗名僧天頙, 賜號眞靜國師者詩文遺集也. 本四卷二帙, 其半爲隣寺首座僧所竊, 蓮潭有一嘗欲鉤取之, 竟不得. 余觀天頙之詩, 濃麗蒼勁, 無蔬筍淡泊之病. 其學博洽該貫, 而其才敏於用事. 上之可以騈駕遺山, 下之可以拍肩蒙叟. 惜乎, 名已泯矣! 若使操衡藝苑者, 揀三人於羅麗之世, 則崔致遠·天頙·李奎報其額也. 天頙本萬德山人, 移棲龍穴. 余自棲茶山以來, 歲一遊龍穴, 爲嗅天頙遺芳也.

고려 8국사의 재발견은 『만덕사지』 편찬 작업이 거둔 가장 중요한 성과다. 제1 원묘국사 요세와 제2 정명국사 천인의 비문 및 시집 서문은 모두 『동문선』에 당당히 오른 고려 때의 명문들이다. 반면 제4 진정국사는 대둔사에 그의 문집 『호산록』이 다산의 당시까지 남아 있었으나, 그나마 1책이 도중에 사라져 인적 사항을 파악하는 데 어려움이 있었다. 다산은 절반만 남은 『호산록』을 읽고 난 느낌을 별도로 글로 남긴 것이다.

그런데 문집에 수록된 것과 『만덕사지』에 수록된 내용에 차이가 있다. 먼저 본문 중 '유산遺山'이 문집에서는 '감산憨山'으로 바뀌었다. 유산은 원나라 때 원호문元好問의 호이고, 감산은 명나라 때 고승 덕청德淸을 가리킨다. 또 몽수는 일반적으로 장자莊子의 별칭이지만, 글에서 '아래로는'이라고 했으니 앞에 나온 유산 또는 감산보다 후대의 인물이라야 맞다. 청나라 왕신王宸이 몽수란 호를 써서, 그를 가리킨 것으로 볼 수도 있으나, 이것만으로 단정하기는 어렵다.

또 최치원·이규보와 이름이 나란할 것이라는 언급에 이어, 문집에는 "내가 『동문선』을 살펴보니 천인天因의 시 여러 편이 실려 있었는데, 천인은 천책의 재전再傳이다余觀東文選, 錄天因詩文數篇, 天因者, 天頙之再傳也"라는 내용이 나온다. 이 부분은 명백한 오류다. 천인이 아니라 7대 정오와 혼동했다. 천책과 천인은 모두 제1 원묘국사 요세의 직전直傳 제자로 동문이지 재전 제자가 아니다. 『만덕사지』에는 이 문장이 삭제되고 없다.

또 『다산시문집』에 실린 글은 이렇게 끝이 난다. "천책은 본래 만덕산 사람인데 용혈로 옮겨 살았다. 내가 다산에서 지내게 되면서부터 1년에 한 차례씩 용혈로 놀러 가서 천책을 그리며, 탄식하고 슬퍼하며 애석해하지 않은 적이 없었다. 이처럼 훌륭한 인물이 어찌하여 불교에 빠졌더란 말인가天頙本萬德山人, 移棲龍穴. 余自棲茶山以來, 歲一遊龍穴, 憶念天頙, 未嘗不嗟傷悼惜. 以若賢豪, 胡乃陷溺於佛敎也?" 하지만 『만덕사지』

에 수록한 글에서는 "천책은 본래 만덕산 사람인데 용혈로 옮겨가서 살았다. 내가 다산에 살게 된 뒤로부터 해마다 한 번씩 용혈로 놀러 왔는데, 천책이 남긴 향기를 맡아보기 위해서였다天頭本萬德山人, 移棲龍穴. 余自棲茶山以來, 歲一遊龍穴, 爲嗅天頭遺芳也"라고 했다. 문집 글을 이처럼 이상하게 끝맺은 것은, 유자로서 승려에 대해 과도한 칭찬을 한 것을 변명하려는 일종의 자기 검열로 이해된다.

다산이 신라와 고려를 통틀어서 단 세 사람을 꼽는다면 최치원, 이규보와 천책일 것이라 한 점은 다산이 천책에 대해 얼마나 큰 경모의 마음을 가졌는지 잘 보여준다. 아암 혜장을 통해 구해 읽은 천책의 『호산록』은 절반의 글만 가지고도 다산을 사로잡았다. 이것이 다산으로 하여금 용혈이란 공간에 더 큰 관심을 기울이도록 촉매 작용을 했다.

4.

「승려 초의 의순을 위해 써준 증언爲草衣僧意洵贈言」

이번에 소개할 글은 『다산시문집』 권17에 수록된 「승려 초의 의순을 위해 써준 증언爲草衣僧意洵贈言」 6칙 중 뒤편의 2칙이다. 이 2칙은 다산이 『호산록』에서 읽은 천책의 글 중에서 두 단락을 발췌 인용해 제자인 초의草衣 의순意洵(1786~1866)을 위해 써준 내용이다. 의순은 처음엔 의순意洵으로 쓰다가 나중에 의순意恂으로 바꿨는데, 다산은 초의에게 준 모든 글에서 의순意洵으로만 썼다.

다산은 초의에게 써준 글에서 천책의 말을 두 단락으로 나누어 인용했다. 두 단락 모두 『호산록』 권4에 수록된 「운대아감 민호閔昊에게 보낸 답장答芸臺亞監閔昊書」에 나온다. 문집에 실은 것은 원본의 내용을 일부 줄이거나 뺐다.

천책 선사가 말했다. "간혹 저잣거리를 지나다가 앉아 장사하거나 다니며 물건 파는 행상을 보게 되면 단지 몇 푼 안 되는 돈을 가지고 시골

벅적 떠들면서 시장의 이끗을 독점하려고 다툰다. 백 마리 천 마리의 모기가 항아리 속에 있으면서 어지러이 앵앵대는 것과 무에 다른가?" 그가 비록 선禪에 빠지기는 했지만, 말인즉 옳다.

天頭禪師云: "或經過市廛, 見坐商行賈. 只以半通泉貨, 哆哆譁譁, 罔爭市利. 何異百千蚊蚋在一甕中, 啾啾亂鳴耶." 適其所溺者禪, 言則是也.

세상 사람들이 이끗을 다퉈 와글와글 싸우는 소리를 항아리 속에 든 수백 수천 마리 모기가 바글바글 앵앵대는 소리에 빗댔다. 저 잣거리가 항아리 속이라면 모기떼는 장사치들이다. 다산은 초의에게 천책의 이 대목을 들려줌으로써 모기떼가 앵앵대는 항아리를 훌쩍 벗어나 아무 걸림 없이 툭 트인 승려가 될 것을 권면했다.
이어 다시 한 단락을 인용했다.

천책 선사가 말했다. "부잣집 아이가 평생 한 글자의 책도 읽지 않고, 오직 경박하게 교만을 떨며 건달로 노니는 것을 일삼는다. 한갓 월장月杖과 성구星毬로 금 안장과 옥 굴레를 씌운 말을 타고 삼삼오오 무리 지어 십자의 거리에서 내달리며 아침저녁 할 것 없이 노상 이리저리 몰려다니는데 구경꾼이 담벼락처럼 둘러선다. 애석하다. 나나 저들이나 모두 허깨비 세상에서 허깨비로 살아가고 있다. 저들이 어찌 허깨비 몸으로 허깨비 말을 타고 허깨비 길을 내달리며 허깨비 기술을 잘 부려 허깨비 사람으로 하여금 허깨비 일을 구경하게 하는 것이 허깨비 위에 허깨비가 다시 허깨비를 더하게 하는 것임을 알겠는가? 이로 말미암아 밖에 나가서 어지러이 떠들썩한 것을 보고 나면 서글픈 생각만 더할 뿐이다." 가경 계유년(1813) 8월 4일.

天頙禪師云:"富兒生年不讀一字書. 唯輕驕遊俠是事. 徒以月杖星毬, 金鞍玉勒, 三三五五, 翱翔乎十字街頭, 罔朝昏領頷. 南來北去, 觀者如堵. 惜也. 吾與彼俱幻生於幻世, 彼焉知將幻身乘幻馬, 馳幻路工幻技, 令幻人觀幻事, 更於幻上幻復幻也. 由是出見紛譁, 增忉怛耳." 嘉慶癸酉 八月四日.

위 단락은 『호산록』의 원문장에 상당히 손을 많이 댔다. 끝에 적힌 날짜를 보면 1813년 8월 4일 초의에게 써준 글임을 알 수 있다.

천책 선사의 말은 이렇다. "허깨비 세상에서 허깨비 인생들이 허깨비 같은 짓을 하며 헛꿈을 꾸다 간다. 저 부귀와 도락에 취해 인생을 탕진하는 무리를 보아라. 사람들은 그것을 부러워해 넋을 놓고 구경한다. 꿈을 깨라. 깨어나라. 인생의 미망에서 활짝 벗어나라." 다산은 자신의 말은 한마디도 더 보태지 않고, 천책의 인용만으로 글을 맺었다.

초의에게 준 증언첩에 수록된 천책 선사의 글 두 단락은 다산이 평소 천책을 깊이 사모했다는 것이 빈말이 아니었음을 잘 보여준다. 다산은 틈틈이 천책의 『호산록』을 읽으며 그의 인격을 높이 평가했고, 그 마음이 해마다 한 차례씩의 용혈 소풍으로 표현되었다.

5.

삼성미술관 리움 소장
「표피장막책가도 豹皮帳幕冊架圖」

삼성미술관 리움이 소장한 「표피장막책가도」는 일명 호피장막도로 불리는 8폭 병풍 그림이다. 크기는 가로 128센티미터, 세로 355센티미터다. 이 중 6폭은 모두 표범의 문양만을 그렸고, 제5폭과 6폭에 장막을 살짝 걷어 그 안쪽에 책가도를 그려놓았다. 말하자면 표범 문양을 그린 전통 병풍 형식이 책가도와 만나 합주된 형태다. 책가도에서 장막을 치는 예가 드물지는 않지만, 이렇게 표피도와 책가도가 각자 고유의 성격을 간직한 채 만나는 예는 그다지 흔치 않다.[3]

이 작품은 기명器皿 묘사의 디테일뿐 아니라 전체 구도의 안정성을 갖췄고 표현력 또한 대단히 높은, 풍부한 예술성을 지닌 작품이다. 이 중 제6폭 화면 중앙에 돋보기가 얹힌 서첩 한 권이 펼쳐져 있

---

3 삼성미술관 리움 소장 「표피장막책가도」에 관한 글은 필자의 「리움미술관 소장 표피장막책가도 속의 다산 친필시첩」, 『문헌과해석』 제77집(2016년 겨울호, 문헌과해석사), 171~184쪽에 수록된 내용을 간추린 것이다.

다. 이 글에서는 펼쳐진 면에 적힌 글의 내용을 분석해 그 내용과 의미를 추적해보기로 한다.

화면 속의 서첩은 시고詩稿로 보인다. 모두 세 수의 시가 적혀 있다. 세 번째 시는 전체 5행 중 2행만 보이고 나머지는 뒷면으로 넘어간다. 그러니까 화면 속에 적힌 온전한 시는 2수뿐이다. 그나마 두 번째 시는 중간에 돋보기가 놓여 있어서 안경테 부분에 겹쳐진 몇 글자를 판독할 수가 없다. 결국 온전한 내용 파악이 가능한 시는 첫 번째 시 한 수뿐이다.

먼저 시 제목을 보면 첫 수는 「산정에서 대작하며 진정국사의 시에 차운하다山亭對酌次韻眞靜國師」이고, 둘째 수는 「산정에서 꽃을 보다가 또 진정국사의 시운에 차운하다山亭對花又次眞靜韻」이다. 셋째 수는 둘째 수의 제2수여서 제목 없이 바로 시를 썼다. 그리고 첫 수 끝에 지은이로 자하산인紫霞山人이란 별호를 썼고, 둘째 수 끝에는 다창茶倉이란 이름이 나온다. 첫 수는 해서로 또박또박 썼고, 둘째 수는 행서체로, 셋째 수는 더 흘려 쓴 초서체로 썼다. 매 행 11자에서 14자까지 자수도 일정치 않다. 글씨체가 정갈하고 수준 높은 달필이다. 또 매 수 서체를 달리하고 필명도 바꾼 것으로 보아, 자신의 솜씨와 역량을 한 권의 필첩에 모두 담으려 한 자부가 느껴진다.

화가는 군이 디테일을 보여줄 필요가 없는 그림 속 책상 위에 놓인 책의 세부에 어째서 이토록 신경을 썼을까? 화가는 무심코 아무 책이나 펼쳐, 그 면을 그대로 옮긴 것일까? 아니면 펼쳐진 면을 통해 무언가 발신하려 한 뜻이 따로 있었던 걸까? 그에 앞서 이 시는 과

| 삼성미술관 리움 소장 「표피장막책가도」 8폭 병풍.

연 누가 짓고 쓴 것일까?

먼저 책 속에 적힌 시의 내용을 읽어보자. 제1수의 제목은 「산정에서 대작하며 진정국사의 시에 차운하다山亭對酌次韻眞靜國師」이다. 산속에 있는 정자에서 누군가와 술잔을 대작하며 진정국사의 시에 차운했다는 의미다. 시의 내용은 이렇다.

바위 집 외떨어져 경계 전혀 색다른데	巖棲幽絶境全殊
맑은 운치 범석호范石湖의 은거와 다름없다.	淸致依然范石湖
온 숲에 바람 잦자 대숲 도로 수런대고	風定一林還竹起
시절 만난 온갖 나무 꽃을 절로 피웠네.	時來萬木自花敷
흔들흔들 나무 집은 원래 속세 벗어났고	搖搖樹屋元超俗
둥실둥실 뗏목 정자 내 몸을 부칠 만해.	泛泛槎亭可寄吾
모두들 남방은 살기 좋다 말하더니	總道南方生理好
술 익고 생선 살져 또 서로를 부르누나.	魚肥酒熟又相呼

암서巖棲는 산속 바위 곁에 있는 거처다. 외따로 떨어진 곳이라 일반적인 경계와는 사뭇 느낌이 다르다. 그 해맑은 운치는 저 송나라 때 범석호의 은거와 다를 바 없다. 숲에 바람이 한 차례 지나가더니 이윽고 잦아졌다. 그러자 이번에는 대숲에서 일제히 수군거리는 소리가 일어난다. 제철을 만난 나무들은 한꺼번에 꽃을 피워냈다. 만화방창萬花方暢의 시절이 찾아온 것이다. 나무에 기대 지은 집은 바람에도 흔들흔들한다. 그 옆의 정자는 한바탕 바람이 불어오면 마치 뗏

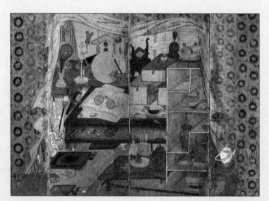

| 「표피장막책가도」 속 책가도 부분.

| 「표피장막책가도」 속 필첩 펼침면 부분.

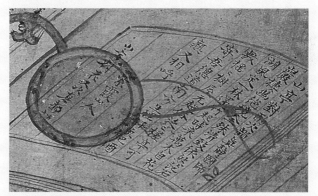

| 「표피장막책가도」 속 필첩 우측면.

| 「표피장막책가도」 속 필첩 좌측면.

목 위에 올라앉아 물 위를 둥실둥실 떠가는 느낌이 든다. 이만하면 한 몸을 깃들여 살기에 충분하다. 이곳에 내려온 뒤로 다들 남녘이 살기 좋다고 말하는 것을 들었다. 하지만 물고기에 살이 오르고 술이 굼실굼실 익어가는 시절에 이렇게 만나 서로 정을 나누니, 앞서의 그 말이 새삼스레 실감으로 다가온다.

시의 문맥으로 보아, 시인은 누군가에게 술자리 초대를 받아 숲속 깊은 곳에 자리한 정자를 찾았다. 봄철을 만난 숲은 온갖 꽃이 흐드러지게 피었다. 손님을 맞은 주인은 생선회와 잘 익은 술을 깔끔하게 차려서 내온다. 시인은 아예 이곳에서 몸을 부쳐 지내며 은거하고 싶은 속내를 감추지 않는다.

제2수는 「산정에서 꽃을 보다가 또 진정국사의 시운에 차운하다」이다. 역시 산속 정자에서 꽃구경하며 앉아 한 차례 더 진정국사의 시운을 차운했다는 내용이다. 시의 본문은 앞서 말했던 것처럼 글씨 위에 덧그려져 놓인 돋보기 때문에 중간중간 판독이 불가능하다. 희미한 잔영을 확대하고, 운자와 문맥에 맞춰 최대한 살피니 이렇게 읽힌다.

꽃 기르는 하늘 뜻에 먼 안목이 넉넉하여　　　　養花天意給望量
바람 불면 따뜻하고 비 온 뒤엔 서늘하다.　　　　風後溫○雨後凉
붉은 볕이 마침내 산을 환히 비추자　　　　　　　赫燄邃令山照耀
엷은 단장 베푼 듯한 들판도 아득하다.　　　　　　淡粧施及野微茫
두 살쩍 시든 채로 집 생각만 뭉클한데　　　　　　家情勃勃雙蓬鬢

한 채의 초당은 낯빛이 어여쁘다.	顔色娟娟○草堂
이 같은 누대는 얻기 쉽지 않거니와	如此○臺未易得
그대가 ○○하여 ○○ 바쁨 애석쿠나.	惜君○○小○忙

2구의 ○는 문맥상 따뜻하다는 '온溫'이나 '윤潤' 등의 글자가 들어가면 알맞겠고, 6구의 ○은 여백으로 보아 '일一' 자가 들어갈 자리로 여겨진다. 8구의 세 글자는 돋보기에 가려져 도무지 판독이 안 된다. 하지만 대의를 파악하는 데는 큰 어려움이 없다.

조물주가 천지에 꽃을 길러내는 재량은 되는대로 아무렇게나 하는 것이 아니다. 쌀쌀맞은 꽃샘바람에 겨우내 눈을 아껴 어렵사리 핀 꽃이 다 지나 싶어 걱정하면, 며칠 포근한 날씨가 이어지게 한다. 그 틈에 주춤하던 꽃이 마음 놓고 피어난다. 저러다 한꺼번에 다 피면 어쩌나 싶을 때쯤 한바탕 비가 쏟아져 꽃잎을 솎아내고, 다시 매서운 날씨를 데려온다. 이 사이의 밀고 당기는 긴장과 이완이 참 절묘하다. 점점 햇살이 뜨거워져서 비를 가지고는 도저히 어찌 해볼 수 없는 지경이 되면 에라 모르겠다 하고 두 손을 들어버린다. 강한 햇살에 반짝이는 산과 들에는 어느새 초록이 짙어 있다. 여름이 온 것이다.

산에는 꽃이 피었고, 들판은 연둣빛으로 물들어 곱게 단장한 것만 같다. 계절이 이토록 아름다워지면 멀리 떠나온 고향 집 생각이 절로 난다. 두 살쩍은 어느새 시들었는데 숲속 정자는 내 이런 마음과는 상관없이 곱기만 하다. 이런 훌륭한 공간을 어찌 쉬 얻을 수 있겠는가? 세 글자가 빠진 마지막 구절은 문맥상으로 보면 "그럼에도 불구하고 나는 그대가 너무 바쁜 나머지 이 아름다운 곳을 애정 어린 손길로 가꾸지 못하는 것이 애석하게 여겨진다"는 내용이었을 것으로 짐작된다.

이어지는 셋째 수에는 따로 제목이 붙어 있지 않다. 둘째 수와 같은 운자로 쓴 연작인 까닭이다. 1, 2구의 운자가 양量과 양凉으로 동일하다. 보이는 데까지 판독하면 다음과 같다.

꽃 피는 일 분배함을 가만히 헤아리며	花事分排費細量
몇 차례 비바람에 덥고 추움 견디었지.	幾番風雨耐溫凉
가다가 스님 만나 그윽한 곳 앉았자니	行逢老釋坐幽寂
저 멀리 ○○의 ○○만 아득하다.	遠○○○○○茫

나머지 네 구절은 뒷면을 펼쳐보기 전에는 알 도리가 없다. 봄을 건너오는 내내 꽃이 피고 지는 소식에 온통 마음을 쏟았다. 이제 이 꽃이 지니 저 꽃이 피어나겠구나. 그다음은 또 무슨 꽃이 피겠지. 날마다 이런 생각만 했다. 그사이에 꽃샘바람이 불고, 봄장마가 이어져 춥고 더운 날씨가 오락가락하는 것을 손꼽으며 지냈다.

3구의 첫 글자는 '행行'으로 읽었지만, 획 자체로만 보면 달리 읽을 수도 있다. 문맥으로 가늠해서 '행봉行逢'이라 읽는다. 길을 가다가 약속 없이 문득 만났다는 의미다. 길을 가다가 노석老釋 즉 노스님과 만났다. 그의 안내로 산정山亭에서 꽃구경을 한다. 흐뭇한 술 한잔까지 대접받으며 지난 시간 동안의 조바심을 걷어내니 청량하고 상쾌하다. 이어지는 대목은 글이 끊겨 더 가늠하기가 어렵다.

첫 수에 나오는 '군君'은 길에서 만난 '노석'과는 다른 사람이다. 그가 아마 산정의 주인일 테고, 스님은 자신을 이곳으로 데려온 사람이지 싶다. 그렇다면 왜 굳이 모든 시를 진정국사의 시로 차운했을까? 그것은 아마도 이 산정의 장소성이나 길에서 만난 스님의 인연이 진정국사와 연관이 있어서일 것이다.

그림 속 책자에 적힌 차운 시의 원작은 모두 진정국사 천책의 것이다. 위 시와 똑같은 운자로 된 진정국사의 시를 찾아보니, 첫 수는 『호산록』권3, 9a에 수록된 「세속의 제자 판비서성사 학사지제고 김구가 올림俗弟子判祕書省事學士知制誥金坵上」인데, 이 시를 차운한 진정국사의 「차운하여 판비서각 김구의 시에 답하다次韻答判祕書閣金坵」란 시와 나란히 실려 있다. 다만 김구가 진정국사에게 올린 시는 운자가 수殊, 호湖, 부敷, 오吾, 호呼로 그림 속 시와 차례가 같고, 진정국사의 답시는 호湖, 수殊, 호呼, 수鬚, 오吾로 배열 순서와 글자가 조금 다르다. 제목에서 진정국사의 시를 차운한다고 했지만, 사실은 진정국사가 아닌 속제자俗弟子 김구가 진정국사에게 올린 시를 차운했다. 다만 작품 내용은 그림 속의 시와 크게 연관이 없다.

또 둘째 수 「산정에서 꽃을 보다가 또 진정국사의 시운에 차운하다」 2수는 역시 『호산록』권3에 실린, 「동문원평사 정흥이 보내온 입사入社 시 2수에 답하다答同文院評事鄭興所寄入社詩二」란 시의 첫 수를 차운했다. 다만 둘째 수의 경우 원시에서는 다른 운자를 썼으나, 그림 속의 시에서는 같은 운자를 두 수에 동일하게 썼다. 이어지는 면을 마저 볼 수 있다면 좀더 자세한 사정을 짚어보겠는데 보이는 자료만으로는 더 이상 추정이 어렵다.

진정국사의 『호산록』은 세상에 알려진 문집이 전혀 아니다. 진정국사가 주석했던 만덕사와 용혈암이 있던 강진 지역에서 유일본으로 전해져오다가 그마저 중간에 1책은 사라지고 말았다. 그 사연에 대해서는 앞서 다산의 「제천책시권」이란 글에서 살핀 바 있다.

정리한다. 삼성미술관 리움이 소장한 「표피장막책가도」 펼침 면 속의 시 3수는 모두 고려 때 고승인 진정국사 천책의 시를 차운한 것이다. 실제 그의 문집인 『호산록』에 같은 운자로 된 시가 그대로 실려 있다. 그림 속의 필첩은 그저 아무 책이나 펼쳐서 베껴 그린 것이 아니라 의도적으로 선택된 것인 셈이다.

그림 속에 나온 시 끝에 남은 서명은 '자하산인'과 '다창'이다. 매 수 시마다 필체를 바꾸었고, 같은 진정국사의 시를 차운했으며, 제목에 '우ㅈ'라고 쓴 것으로 볼 때, 이 두 이름은 한 사람의 별호다. 자하산인은 자하산에 사는 사람이란 뜻이고, 다창은 차에 미친 사내란 의미다. 작자는 차를 좋아하고 자하산에 살아 자하산인이란 별호를 지녔으며, 집과 떨어져서 남방에서 한동안 머물렀던 사람이라야 한다. 또 희귀한 진정국사의 시집을 익히 읽었던 경험이 있다. 이 모든 조건을 충족시키는 사람은 오직 다산 정약용 한 사람뿐이다. 자하산은 다산초당이 있던 귤동 뒷산의 다른 이름으로 실제로 다산은 자하산인이란 별호를 여러 번 사용했다. 이 시기 이미 직접 1년에 수백 근의 차를 만들어 마시고 있던 다산이 다창이란 별호도 썼다는 사실은 이 서첩을 통해 처음 밝혀지는 것이다.

다산은 한 권 안에 작품마다 다른 서체와 필명으로 솜씨를 뽐낸 시첩을 여럿 남겼다. 대표적인 예로 강진 백운동 별서를 찾았다가 그곳의 13경을 노래한 『백운첩』이 그러하다. 13경을 그때마다 다른 필체로 썼고, 그 끝에 탁옹籜翁, 송보頌甫, 다산초자茶山樵者, 미용美庸 등 시마다 다른 필명을 적었다.

그림 속의 필체도 다산의 특징적 필체가 완연하다. 다산이 직접 쓴 것일까? 그렇게 볼 수는 없고, 필첩 속의 다산 친필을 그대로 본떠서 옮겨 적은 것으로 여겨진다. 이 글씨는 현전하는 다산의 여러 친필과 몹시 유사하다. 이 책가도를 그린 화가가 직접 실물을 놓고서 그대로 베꼈으며 그 역량 또한 대단하다는 것이 대번에 드러난다.

한편 이 시들은 다산의 시집을 비롯한 다른 어떤 필사본에도 전하지 않는 유일한 기록이다. 그림 속에 보이는 책의 두께로 미루어 이 시첩 속에는 아마도 10여 수에서 20수 남짓한 시가 수록되었을 것으로 보인다. 필사 장소나 산정의 위치 등에 대해서는 다른 정보가 전혀 남아 있지 않지만, 다산이 매년 봄 천책을 기리는 마음으로 소풍을 나갔던 용혈암 인근, 도암면 용산 기슭 윤서유의 농산별서쯤이 아니었을까 짐작한다. 앞서 본 대로 다산의 문집에 실린 윤서유의 별장을 묘사한 「조석루기」나 윤서유의 묘지명에도 봄 소풍 때 그의 초대로 술과 생선회를 안주 삼아 즐겁게 노닌 이야기가 여러 차례 되풀이해서 나오기 때문이다.

당시 다산은 한창 『대둔사지』 편찬에 매진하고 있었고, 아울러 『만덕사지』 편찬을 위한 자료 준비를 서두르고 있었다. 이때 작업 실무를 담당하던 만덕사 승려와 용혈 답사를 진행했고, 이후 이 시첩에 실린 일련의 시를 기념으로 창작해서 선물했던 것으로 짐작한다.

화가가 자신의 책가도 그림 속에 등장시키고 싶었을 정도의 장정과 글씨였다면 다산의 시가 적힌 시첩 중에서도 상등에 속하는 작품이었을 것이 틀림없다. 어쨌거나 화가의 눈에 포착되어 우연히 그림 속에 펼쳐진 한 면으로 남은 이 서첩은 그 실물이 지금도 어딘가에 소중하게 보관되어 있을 것 같다. 만약 이 서첩의 실물이 세상에 출현한다면, 그것은 그림 속에 먼저 수록되어 알려진 서첩이 실물로 확인된 유일한 경우가 될 것이다.

6.

「유·용·혈·기」遊龍穴記

다산이 용혈에 대해 남긴 가장 구체적인 글은 「유용혈기」다. 이 글은 용혈에 관한 가장 많은 정보를 담은 중요한 산문이다. 이 글은 이상하게도 『다산시문집』에는 누락되어 있고, 『대둔사지』 하권 5책에 실려 있다. 이 글이 문집에서 빠진 이유는 분명하지 않다. 전문은 다음과 같다.

가경 무진년(1808)에 처음 다산에 머물게 되었다. 매번 산에 꽃이 성대하게 피어나면 한 차례 용혈로 놀러 가는 것을 해마다 상례로 삼았다. 다만 마치 소라 껍질처럼 휑하니 깊게 패어 괴상하게 보이는 것이 용혈이다. 쟁글대며 쏟아지는 물이 절벽을 따라 흘러서 내려가는 것은 용천龍泉이다. 용천의 동편에 한 구역의 평탄한 땅이 있는데, 이곳이 용혈암의 옛터다. 골짝 어귀 곁의 깎은 듯이 높은 대臺는 옛날에 누각이 서 있던 곳일 뿐이다.

용혈로부터 남쪽으로 가서 산마루 하나를 넘어, 산을 따라 서쪽으로 수백 걸음을 가면 상사동上寺洞이라는 골짜기가 나온다. 시내를 따라 돌 비탈을 밟고 올라가면 작은 바위 구멍이 서편 벼랑 곁에 있다. 구멍을 통해 들어가 한 구역의 평탄한 땅을 얻으니, 이것은 옛 암자의 터라고 한다. 그 남쪽 봉우리 위에는 평평하고 넓은 대가 있다. 바위는 천연으로 이루어졌으나 사람의 힘으로 빈틈을 채워서 앉을 수가 있고 멀리 바라볼 수도 있다. 동쪽 벼랑 곁에 역시 작은 대가 있는데, 모두 다 이름이 없다. 매번 갈 때마다 이 때문에 한동안 서글퍼하곤 했다.

계유년(1813) 봄에 이정李晴이 서울로 놀러 가서 천인과 정오의 실적實跡을 얻어서 돌아왔다. 그제야 천인이 용혈에서 시적示寂했고, 천책이 이를 이어 살았던 것을 알게 되었다. 당시에 공경公卿과 학사學士 및 수령들이 다들 속제자라 일컬으며 용혈대존숙에게 시를 바쳤으나, 두 승려는 바야흐로 누워 쉬면서 가벼이 움직이지 않았다. 떠올려보면 골짝 어귀 밖에 덮개를 벗기고 안장을 푼 인마가 늘어서고, 손을 맞잡고서 명을 기다리던 자가 벌떼처럼 빽빽했을 터이니 이 얼마나 성대한가.

정오는 처음에는 용혈에서 지내다가, 나중에는 괘탑암掛塔菴에서 살았다. 괘탑암이란 것은 오늘날 이른바 상사上寺, 즉 웃절이다. 그 남쪽 봉우리에 대가 있는 것은 정오가 세운 것으로 능허대凌虛臺라고 부른다. 그 동쪽 벼랑에 작은 대가 있는 것 또한 정오가 세운 것이다. 이름이 초은정招隱亭이다. 능허대는 원정元貞 을미년(1295)에 세웠고, 초은정은 대덕大德 정유년(1297)에 이루어졌다. 지금으로부터 고작 500여 년밖에 되지 않았는데, 이처럼 잡초에 덮여버렸으니 슬프도다! 갑술년(1814) 봄에 삼

초 三超 정호正浩와 기어騎魚 자굉慈宏이 때마침 다산에 왔길래, 함께 용혈
로 놀러 가서 정오의 시에 차운하고, 마침내 이 글을 써서 준다.

嘉慶戊辰, 始寓茶山. 每山花盛開, 一遊龍穴, 歲以爲常. 但見窬谺詼譎,
如螺蚖之殼者, 爲龍穴. 琮琤激瀉, 沿於絶壁而下者爲龍泉. 龍泉之東,
有一區夷坦之地者, 爲龍穴菴舊址. 洞門之側, 崇臺如削者, 爲昔時樓閣
之所建而已.

由龍穴而南, 踰一嶺, 沿山而西, 行數百武, 有谷曰上寺洞. 沿溪蹜礚而
上, 有小石竇在西崖之側. 由竇而入, 得一區夷坦之地, 曰此古菴之址.
其南峯之上, 有臺平廣, 其石天成, 而補之以人功, 可坐可眺. 東崖之側,
亦有小臺. 悉皆無名. 每至爲之怊悵者良久.

癸酉春, 李晴遊京師, 得天因丁午實跡而還. 乃知天因示寂於龍穴, 而
天頤繼居之也. 當時公卿學士守令, 皆稱俗弟子, 獻詩于龍穴大尊宿, 二
僧方且偃息不輕動. 想見洞門之外, 弛盖解鞍, 人馬簇立, 拱手以竢命者,
密如蜂也. 何其盛也.

丁午始居龍穴, 其後居掛塔菴. 掛塔菴者, 今之所謂上寺也. 其南峯有臺
者, 丁午之所築, 名之曰凌虛臺也. 其東崖有小臺者, 亦丁午之所築, 名
之曰招隱亭也. 臺成於元貞乙未, 亭成於大德丁酉, 距今不過五百餘年,
而其蕪沒如此, 悲夫! 甲戌春, 三超正浩, 騎魚慈宏, 適至茶山, 與遊龍
穴, 次韻丁午之詩, 遂書此以予之.

『만덕사지』 편찬 작업이 한창이던 1814년 봄, 편집 작업에 참여

했던 기어 자굉과 삼초 정호 두 승려를 데리고 용혈암 터를 현장 답사한 뒤에, 그곳의 풍광을 노래한 진감국사 정오의 시를 차운해 짓고 이를 친필로 써서 선물한 글이다. 다산이 차운했다고 말한 정오의 시는 『만덕사지』에 수록된 무외국사無畏國師 정오丁午의 「능허대凌虛臺」와 「능허대 위에서 홀로 노닐며 보다凌虛臺上獨遊觀」 2수 및 「초은정」 시 2수, 그리고 「하루는 한 서생이 와서 논어 중 산량山梁의 뜻을 묻길래 해설해주다一日有一生來問, 魯論中山梁之意, 解說之」 2수 등을 말한다. 이 시는 원래 『동문선』 제68권에 수록된 석무외釋無畏, 즉 정오의 「암거일월기庵居日月記」에 실린 것을 따로 정리해 수록한 것이다.

『만덕사지』에는 「유용혈기」를 소개하기에 앞서 이런 내용이 나온다. "용혈 정람精藍 같은 곳은 천인과 천책, 정오 세 분 국사께서 수도하시던 집이다. 지금은 다만 황량한 대와 부서진 주초柱礎가 무성한 풀에 덮여 있다至若龍穴精藍, 卽天因天頙丁午三國師, 精修之院. 今唯荒臺破礎, 鞠爲茂草." 다산은 용혈이 천인과 천책, 정오, 만덕사 3국사의 수행처였음을 분명히 인지하고 있었음을 명료하게 보여준다.

다산은 「유용혈기」에서 자신이 용혈을 매년 한 차례씩 찾게 된 사연과, 용혈암 주변의 지형, 곳곳에 남은 자취 등을 묘사해 정리했다. 1813년 겨울에 제자 이정을 서울로 보내 백련사 관련 시문을 조사해오게 한 일, 이때 이정이 찾아온 제2 국사 천인과 제7 국사 정오의 실적을 보고서 천인이 바로 이곳에서 입적했고, 제4 국사 천책이 이어서 살았으며, 이후 정오가 앞뒤로 용혈암과 괘탑암에 살며 능허대, 초은정 등을 잇달아 지은 정황을 썼다. 글 끝에는 1814년 봄에 이루어진 현장 답사 이야기를 적었다.

첫 단락에서 다산은 용혈이 소라 껍질처럼 휑하니 깊게 패였고, 쏟아지는 물이 절벽을 따라 흘러 용천을 이룬다고 했다. 또 용천 동편의 평평한 구역에 용혈암이 있었다고 적었다. 다산이 글에서 말한 용혈은 현재 용혈암지 옆의 작은 굴이 아니라 그곳에서 산 정상 쪽으로 150미터 이상 올라와 절벽 아래 숨겨진 용굴을 가리킨다. 아래쪽 굴에는 옆으로 물이 흐르지 않는다. 동쪽에 있다는 평평한 땅도 위쪽의 용굴에서 볼 때만 방위가 맞는다. 두 번째 단락에서는 용혈 구역 위편의 상사동, 즉 웃절골에 대해 상세히 기술했다. 이 부분은 뒷 장에서 용혈암의 공간 배치를 살필 때 따로 상세히 논하겠다.

1813년 겨울에 다산은 제자 이정을 서울로 보내『동문선』등을 온통 뒤져 만덕산 백련사白蓮社 관련 자료를 모두 수습해오게 한 터였다. 이때의 사정은『만덕사지』권상에 적힌 "계유년(1813) 겨울에 내가 경성으로 놀러 가서『동문선』중에서 최자의 비명을 취해 베껴 써서 돌아왔다癸酉冬, 余遊京城, 於東文選中鈔取崔碑, 歸之"고 쓴 이정의 안설案說로 확인된다. 당시 이정은 고려 때 최자가 쓴 만덕산 백련사의 개산조인 원묘국사 요세의 비문뿐 아니라,『동문선』에 수록된 제2대 천인과 제4대 천책 및 제7대 무외국사 정오의 시문까지 모두 베껴 써왔다.

이정이 서울까지 걸음해서 찾아온 자료와 전부터 알고 있던 제4대 진정국사 천책의『호산록』을 더해 만덕산 백련사의 옛 역사를 파악하게 된 다산은 1814년 봄에 만덕사의 승려로 아암 혜장의 제자였던 삼초 정오와 기어 자굉을 데리고 만덕사의 또 다른 역사 현장인 용혈암 터로 이들을 안내했던 것이다. 이때 세 사람이 함께 갔던 용혈암은 2대 정명국사 천인이 이곳에서 입적했고, 4대 천책과 7대 정오 또한 이곳에 오래 머물렀으므로, 만덕사 승려에게는 성지聖地나 다름없었다.

이렇게 용혈암 답사를 마치고 돌아온 다산은 용혈암과 관련 있는 승려로 시를 남긴 천책과 정오의 시를 차운해서 첩으로 꾸며 한창 『만덕사지』 편찬에 여념 없던 이들에게 선물로 주었던 듯하다. 혹 다산이 이때 두 승려를 위해 친필로 써준 서첩이 앞서 살핀 「표피장막 책가도」 속의 그것이 아니었을까 추정해볼 수 있다.

7.

「만덕사고려팔국사각상량문萬德寺高麗八國師閣上梁文」

여기서 소개할 글은 다산이 지은 「만덕사고려팔국사각상량문」이다. 이 글은 상량문의 일반적 관례에 따라 만덕사에 고려 팔국사각八國師閣을 세우게 된 과정과 8국사의 간추린 전기를 정리했다. 후반부에는 『만덕사지』 편찬 과정을 보여주는 내용이 포함되어 있고, 조선시대 이후 만덕사의 역사도 짧게 간추렸다. 본문의 대부분은 『만덕사지』 권1, 권2에 수록된 고려 8국사의 생애 내용을 변려문騈儷文 형식으로 요약 정리한 것이다. 그동안 이것은 학술 자료로 활용되지 못했는데, 우선 그 존재가 널리 알려지지 않았고, 문체의 형식이 문식성文飾性이 강한 데다, 함축적 표현과 중층의 고사로 점철되어 본문을 이해하기 쉽지 않았기 때문이다.

현재 강진 백련사 만경루萬景樓에 걸려 있는 이 현판은 모두 11개의 목판을 이어 붙여, 판마다 31자 5행을 정갈한 해서로 썼다. 총 1537자, 길이 약 180센티미터 내외의 크기다. 1817년 아암 혜장의 제자이자 다산에게서 배웠던 철경掣鯨 응언應彦이 지은 것으로 적혀 있다. 하지만 이 글을 실제로 지은 이는 다산이었다.4 다산은 만덕사 8대사의 비문 4편과 그 밖에 불교 관련 글 여러 편을 다른 승려의 이름으로 대찬한 사실이 있다.5

「만덕사고려팔국사각상량문」이 철경 응언의 글이 아닌 다산 자신의 대찬代撰인 까닭은 달리 예를 찾기 힘든 다산 특유의 표현이 문장 속에 반복적으로 등장하는 점, 다산이 특별히 인용했던 『호산록』의 해당 구절이 글 속에 녹아든 사실, 상량문의 형식이 다산 외에는 전후로 아무도 쓰지 않은 방식이라는 점, 글의 행간에 자신을 암시하는 표현을 군데군데 끼워넣은 것, 젊은 철경이 무심결에 늙었다고 말하고 있는 점 등을 논거로 제시할 수 있다. 다산은 일찍이 철경 응언을 위해 「철경당게掣鯨堂偈」를 지어준 적이 있을 만큼 다산이 아끼던 제자이기도 했다.

다산은 어째서 철경 응언의 이름을 빌려 이 글을 지었을까? 『만덕사지』 첫머리에 감정鑑定의 주체로 이름을 올린 마당에 절집의 상량문에까지 자신의 이름을 올리고 싶지는 않았을 것이다. 1809년

---

4 자세한 내용은 정민, 「만덕사고려팔국사각상량문고」, 『불교학보』 제78집(동국대학교 불교문화연구원, 2017.3), 118~152면에서 자세히 논한 바 있으므로 상론은 그쪽에 미룬다. 이하 본 항목의 내용은 이 논문을 간추린 것이다.
5 현재 대흥사 부도밭에 서 있는 「현해선사탑명懸解禪師塔銘」은 아암 혜장이 지은 것으로 새겨져 있으나, 『동사열전東師列傳』과 『백열록栢悅錄』에는 다산이 지은 것으로 나온다. 대둔사 만일암의 역사를 적은 『만일암실적挽日菴實蹟』도 은봉 두운의 작으로 되어 있지만, 역시 다산이 지었다. 『다산시문집』에 실린 「금강산헐성루중수서金剛山歇惺樓重修序」도 연담 유일이 지은 것을 다산이 윤색했다는 주석이 달려 있다. 윤색만으로 자기 문집에 남의 글을 실지는 않으니, 연담 유일의 이름으로 발표된 글을 자신이 대찬했다는 뜻이다.

| 「만덕사고려팔국사각상량문」 현판, 강진 만덕사 만경루.

| 「만덕사고려팔국사각상량문」 현판 첫 면.

대둔사의 만일암挽日菴 중수 공사가 끝나 은봉의 요청으로 「만일암 중수기挽日菴重修記」와 『만일암지挽日菴志』를 지어 친필로 써주면서, "만일암 기문記文과 『만일암지』는 모두 친필로 써서 보내오. 모름지기 아암과 더불어 한 차례 펼쳐 본 뒤에는 마땅히 깊이 상자 속에 간직해서 자주 꺼내 보지 말아야 할 것이오. 이제 보내온 편지를 보니 그 크기에 대해 말했던데, 아마도 목판에 새기려고 그런가 싶소. 이는 더더욱 논할 바가 아니니, 절대로 마음먹지 마시길 바라오. 조용히 뒷날을 기다리는 것이 좋겠소. 만약 서둘러 먼저 현판을 건다면, 내가 즉시 직접 가서 이를 부숴버릴 터이니 고집부리지 마시오"[6]라고 쓴 일이 있다. 또 다른 이유는 아마도 당시에 철경 응언이 만덕사 주지 직임을 맡고 있었기 때문이지 않나 한다. 건립 주체인 철경을 전면에 내세움으로써 다산 자신의 존재를 감추고, 모양새를 갖추려 했던 것으로 보인다. 편폭이 길지만 중요한 자료이므로 글의 전문을 제시한다.

들으니, 그 덕이 뭇 중생의 우두머리가 되기에 부족한 사람은 삼거三車의 주인이 될 수가 없고,[7] 도道가 한 세상의 진량津梁이 되기에 부족한

---

6 직지사 성보박물관에 소장된 다산 친필 편지다. 『은봉집간隱峯集柬』에 들어 있다. "記文及菴志, 皆以親筆書送, 須與兒菴一番披見後, 卽當深藏箇篋, 切勿頻示也. 今見來書, 其尺寸相報, 想欲付刻而然也. 此則尤非可論, 切勿生意. 靜俟後日可也. 若徑先揭板, 則旅人卽當躬往毁之, 無固執也." 관련 논의는 정민, 「다산과 은봉의 교유와 『만일암지』」, 『문헌과 해석』 2008년 가을호(통권 44호), 11~27면에 나와 있다.
7 삼거三車의 주인이 될 수가 없고: 삼거는 『법화경』 「비유품比喩品」에 나오는 우거牛車, 녹거鹿車, 양거羊車다. 이는 각각 대승大乘인 보살승菩薩乘과 중승中乘 연각승緣覺乘, 그리고

사람은 만승萬乘의 스승이 될 수가 없다고 했다.[8] 이 때문에 전장戰場의 군막軍幕에서 방울을 매단 철기鐵騎가 소문嘯門의 기상에 꺾이고,[9] 소림少林에서 전폐奠幣로 올린 면희牓饒는 면벽한 존자尊者에게 바쳐진다.[10] 하지만 위장을 씻어내고 칼을 삼킴은 결국 속임수의 잔꾀로 돌아가고,[11] 살을 태워 탑을 세움은 마음의 정성에서 나온 것이 아니었다.[12] 스님으로서의 모범은 정밀한 수양에 근본을 두고, 임금의 총애는 기뻐 사모함에서 나오는 것이니, 이 어찌 우리 만덕산 백련사의 여덟 분 국사의 아름다운 자취가 아니겠는가?

예전 고려가 밝은 운수를 만나, 부처님의 아득한 소문을 크게 떨치매,

소승小乘 성문승聲聞乘을 비유한다. 여기서는 불법을 전하는 승려가 될 수 없다는 의미다.

8 만승萬乘의 스승이 될 수가 없다: 만승은 천자다. 여기서는 임금의 스승, 즉 국사國師의 지위에 오른다는 뜻이다.

9 군막軍幕에서…기상에 꺾이고: 현령懸鈴은 나라에서 공문을 보낼 때 긴급한 정도에 따라서 봉투에 방울을 달아 가장 긴급한 것은 세 개를 달고, 그다음 긴급한 것은 두 개, 그냥 긴급한 것은 한 개를 단 일을 말한다. 소문嘯門은 아득히 높은 관문의 이름인 듯하나, 출전이 분명치 않다. 대단한 기운의 장수가 기세 좋게 나가다가 장애를 만나 좌절한다는 의미로 썼다.

10 소림少林에서…바쳐진다: 소림면벽은 달마대사가 7년간 소림사에서 면벽 참선한 일을 말한다. 전폐는 제사를 올릴 때 헌관獻官이 집사자에게 폐백을 받아서 신위神位 앞에 드리는 절차를 가리킨다. 면희는 제사 때 올리는 공양물이다. 부처님께 올린 최고의 예물이 면벽한 고승의 차지가 되었다는 의미다.

11 위장을 씻어내고…돌아가고: 『남사南史』「순백옥전荀伯玉傳」에 "만약 제게 스스로 새로워질 것을 허락하신다면, 반드시 칼을 삼켜 장을 깎아내고, 재를 마셔 위장을 씻어낼 것입니다若許某自新, 必吞刀刮腸, 飲灰洗胃"라고 한 데서 나온 말. 실현하기 어려운 다짐을 해도 지켜낼 수 없다는 뜻으로 말했다.

12 살을 태워 탑을 세움은…아니었다: 연부燃膚는 살을 태우는 것으로 불교에서 말하는 소신공양燒身供養의 의미다. 『법화경』에 "살 한 점을 태워도 모두 무량겁 이래의 죄장罪障을 소멸시킬 수 있다乃至燃膚一點, 都可消除無量劫來所有罪障"고 한 내용이 있다. 소신공양을 하고 불탑을 세우는 공덕을 쌓아도 마음에서 나오지 않고 시늉으로만 해서는 아무 보람이 없다는 뜻이다.

여덟 분의 조사祖師가 잇달아 일어나고, 아홉 분의 임금13이 이어서 비추셨다. 법의 가르침은 사자가 소리를 크게 울리는 것 같았고, 은혜로운 빛은 봉황이 물고 온 조서詔書가 펄럭이는 듯했다.

제1 개산조開山祖이신 원묘국사께서는 젊은 나이에 우뚝한 자질을 드러내, 신령스런 마음으로 단계를 뛰어넘어 깨달았다. 고봉사高峯寺에서는 불법을 강의하여 벌떼처럼 일어나던 뭇 사람의 말을 꺾었고,14 영통산靈洞山 장연사長淵寺에서 개당開堂하심에는 표범의 무늬가 일제히 변하듯 성대했다.15

목옹牧翁께서 게송을 보내시어 물병에 감로장甘露漿을 간수케 하시고,16 용수龍叟는 혼과 교통하여 산사山社에서 금련金蓮의 보좌寶座를 베풀었다.17 기회와 인연이 한데 모여, 잠시 월출산의 정려精廬 약사난야藥師蘭

---

13 아홉 분의 임금: 팔조八祖는 만덕사의 고려 8국사를, 구왕九王은 8국사가 활동했던 시기 고려의 아홉 임금을 말한다. 고종, 원종, 충렬왕, 충선왕, 충숙왕, 충혜왕, 충목왕, 충정왕, 공민왕이다.

14 고봉사高峯寺에서는…말을 꺾었고: 최자가 찬한 「원묘국사비명圓妙國師碑銘」에 원묘국사가 36세 때인 1198년 봄에 서울로 올라가 고봉사에서 열린 법회에 참여했는데, 이름난 승려들이 구름처럼 모여들어 다른 논의가 벌떼같이 일어났으나, 대사가 법당에 나와 한 번 설법을 하자 모두 움츠리고 복종하여 감히 반대하지 못했다고 한 일을 말한다.

15 영통산靈洞山 장연사長淵寺에서…성대했다: 최자의 비문에 "이해(1198) 가을에 동지 10여 명과 이름 있는 절들을 돌아다녔다. 처음 영통산 장연사에 머물러 법당을 열고, 후진을 애써 가르치기를 부지런히 하니 가르침을 청하는 이가 많았다"를 두고 한 말이다.

16 목옹牧翁께서…감로장甘露漿을 간수케 하시고: 목옹은 목우자牧牛子 지눌知訥을 말함. 당시 공산회불갑公山會佛岬에 머물던 지눌이 요세에게 게게偈를 보내 선법禪法 닦기를 권했는데, 그 내용 중에 "그대여 마음 그릇 잘 정돈해서, 감로장 쏟지 않길 권해보노라勸君整心器, 勿傾甘露漿"라고 한 내용이 있다.

17 용수龍叟는 산사山社에서…베풀었다: 용수는 진주 용암사龍巖寺 도인道人 희량希亮을 말한다. 비문에 "혹은 용암사 도인 희량이 금련좌金蓮座에서 대사를 기다리는 등의 꿈을 꾸어 이상한 꿈이 신령스럽고 괴이한 것이 많았다"는 내용이 나온다.

若[18]에서 지내실 때, 강설講說을 하시다가 홀연 천태종의 묘해妙解를 깨달으셨다. 오로지 보현보살만을 사모하여 마침내 만덕산에 가람을 경영하시니, 터를 잡은 사람은 신심 있는 선비인 최표와 최홍 등이었고,[19] 공사를 책임진 사람은 친도親徒인 원형元瑩과 지담之湛 등이었다.[20] 돈대를 평평히 깎은 듯 닦아 만경루를 거두어 오산鼇山[21]에 우뚝하고, 법우法宇를 고르게 배열하여 100개 기둥이 줄을 지어 솟으니, 대안大安 3년(1211)에 공사를 처음 시작해서, 정우貞祐 4년(1216)에 일을 모두 마쳤다.[22]

대방帶方 태수의 초청으로 인해[23] 아득히 사모하는 정이 구름 속의 오리처럼 촉막蜀莫의 이름난 유자들을 불러들였고, 훌륭한 소문은 바람같아 마침내 『법화경』에서 묘법을 펴 보이셨다.[24] 백수柏樹에서 깊은 공

---

18 약사난야藥師蘭若: 월출산 구정봉九鼎峯 아래 있던 암자. 지금 그 터가 남아 있다.

19 최표와 최홍: 최자의 비문에 "탐진현耽津縣에 신사信士 최표·최홍·이인천李仁蕆 등이 대사를 찾아와 뵙고 하는 말이, '지금 승려들은 점점 많이 모이는데 절집은 심히 협소하니, 우리 고을 남해의 산기슭에 만덕사 옛터가 맑고 절승하여 절을 지을 만합니다. 어찌 가서 계획하지 않으렵니까' 했다"는 내용이 나온다.

20 원형元瑩과 지담之湛: 원문의 친도형담親徒瑩湛은 비문에는 제자 원형과 지담, 법안法安 3인이 공사를 감독했다고 나온다.

21 오산鼇山: 강진현의 옛 이름이다.

22 대안大安 3년(1211)에…공사를 모두 마쳤다: 비문에 대안 3년 봄에 공사를 시작해서 정우 4년(1216) 가을에 준공했다고 썼다.

23 대방帶方 태수의 초청으로 인해: 대방은 지금의 남원이다. 비문에 "9년(1221) 봄에 대방 태수 복장한卜章漢이 대사의 도가 높다는 소문을 듣고 관내에 도량을 열어달라고 부탁하여, 대사가 제자를 데리고 가보니, 그 땅이 막히고 또 물이 없어 속마음으로 그만 돌아오려던 차, 우연히 돌 하나를 잡아 빼니 맑은 샘물이 솟아났다. 이에 기이하게 여겨 수년을 머물렀다"는 기록이 있다.

24 촉막蜀莫의…펴 보이셨다: 촉막은 송경松京, 즉 개성의 다른 이름이다. 『신증동국여지승람』「개성부」조목에 "고려 왕은 개주開州 촉막군에 거처하는데 개성부라 한다"고 했다. 다산은 개성을 가리킬 때 촉막이란 표현을 즐겨 썼다. 비문에 "무자년(1228) 여름 5월에 유생

덕을 증명하여, 큰 재목으로 당에 올라 입실한 자가 38인이요, 학사學士와 사신詞臣으로 결사結社에 제명題名한 사람이 300여 명이나 되었다.[25]

비록 세 벌의 옷과 발우 하나로 방장실에서 호젓이 지냈지만, 단고丹誥와 황마黃麻는 중천에 아름다웠다.[26]

성상星床에 기대어 아프실 적에도 노주露柱 곁을 거닐며 읊조리셨다.[27]

옥우玉宇가 해맑고 가을바람이 소슬하더니, 몇 차례 맑은 풍경 소리가 닭 울음소리에 섞여 동녘이 밝아오자, 한낱의 현주玄珠로 방태蚌胎를 털어내서[28] 서방으로 가시었다. 이에 박보朴輔가 고호두顧虎頭의 기량을 본받고, 최자崔滋가 이수螭首의 문장을 지었다.[29] 탑 이름을 중진中眞이라 하고, 시호는 원묘圓妙라 했다. 평생에 은총이 융숭했고, 명성이 먼 곳에

수명이 서울에서 내려와 뵈니 대사가 제자로 받아들여 머리를 깎고 『묘법연화경』을 가르쳐서 통달하게 했다. 이로부터 주위에서 높은 소문을 듣고 신행信行이 있는 자가 자주 와서 점점 큰 모임이 되었다"고 했다.

25 백수柏樹에서…300여 명이나 되었다: 백수는 선학禪學 공부를 말한다. 비문에 "사중四衆의 청을 받아 교화시켜 인연을 지어준 지 30년에 묘수妙手로 제자를 만든 것이 38명이나 되었으며, 절을 지은 것이 다섯 곳이며, 왕공대인王公大人 목백현재牧伯縣宰들과, 높고 낮은 사중들이 이름을 써서 사社에 들어온 자가 300여 명이나 되었다"고 썼다.

26 비록 세벌의 옷과…단고丹誥와 황마黃麻: 비문에 "밤에는 등촉을 켜지 않았고 잠잘 때는 요가 없었다. 시주施主들이 바친 것은 거의 다 가난한 자에게 나눠주고, 방장方丈 가운데는 옷 세 벌과 바리때 하나밖에 없었다"고 했다. 또 단고와 황마는 요세를 원묘국사에 봉하는 것을 알리는 붉은 비단에 쓴 「관고官誥」와, 누런 천에 쓴 「증시원묘국사교서贈諡圓妙國師教書」를 가리킨다. 고려 때 왕명으로 민인균閔仁均이 쓴 글이 『동문선』 권27에 실려 있다.

27 성상星床에…노주露柱의 곁을 거닐며 읊조리셨다: 원묘국사가 1245년 4월에 별원別院으로 물러난 뒤 6월에 죽선상竹禪床을 만들어오라 하여 그 위에서 지내다가, 7월 3일 비스듬히 기대어 게송을 부른 일이 있다.

28 현주玄珠로 방태蚌胎를 털어내서: 현주는 사리, 방태는 육신을 가리킴. 다비 후에 사리 한 알이 나왔다는 의미로 보인다.

29 박보朴輔가 고호두顧虎頭의…지었다: 비문에 "이날 탐진 수령이 서리 10여 명을 데리고 운명한 곳에 이르러 화공 박보를 시켜 유상遺像을 그리게 했다"고 했다. 고호두는 동진東晉의 화가 고개지顧愷之를 가리킨다. 비문은 왕명으로 최자가 지었다.

까지 이르렀으니, 이분이 바로 우리 백련사의 비조鼻祖이시다.

제2 정명국사께서는 규벽奎璧의 정영精英이요 규장圭璋의 그릇이라, 고문대책高文大策으로 깃발을 날려 교상膠序[30]에서 이름이 떠들썩했지만, 탁월한 식견과 신령한 기미機微로 헌면軒冕의 벼슬길을 중노릇보다 가볍게 여기셨다.[31] 조계曹溪에서 발을 씻고, 무의자無衣子 혜심慧諶에게서 여의주를 따서,[32] 상락上洛으로 몸을 숨겨 의발을 전함에도 호피虎皮를 사양하셨다.[33] 엄인閹人이 위에서 내려오므로 상봉象峯에서 약이藥餌의 향으로 기다리고,[34] 직녀織女는 하늘을 밝혀 용혈에 다비할 땅을 점쳐두었다.[35]

---

30 교상膠序: 주대周代에 태학太學을 교膠라 하고 소학小學을 상序이라 했는데, 학교의 의미로 씀.

31 헌면軒冕의 벼슬길을…여기셨다: 임계일林桂一이 찬한 「만덕산 백련사 정명국사 시집서萬德山白蓮社靜明國師詩集序」에 "어릴 때부터 영리하여 널리 듣고 많이 기억했으며 문장에 능함으로써 칭도를 받았다. 수사秀士에 천거되어, 현관賢關에 들어가 곧장 과거를 보았으나 번번이 춘관春官에 실패하니, 사람이 다 애석하게 여겼다. 곧 세상을 사절하고 동사생同舍生 허적許迪과 전 진사 신극정申克貞과 더불어 옷을 털고 먼 길을 떠났다"고 했다.

32 조계曹溪에서…여의주를 따서: 시집 서문에 "송광산松廣山의 혜심화상惠諶和尙을 찾아가서 조계의 요령을 터득하고"라고 한 대목이 있다. 조계는 송광사의 옛 이름이다.

33 상락上洛으로…사양하셨다: 상락은 상주尙州의 옛 이름이다. 시집 서문에 "국사가 이미 늙게 되자 자기 자리를 물려주려고 하니, 스님은 곧 몸을 빼서 상락 공덕산功德山으로 피했다. 그즈음에 현 상국相國 최자 공이 상락의 태수로 있으면서 미면사米麵社를 창건하고 맞아들이므로 스님은 거기서 늙을 작정이었는데, 원묘국사가 다시 사람을 보내어 강박하고 또 꾸짖기를, '어찌 경솔하게 등을 돌려 끊느냐'고 하므로, 마지못해 와서 원문院門을 주장하게 되었으니 중망衆望에 따른 것이다'라고 했다.

34 엄인閹人이 위에서…기다리고: 엄인 운운은 몽골의 침략을 말하는 듯하다. 시집 서문에 "정미년(1247) 겨울에 호적胡賊을 피하여 상왕산象王山 법화사法華社에 들어갔는데 미질微疾을 앓으니, 임금이 내사를 보내 편지를 전하고 약을 보내주었다"고 했다.

35 직녀織女는…점쳐두었다: 시집 서문에 "내가 죽거든 후한 장사나 탑 같은 것을 세우지 말고, 지위 있는 이에게 찾아가서 비명碑銘도 받지 말고, 다만 버려둔 땅에 가서 화장하도록 하라'고 했다. 그날로 산 남쪽의 용혈암으로 물러가 문을 닫고 일을 끊으며 담담하게 있었다'라고 썼다.

나이가 겨우 불혹인데도 나라에서 국사國師로 삼았으니, 이는 옛날에 이른바 수동壽童36이요, 지금의 이른바 생불生佛이시다. 마침내 남은 향기가 중서中書에 차서 넘치고, 총애로 내리신 물품과 은혜로운 윤음이 국사國史에 전해진다. 그를 상수上首로 일컬음이 또한 마땅치 아니한가?37

제3 원환국사圓皖國師는 정명국사의 비밀스런 부촉을 받아 원만한 지혜의 참된 근원이 되셨으니,38 그 호는 삼장三藏 의선義旋39이요, 그 전함은 두 어진 이가 법통을 이었다.40 황매黃梅는 한밤중에 조창槽廠의 그윽한 기약을 어기지 않았고,41 자백紫柏은 천추千秋에 마침내 감산憨山의 아름

---

36 수동壽童: 어린 나이에 노성老成한 덕이 있다는 뜻으로 하는 말이다.

37 상수上首로 일컬음이…아니한가: 최자의 앞선 비문에 "대사(원묘국사)는 을사년(1245) 여름 4월에 원문院門의 일을 상수제자上首弟子 천인에게 부탁하고, 별원에 물러나 고요히 앉아 오로지 서방정토西方淨土에 왕생하기를 구했다"고 했다.

38 정명국사의 비밀스런…근원이 되셨으니: 시집 서문에 "이듬해(1248) 7월 칠석에 문인門人 원환圓皖에게 법통을 넘겨주고 인하여 부탁했다"고 썼다.

39 삼장三藏 의선義旋: 『만덕사지』의 편찬자들이 제3 원환국사를 삼장 의선과 동일 인물로 봤는데, 이것은 오류다. 삼장 의선은 호가 순암順菴이다. 이제현李齊賢의 「묘련사중흥기妙蓮寺重興記」에 "선선공은 원혜국사의 적사嫡嗣이자, 무외국사의 조카다. 중국의 천자가 삼장三藏이라는 호를 내리며 북경의 대연성사大延聖寺의 주지를 명했다"고 한 기록으로 보아, 삼장 의선은 제5 원혜국사나 제7 진감국사 무외보다 후대의 인물이다. 그는 만덕사와는 아무 관련이 없고 원환과는 시대도 맞지 않는 전혀 다른 승려.

40 그 전함은 두 어진 이가 법통을 이었다: 이현二賢은 제6 원혜국사와 제7 진감국사 무외를 가리킨다. 『불조원류佛祖源流』에 원혜국사가 삼장 의선의 스승이라 한 기록에 따른 것이다. 실제로는 삼장 의선이 원혜국사의 적사여서, 이 부분의 오류가 전체 틀을 흔들고 있다. 진감국사의 글에 따르면 원혜와 진감은 법형제 간이다.

41 황매黃梅는…기약을 어기지 않았고: 황매는 황매산黃梅山에서 설법하던 선종의 5조 홍인弘忍을 말하고, 조창은 6조 혜능惠能이 부엌데기 노릇을 하다가 한밤중에 홍인의 의발을 전수받아 절을 벗어난 일을 말한다. 여기서는 제3 원환국사의 의발이 제6 원혜국사에게로 전해진 일을 가리킨다.

다산과 강진 용혈

다운 명예를 아울렀다.[42]

제4 진정국사는 명문의 후예로 초지初地의 기이한 꽃이었다.[43] 약관에 과거에 급제하여, 안탑雁塔에 새롭게 제명題名했다.[44] 유자의 옷을 입고 세상에 나왔으나, 마침내 용문龍門에 몸을 의탁했다. 자고紫誥와 홍전紅牋이 귀록鬼錄에서는 뜬구름보다 가볍고, 서리 맞은 파초와 바람 앞의 목근木槿이 인간 세상의 흘러가버린 물 같음을 슬퍼했다. 월장月杖과 성구星毬는 저자에서 이문을 구하느라 모기떼가 시끄럽게 앵앵대는 소리에 놀라고, 황금 안장과 옥 굴레는 명예를 구하는 길에서 허깨비 말을 타고 내달림을 근심했다.[45]

사불산四佛山 가운데 미면사米麪寺에서 동백련사東白蓮社의 모임을 결성했고,[46] 세 분 스님이 떠난 뒤에는 황벽黃蘗의 잔치에서 제호醍醐를 따랐

---

42 자백紫柏은…명예를 아울렀다: 자백(1543~1603)과 감산(1546~1623)은 모두 명대의 고승으로 선리禪理에 밝아 침체된 선학의 부흥을 위해 애썼다. 여기서는 제3 원환국사의 선학이 제7 진감국사의 글을 통해 환히 드러났음을 의미한다.

43 초지初地의 기이한 꽃: 초지는 보살菩薩 수행修行의 52위位 중 10지地의 첫 단계段階인 환희지歡喜地를 말한다. 불교계의 특출한 인물이었다는 의미로 썼다.

44 약관에…제명題名했다: 『만덕사지』에서는 "본래의 성은 신씨申氏로, 개국공신 신염달申琰達의 후예다. 그 부조父祖에 이르기까지 대대로 빛나는 높은 벼슬을 한 집안이었다. 약관에 과거에 급제해서 문장으로 한 세상에 빛났다"고 썼다.

45 월장月杖과 성구星毬는…근심했다: 이 구절은 천책국사의 『호산록』에 수록된 「답운대아감민호서答芸臺亞監閔昊書」에 나오는 두 단락을 엮어서 만든 것이다. 다산이 「위초의승증언爲草衣僧贈言」에서 이 두 단락을 인용한 바 있다.

46 사불산四佛山 가운데…결성했고: 1241년 최자가 상주목에 취임해 미면사를 방문한 뒤 60여 칸의 새 건물로 중창하고, 1243년 가을 천책에게 주맹을 맡겼다. 천책은 「유사불산기遊四佛山記」에서 "만덕산은 호남에 있고, 공덕산功德山은 강동江東에 있었으므로 남백련사와 동백련사로 불러서 이를 구분했다"고 적었다.

다.[47] 자수紫綬와 동장銅章이 신선처럼 우러르며 도를 물었고,[48] 황비黃扉와 옥서玉署가 제자를 일컬으며 시를 바쳤다.[49] 남녘의 소박한 거처室薄에서 지내며 쓴 기록은 멀리 전현前賢을 이었고,[50] 『동해전홍록東海傳弘錄』은 뒷사람에게 아름다운 은혜를 남겼다.[51]

제5 원조국사員照國師는 진정국사 천책의 문하에서 법을 이었고,[52] 묘원妙圓의 붓에서 광염光焰을 드리웠다.[53] 스승의 글을 편집하여 인쇄에 부쳐, 천년토록 꽃다운 자취가 남게 했고, 불교를 총괄하는 도총섭都摠攝의 저울대를 맡자, 대궐에서 법호를 내렸다.[54]

---

47 세 분 스님이…제호醍醐를 따랐다: 세 분 스님은 원묘국사와 정명국사, 원환국사를 가리킨다. 천책이 제4대 주맹을 맡았다는 뜻이다.

48 자수紫綬와 동장銅章이…도를 물었고: 자수는 제3품 당상관 이상의 관원이 차는 호패의 자줏빛 술실이나 술띠를 가리키고, 동장은 고관의 직함을 표시하는 직인을 말한다. 높은 지위의 관리가 진정국사를 찾아와 도를 물었다는 뜻이다.

49 황비黃扉와 옥서玉署가…시를 바쳤다: 벼슬아치들이 제자로 제명題名하고 입사入社했다는 의미다. 다산은 「유용혈기」에서 "당시의 공경과 학사와 수령들이 모두 속제자로 일컬으며 용혈대존숙에게 시를 바쳤다"고 썼다. 『동문선』과 『만덕사지』에 여러 사람의 입사제명시入社題名詩가 수록되어 있다.

50 남녘의 소박한 거처室薄…전현前賢을 이었고: 실박室薄은 거처가 누추하다는 의미다. 천책이 용혈암에서 거처한 일을 이른 말이다. 전현은 천책에 앞서 용혈암에서 입적한 제2 정명국사 천인을 가리킨다.

51 『동해전홍록東海傳弘錄』은…남겼다: 원래의 책 제목은 『해동법화전홍록海東法華傳弘錄』이다. 『법화경』의 영험한 이적을 여러 실제 사례를 들어 정리했다. 이 책은 지금 전하지 않지만, 고려 말의 승려 요원了圓이 엮은 『법화영험전法華靈驗傳』 2권 1책 속에 11개의 항목이 채록되어 일부 내용이 전한다.

52 원조국사員照國師는…이었고: 원조圓照를 원조員照로 썼다. 진감국사 무외가 쓴 「발진정호산록跋眞靜湖山錄」에서 그를 천인의 문인이라고 했다.

53 묘원妙圓의 붓에서 광염光焰을 드리웠다: 묘원은 1307년 여름 충렬왕이 진감국사 정오를 왕사로 봉하면서 내린 책호가 '불일보조정혜묘원진감대선사佛日普照靜慧妙圓眞鑑大禪師'인 데서 유래했다. 원조국사에 관한 기록은 진감국사 무외가 쓴 「발진정호산록跋眞靜湖山錄」의 한 줄이 유일하다.

54 스승의 글을 편집하여…법호를 내렸다: 「발진정호산록」에 "문인인 석교釋敎 도총섭都摠攝

제6 원혜국사圓慧國師는 빛을 이어받아 도를 밝히고, 세대를 뛰어넘어 세상에 나왔다. 삼지三智가 원만하고 환해서 뭇 싹에 도달하여 무성하게 했고, 육근六根은 청정해서 온갖 꽃을 적시고 마른 것을 소생시켰다.

제7 진감국사는 세상에 드문 문장으로 영예와 은총이 지극했다. 월출산에 주석할 때는 중관中官이 신을 주우며 공경할 줄 알았고, 백운암白雲菴에 머물 때는 밝은 임금이 옷깃을 추켜드는 예를 집행했다.[55] 마침내 다시 봉루鳳樓에 올라 고회高會를 베풀고, 학가鶴駕를 모시며 주선했다.[56] 제자帝子가 난간에 기대자 피리에서는 균천鈞天의 음악이 넘쳐흘렀고,[57] 군왕이 자리를 피하매 산자와 유과 등 상국上國의 진미가 상 위에 펼쳐졌다.[58] 자줏빛 기운을 따라 멀리 가시매 함관函關이 놀랐고, 흰 구름과 더불어 함께 돌아오자 화악華岳이 더욱 높아졌다.[59]

攝 정혜靜慧 원조圓照 력力 선사 이안而安이 기록하여 문집을 만들고, 또 사비를 내어 공인을 사서 판목에 새겨 후세에 전했다'고 적혀 있다. 법호를 내렸다 함은 그의 법명이 정혜 원조 네 글자임을 들어 나라에서 법호를 내린 것으로 판단한 것이다.

55 월출산에 주석할 때는…예를 집행했다: 박전지의 「영봉산용암사중창기」에서 "원나라 성종成宗 대덕 6년(1302) 임인 여름에 임금께서 특별히 중사지후中使祗候 김광식金光軾을 보내 월출산 백운암에서 맞아오게 해서 원찰인 묘련사의 주지로 명했다'고 썼다.

56 봉루鳳樓에 올라 (…) 주선했다: 『고려사』 충숙왕 즉위년(1313) 11월 무자일 기사에 "왕이 왕사 정오丁五를 국통國統으로 삼고 (…) 경자에 팔관회를 베풀었다. 왕이 의봉루儀鳳樓에 행차하시니 상왕이 정오와 혼구混丘와 더불어 누각에 계셨다'고 한 내용이 보인다.

57 제자帝子가 난간에…음악이 넘쳐흘렀고: 제자는 상왕인 충선왕忠宣王을 가리킨다. 이때 의봉루 위에서 관악觀樂했다고 『고려사』에 적혀 있다.

58 군왕이 자리를 피하매…펼쳐졌다: 군왕은 충숙왕을 가리킨다. 상왕인 충선왕이 진감국사와 함께 있는 것을 보고 임금이 다과를 베풀고 자리를 피한 것이다.

59 자줏빛 기운을…화악華岳이 더욱 높아졌다: 『고려사』 충숙왕 원년 12월 병진일 기사에 "상왕께서 신효사神孝寺로 행차하셨다. 정사일에는 왕께서 승려 혼구를 광명사廣明寺로 방문하시고, 이튿날 또 정오를 묘련사로 방문하셨다"는 기사를 두고 하는 말이다. 임금이 몸소 국사를 찾아 행차를 하자 세상이 놀라고 명예가 높아졌다는 의미다.

일찍이 능허대를 세워 거친 가시나무를 찍어내 푸른 전각이 솟았고, 조 그마한 초은정은 덤불을 잘라서 단청을 입혔다.60 심왕藩王께서는 원명 圓明과 보조普照의 칭호를 허리띠에 적어 내리시고, 정혜定慧와 쌍홍雙弘 의 이름은 강사江使가 윤음으로 가져왔다.61 어이 다만 서학西學의 무리 가 금석金石처럼 믿을 뿐이겠는가? 또한 『동문선』에도 구슬 같은 문장 이 찬연하다.62

제8 목암국사牧菴國師는 8대가 한 뿌리에서 나와 쌍련雙蓮이 꽃받침을 나란히 하니, 정오를 스승으로 잇고 그 지위를 계승하여63 주미麈尾를 높이 휘둘렀고, 훌륭한 건물에 기대어 아름다운 자취를 드날려 귀부龜 趺가 우뚝하게 섰다. 이를 일러 8국사께서 남기신 자취라 한다.

아! 때에는 막히고 트임이 있으며 사물에는 성하고 쇠함이 있게 마련이 다. 상전桑田과 벽해碧海는 자주 바뀌니, 보탑寶塔은 아육왕阿育王 때 무너

---

60 능허대를 세워…단청을 입혔다: 진감국사 무외의 「암거일월기」(『동문선』 수록)에 용혈 암 근처 패탑암에 살면서 능허대와 초은정을 세워 경영한 사실을 적고, 시를 각각 두 수씩 실었다.

61 심왕藩王께서는 원명圓明과…윤음으로 가져왔다: 원명보조圓明普照의 호칭은 1307년 대선사 책봉 시에 받은 '불일보조정혜묘원佛日普照靜慧妙圓'의 칭호 중 묘원妙圓을 원명으 로 착각해 잘못 쓴 듯하고, 정혜쌍홍定慧雙弘의 이름은 1313년 11월 국통 책봉 시에 받은 호칭인 '쌍홍정혜광현원종雙弘定慧光顯圓宗'에 들어 있다. 강사江使는 강화도에서 보내온 사신이란 의미다.

62 『동문선』에 무외의 글 21편이 수록되어 있다. 이 글은 모두 『만덕사지』에 실렸다.

63 쌍련雙蓮이 꽃받침을…계승하여: 쌍련은 진감국사와 목암국사가 모두 무외無畏란 호를 같이 쓴 것을 말하고, 목암이 정오를 계승했다고 본 것이다. 『만덕사지』에서는 '승법호어정오 承法號於丁午'라 하여 정오의 법호를 이었다고 했다. 하지만 목암은 국사로 책봉된 적이 없 고, 백련사와도 관련이 없는 인물이다. 다산은 원묘의 11세손이라 한 『불조원류』의 기록 때 문에 무외를 목암 무외로 보았는데, 여기서 말하는 11대는 백련사 11대 주맹이란 의미이지 11대손이란 뜻이 아니다.

지고, 유찬楡鑽은 여러 번 변해 겁회劫灰가 곤명昆明에 차갑다.[64] 바위가 깨지고 하늘이 놀라니 나찰羅刹은 청령靑蛉의 독을 피했고,[65] 바람이 불고 불길이 매섭자 울유鬱攸는 주조朱鳥의 재앙을 부채질했다.[66] 누런 비단에 적힌 아름다운 글은 진 꽃잎을 따라서 함께 스러지고, 흰 명주에 그려진 예전 유상遺像은 덩굴풀과 더불어 같이 묻혔다.

이에 이름을 이정李晴이라 하는 과학소인跨鶴騷人과 기어선자騎魚禪子가 있어,[67] 다원茶園 가까이에 살면서,[68] 혹 직접 서울로 들어가 오래된 장서 속에서 비서祕書를 엿보고, 혹 불승佛乘을 손에 들고서, 남아 있는 사실을 새 책에 서술했다.[69] 마침내 해묵은 거울을 다시 갈아 티끌의 면

---

64 보탑寶塔은 아육왕阿育王 때…곤명昆明에 차갑다: 아육은 고대 인도 마갈타국 국왕인 아소카 왕을 말한다. 8만4000개의 불탑을 세운 것으로 유명하다. 여기서는 건축물이 오래 가지 못하고 무너졌다는 의미로 썼다. 유찬楡鑽은 벌유찬화伐楡鑽火의 줄임말로, 느릅나무 가지를 꺾어 불을 붙인다는 의미다. 청명 때 새 불을 가져오는 의식을 나타내며, 여기서는 해가 여러 번 바뀌어 세월이 흘렀다는 뜻으로 썼다. 겁회劫灰는 한 무제漢武帝가 곤명지昆明池를 파니 바닥에 회가 가득 쌓였는데, 서역인에게 묻자 천지의 대겁大劫이 끝날 때 겁화가 타고난 나머지 재라고 했다는 이야기에서 나왔다. 덧없다는 의미다.

65 바위가 깨지고…독을 피했고: 석파천경石破天驚은 경천동지驚天動地와 같은 의미로 쓴다. 예상할 수 없이 놀라운 상황을 가리키는 말로 쓴다. 나찰은 고대 인도의 신으로 불교에서는 악귀를 가리키지만, 후에는 불교의 수호신이 되었다. 청령은 일본을 나타내는 다른 표현이다. 청령의 독은 왜적의 침입을 뜻한다. 백련사가 왜적의 해를 직접 입지 않았다는 뜻이다.

66 울유鬱攸는 주조朱鳥의 재앙을 부채질했다: 울유는 화마火魔의 다른 표현이다. 주조는 주작朱雀을 말하는데 여기서는 화재가 나서 불타버렸다는 의미로 썼다. 조선 초에 이르러 백련사가 빈터만 남은 사실을 말한 것이다.

67 과학소인跨鶴騷人과 기어선자騎魚禪子: 『만덕사지』의 편집을 주도한 다산의 제자 이정과 아암 혜장의 제자 기어 자굉을 말한다. 이정은 학림鶴林 출신이었으므로 별호를 '과학소인' 즉 학의 등에 올라탄 소인騷人이라고 했다.

68 다원茶園 가까이에 살면서: 다원은 다산초당을 가리킨다. 이정과 기어 자굉 등이 『만덕사지』 편집 작업을 다산초당에서 진행했다는 의미다.

69 직접 서울로…새 책에 서술했다: 1813년 겨울 이정이 자료 조사차 서울로 올라가 『동문선』 등에 수록된 백련사 관련 자료를 대거 발굴해오고, 절의 역사에 관한 문헌과 현장 조사는 기어 자굉이 역할을 나눠 작업을 진행했다는 뜻이다.

지조차 보이지 않게 하니, 없어졌던 구슬이 다시 돌아와 보배로운 빛깔이 새것과 같았다. 물이 근원을 찾으매 조혈鳥穴이 유상帷裳처럼 좋아짐을 알게 되고,[70] 실꾸리가 실마리를 얻자 누에가 곤수袞繡의 문장을 토해내니, 혜자慧者 일공日公은 죽탑竹榻에 사향노루의 배꼽 같은 향그런 시구를 남기고,[71] 행호行乎 스님은 토성土城으로 인지麟趾의 상서로움을 받들기에 이르렀다.[72] 박익搏翼의 종사宗師는 삼우三愚를 얻어 법을 전했고,[73] 세심洗心 선로禪老께서는 육구六垢를 씻어내어 공덕을 닦았다.[74]

조상의 계보는 분명히 하지 않을 수 없고, 선대의 자취는 밝히 드러내지 않을 수가 없다. 이에 서둘러 전각을 세워 영령英靈이 편안케 지내시기를 꾀했다. 해묵은 비자나무와 동백은 용이 자빠지고 범이 고꾸라짐에 놀라고,[75] 붉은 기둥과 색칠한 서까래는 새가 깜짝 놀라 날개를 펴

---

70 조혈鳥穴이…알게 되고: 조혈은 새 둥지처럼 보잘것없는 집을 말하고, 유상은 수레 위를 덮는 덮개다. 여기서는 새 둥지처럼 초라하던 건물이 지붕을 갖춘 번듯한 건물로 바뀐 것을 말한다. 유상에 대한 설명은 『주례周禮』 등 예학상의 깊은 의논 속에서 나오는 표현이다.

71 혜자慧者 일공日公은…시구를 남기고: 고려 때 승려 혜일慧日 선사가 「백련사」 외에 여러 수의 제영시를 남긴 일을 말하는 듯하다. 혜일 선사의 시는 모두 『만덕사지』에 실려 있다.

72 행호行乎 스님은 토성土城으로…이르렀다: 행호토성은 행호 선사가 효령대군을 공덕주로 모시고 백련사를 중창할 때, 아무나 함부로 들락거리지 못하도록 대군을 위해 축성한 토성이다. 인지麟趾는 효령대군을 가리킨다.

73 박익搏翼의 종사宗師는…법을 전했고: 박익은 날개를 푸덕인다는 의미로, 제1 소요逍遙 태능太能과 제2 해운海運 경열敬悅이 양 날개를 펼쳐 제3 취여醉如 삼우三愚에게 법을 전했다는 뜻이다.

74 세심洗心 선로禪老께서는…공덕을 닦았다: 세심암은 백련사에 딸린 암자로, 세심장로洗心長老가 창건해, 그곳에 장로의 진영을 봉안해두었다. 그의 인적 사항은 따로 알려진 것이 없다. 이름 세심의 뜻에 얹어 육구六垢를 씻어냈다고 표현했다.

75 해묵은 비자나무와 동백은…놀라고: 비자나무와 동백나무를 잘라서 건물을 지었다는 뜻이다.

고, 방합조개가 신기루를 내뿜는 듯 어지러웠다.[76] 연소蓮沼 인공仁公은 단월檀越의 보시布施에 마음을 쏟고, 하당荷堂 장로는 재공梓工에게 앙장鞅掌하니,[77] 소원하던 것을 전하塡河에서 이루어, 실마리를 망해望海에 이을 만했다.[78] 대악岱嶽에서 규圭를 반사頒賜하던 달에[79] 계획을 세워 공사를 시작하여, 양강揚江에서 거울을 주조하던 때[80]에 단청하는 일을 모두 마쳤다.

응언은 벙어리 양의 미천한 자질과 절름발이 자라의 부족한 모습으로 젊었을 적엔 사방에 호구糊口하느라 구름 사이를 노닐며 안개 속에서 쉬었고, 늙어서는 한 구렁에 몸을 붙여 살면서 샘물을 마시고 바위 위에서 자니, 삼가 부족한 짧은 글로 상량上樑의 일을 거드는 글을 쓴다. 글에 말한다.

---

76 붉은 기둥과 색칠한 서까래는…어지러웠다: 조혁鳥革은 웅장하고 화려한 건물을 비유해서 쓰는 표현이다. 『시경』 「사간斯干」에 "공중에 우뚝 선 건물의 모습이, 마치 새가 깜짝 놀라 날개를 펴는 듯하다如鳥斯革"고 한 구절이 있다. 새로 지은 건물이 웅장하고 화려하여 마치 신기루를 보는 듯하다는 뜻이다.

77 연소蓮沼 인공仁公은…재공梓工에게 앙장鞅掌하니: 만덕사고려팔국사각의 건립 책임을 맡은 승려의 역할 분담을 설명한 내용이다. 연소 스님이 재정을 담당하고, 하당 장로가 건축을 맡았다는 의미다.

78 전하塡河에서…이을 만했다: 전하는 정위조精衛鳥가 돌을 물어다 황하를 메운다는 뜻으로 작은 정성을 모았다는 뜻이고, 망해에 잇는다는 것은 아득한 후대에까지 길이 이어지리라는 축원이다.

79 대악岱嶽에서 규圭를 반사頒賜하던 달에: 2월을 가리킨다. 『서경』 「순전舜典」에 "2월에 여러 제후에게 서규瑞圭를 반사하다"라고 했다.

80 양강揚江에서 거울을 주조하던 때: 5월을 말한다. 『이문집異聞集』에, "5월 5일에 경장鏡匠 여휘呂輝가 양자강심揚子江心에서 용경龍鏡을 주조하여 당 명황唐明皇에게 바쳤는데, 그 용경이 운무雲霧와 풍우風雨를 부리는 영험이 있었다"고 했다. 팔국사각이 1817년 2월에 기공해서 5월에 완공되었다는 의미다.

들보 던져 동편을 가리키나니,	抛梁指東
뾰족한 탑 허공에 우뚝 솟았네.	尖塔磨空
석실石室에 등불이 환히 비치자	石室燈照
오히려 목옹牧翁[81]인가 의심하누나.	猶疑牧翁

들보 던져 서편을 가리키나니	抛梁指西
정석丁石[82]은 구름 아래 낮게 깔렸네.	丁石雲低
시냇물에 꽃잎이 떨어지나니	磵水花落
고기잡이 어부가 길을 잃겠네.	漁人路迷

들보 던져 남쪽을 가리키나니	抛梁指南
죽도竹島[83]는 맑게 개어 잠겨 있구나.	竹島晴涵
구름 조각 깨끗이 쓸어버리자	淨掃雲片
하늘은 간데없는 쪽빛 되었네.	天如蔚藍

| 들보 던져 북쪽을 가리키나니 | 抛梁指北 |
| 돌 모루 하늘까지 곧장 솟았네. | 石角天矗 |

---

81 목옹牧翁: 보조국사 지눌의 별호가 목우자다. 절에 있는 부도 중에 보조탑普照塔이 있
으므로 이렇게 말했는데, 정작 『만덕사지』에서는 이 보조탑이 지눌의 사리탑이 아니라 제7
진감국사 정오의 사리탑으로 보았다.
82 정석丁石: 다산초당 동편 언덕에 '정석'이란 글자를 새긴 바위. 다산이 직접 파서 새긴
것으로 다산초당을 가리킨다.
83 죽도竹島: 만덕사에서 강진만을 내려다보면 보이는 섬을 이른다.

난고鸞誥는 아무래도 오지를 않아   鸞誥不來

여전히 고향 땅 올려보노라.   猶瞻故國

들보 던져 하늘을 가리키나니   抛梁指天

위에는 날아가는 솔개가 있네.   上有飛鳶

그 힘을 하나도 쓰지 않고도   不用其力

매끄럽게 날개를 펄럭이누나.   油然翼然

들보 던져 땅을 가리키나니   抛梁指地

돌길에 취한 걸음 부축하누나.   石徑扶醉

가장 높은 상승上乘의 선禪이라 함은   上乘之禪

생각이나 의논조차 할 수 없다네.   無思無議.

잇대어서 이를 위해 이렇게 기도한다.

천년토록 음식을 올리오리니   千春兮胘食

팔조八祖께선 즐거이 편안하소서.   八祖兮樂康

바위는 높이 솟아 안 무너지고   石嶙峋兮不圯

나무는 무성해서 곱기도 하다.   木蓊蔚兮其昌

물 흐르고 꽃이 지듯 중생 변고 많다 해도   衆生多變兮水流花謝

이 집은 천지와 함께 장구하게 남을진저.   此閣常存兮地久天長

가경 22년 정축년(1817) 3월 임신일王申日에 사문沙門 응언應彦[84]이 짓다.
또 시 한 수[85]를 제하여 말한다.

부용산 아래 자락 몇 칸짜리 사당에서   芙蓉山下數椽祠

올봄엔 탕병湯餅으로 노사老師께 제사하네.   湯餅今春奠老師

초조初祖는 저 멀리 최자 비碑[86]에 나와 있고   初祖遠徵崔子筆

외손外孫은 조종저趙宗著의 비문[87]이 무색하다.   外孫無色趙公碑

구름 속 나그네는 전생석前生石을 밟고 서고   雲中客踏前生石

해묵은 가지에선 비 갠 뒤에 꽃이 폈네.   雨後花開舊種枝

천추에 원묘圓妙 터전 살펴 알게 되었으니   省識千秋圓妙地

여섯 때에 종경鍾磬 소리 스러지지 않으리라.   六時鍾磬未曾衰

蓋聞德不足以冠冕群生者, 不能爲三車之主, 道不足以津梁一世者, 不

能爲萬乘之師. 故戰幕懸鈴鐵騎, 屈嘯門之氣, 少林奠幣虯犧, 供面壁之

---

84 응언應彦: 아암 혜장의 제자 철경掣鯨 응언이다. 『만덕사지』 권4와 권6에 교정자로 이름
을 올렸고, 이 상량문을 지은 것으로 되어 있다. 속성은 김씨이고, 영암 사람이다. 만덕산에
서 출가했고, 아암 혜장에게서 전법했다. 다산이 그를 위해 지어준 「철경당게掣鯨堂偈」가 남
아 있다.
85 시 한 수: 이 시는 성재成齋 조병현趙秉鉉(1791~1849)이 1820년 1월에 지은 「제팔국사
각題八國師閣」이란 작품이다. 상량문은 1817년 3월에 썼고, 후에 이 글을 목판에 새겨 내걸
때 다시 조병현의 시를 받아서 끝에다 첨부한 것이다. 시의 내용은 문집과 같은데, 다만 7구
의 '원묘지圓妙地'가 '원묘사圓妙社'로 된 것만 다르다.
86 최자 비碑: 『동문선』 권117에 실려 있는 고려 때 최자가 지은 「만덕산백련사원묘국사비
명 병서萬德山白蓮社圓妙國師碑銘幷序」를 말한다. 원래 있던 비석은 깨지고, 그 귀부龜趺에
조종저가 지은 사적비가 꽂혀 있다.
87 조종저趙宗著의 비문: 조선 중기 조종저(1631~1690)가 지은 「백련사비명白蓮社碑銘」을
말한다.

尊. 然而滌胃吞刀, 同歸於眩術, 燃膚建塔, 匪出於心誠. 師模之本於精修, 主寵之生於悅慕, 豈我萬德山白蓮社八國師之懿躅哉.

昔值高麗之景運, 丕揚天竺之遐聲, 八祖嗣興, 九王繼照. 法海則獅音動盪, 恩光則鳳詔聯翩.

第一開山之祖, 圓妙國師, 妙歲蜚英, 靈襟超悟. 高峯演法, 折蜂起之群言, 靈洞開堂, 蔚豹文之齊變.

牧翁投偈, 水壺祕甘蔗之漿, 龍叟交魂, 山社設金蓮之座. 機緣湊合, 暫棲月出之精廬, 講說支離, 忽悟天台之妙解. 專慕普賢菩薩, 遂營萬德伽藍, 相基者信士彪弘, 董役者親徒瑩湛. 平臺如削, 收萬景而鼇擎, 法宇勻排, 列百楹而翬矗. 起功於大安三歲, 竣事於貞祐四年.

因帶方太守之招邀, 遐情雲騖, 有蜀莫名儒之投入, 華聞風馳, 遂乃示妙法於蓮花, 證玄功於柏樹, 宏材大器之升堂入室者, 三十八人, 學士詞臣之結社題名者, 三百餘子. 雖三衣一鉢, 處方丈而蕭然, 而丹詰黃牖, 自中天而渙若.

逮夫依星床而示疾, 傍露柱而行吟. 玉宇澄淸, 金風蕭瑟, 數聲淸磬, 雜鷄唱而東明, 一顆玄珠, 奪蚌胎而西邁. 於是朴輔效虎頭之技, 崔滋撰螭首之文, 塔曰中眞, 謚曰圓妙. 寵隆於終始, 聲達於邇遐, 是唯我白蓮社之鼻祖也.

第二靜明國師, 奎璧之精, 圭璋之器, 高文大策, 敲旗噪於膠庠, 卓識靈機, 軒冕輕於薙染. 曹溪洗足, 摘龍頷於無衣, 上洛逃身, 辭虎皮於傳鉢. 閽人天降, 象峯須藥餌之香, 織女宵明, 龍穴卜茶毗之地.

年纔不惑, 國以爲師, 此古之所謂壽童, 今之所謂生佛也. 遂使遣芬剩馥, 洋溢乎中書, 寵賚恩綸, 流傳乎國史, 其稱上首也, 不亦宜乎.

第三圓晥國師, 受靜明之密付, 作員慧之眞源, 其號則三藏義旋, 其傳則二賢承統. 黃梅半夜, 不違槽廠之幽期, 紫柏千秋, 遂並憨山之令譽.

第四眞靜國師, 名門奕葉, 初地奇花, 弱冠登科, 新題雁塔, 儒衣出世. 遂託龍門, 紫誥紅牋, 輕浮雲於鬼錄, 霜蕉風槿, 悲逝水於人寰. 月杖星毬, 利市驚聚蚊之擾, 金鞍玉勒, 名途愁幻馬之馳.

四佛山中, 米麩結東蓮之會, 三師去後, 醍醐灌黃蘗之筵, 紫綬銅章, 望神仙而問道. 黃扉玉署, 稱弟子而獻詩. 南遊室薄之編, 遙承前哲, 東海傳弘之錄, 嘉惠後人.

第五員照國師, 傳燈於眞靜之門, 垂焰於妙圓之筆. 編師文而付梓, 千載流芳, 總釋敎而畀權, 九重賜號.

第六圓慧國師, 承光而闡道, 間世而降塵. 三智圓明, 達群萌而鬯茂, 六根淸淨, 潤百卉而蘇枯.

第七眞鑑國師, 絶世文章. 極天榮寵. 月山駐錫, 中官知拾屨之恭, 雲利飛旌, 明主執摳衣之禮. 遂復躋鳳樓而高會, 陪鶴駕而周旋. 帝子憑欄, 簫管溢勻天之樂, 君王避席, 餼饌列上國之珍. 隨紫氣而遐征, 函關動色, 與白雲而偕反, 華岳增高.

曾榭凌虛, 斸荒榛而聳翠. 小亭招隱, 剪叢篠而流丹. 圓明普照之稱, 藩王錫帶, 定慧雙弘之號, 江使銜綸, 豈惟西學之徒, 信之如金石. 抑亦東文之選, 粲然者珠璣.

第八牧菴國師, 八葉同根, 雙蓮並蔕, 承丁師而襲位. 麈尾高揮, 依甲觀而揚徽. 龜趺屹立, 是之謂八國師遺蹟也.

嗚呼! 時有否泰, 物有盛衰, 桑海飜遷, 寶塔崩於阿育, 楡鑽屢改, 劫灰冷於昆明, 石破天驚, 羅刹避靑蛉之毒, 風融火烈, 鬱攸煽朱鳥之災. 黃絹妙詞, 隨落英而偕滅, 霜綃舊像, 與蔓艸而俱埋.

乃有跨鶴騷人, 名爲李晴, 騎魚禪子, 居近茶園, 或身入王城, 窺祕書於舊藏, 或手持佛乘, 述遺事於新編. 遂使古鏡重磨, 纖塵不見, 亡珠復反, 寶彩如新. 若水尋源, 鳥穴識帷裳之漸, 如絲得緒, 蠶喉起袞繡之章, 以至慧者口公, '竹榻留癯臍'之句, 行乎宿德, 土城奉麟趾之祥. 搏翼宗師, 得三愚而傳法. 洗心禪老, 滌六垢而修功.

祖系不可以不明也, 先徽不可以不闡也. 於是亟謀建閣, 以冀妥靈. 老楠油茶, 愕龍顚而虎倒, 丹楹畫栱, 紛鳥革而蜃噓. 蓮沼仁公, 發心於檀施. 荷堂長老, 鞅掌於梓公. 願旣遂於塡河, 徽堪承於望海. 岱嶽班圭之月, 繩矩倅功, 楊江鑄鏡之辰, 碌鉛畢事.

應彦啞羊賤品, 跛鼈菲姿, 少時糊口於四方, 雲遊霞息, 遲暮棲身於一壑. 泉飲石眠, 恭疏短詞, 助揚脩棟. 辭曰:

抛梁指東, 尖塔磨空. 石室燈照, 猶疑牧翁.

抛梁指西, 丁石雲低. 磵水花落, 漁人路迷.

抛梁指南, 竹島晴涵. 淨掃雲片, 天如蔚藍.

抛梁指北, 石角天矗. 鸑誥不來, 猶瞻故國.

抛梁指天, 上有飛鳶. 不用其力, 油然翼然.

抛梁指地, 石徑扶醉. 上乘之禪, 無思無議.

系爲之禱曰: "千春兮胾食. 八祖兮樂康, 石嶸峋兮不坯, 木翁蔚兮其昌.

衆生多變兮水流花謝, 此閣常存兮地久天長."

嘉慶二十二年, 丁丑三月, 日維壬申, 沙門應彦撰.

又題一詩曰:

芙蓉山下數椽祠, 湯餅今春奠老師.

初祖遠徵崔子筆, 外孫無色趙公碑.

雲中客踏前生石, 雨後花開舊種枝.

省識千秋圓妙地, 六時鍾磬未曾衰.

전문은 다음과 같은 구성으로 이루어졌다.

1. 도입부

2. 8국사 소개

3. 결론부

4. 후기

5. 8국사의 발굴 경위와 팔국사각 건축 경과 설명

6. 찬자 후기

7. 상량사上樑辭와 도문禱文

8. 제영시

만덕사는 원묘국사 요세를 개산조로 백련결사를 열어, 송광사의 정혜결사와 함께 고려 불교를 떠받친 양대 축으로 자리매김되었다. 고려 말 이후 전란과 왜구의 침탈로 쇠퇴해 폐허가 되었다가 조선 초기 행호 대사가 중창했다. 그런 뒤 다시 쇠퇴하여 임진왜란 이후 대둔사의 말사로 그 존재감이 현격히 축소된 터였다. 다산은 이곳에서 처음 아암 혜장과 만나고, 이후 인근 다산초당에 살게 되면서 만덕사와 인연을 맺었다. 그의 주도 아래『만덕사지』편찬이 이뤄지면서 고려 8국사의 존재가 새롭게 환기되고, 팔국사각은 만덕사의 새로운 도약을 선언하는 상징적 건물로 섰다.

「팔국사각상량문」은『만덕사지』의 완성을 기념하고 유서 깊은 법화도량으로 만덕사의 위상 회복을 대내외에 선포하는 선언문적 성격을 띤 글이다. 이 한 편의 문장으로『만덕사지』전체 내용을 압축 요약했다. 다만 이 글은『만덕사지』와 자매편의 성격을 띠어, 이 글만으로는 의미를 온전히 이해하기가 어렵다.

현재 백련사에는 팔국사각이 없어지고, 상량문 현판만 남아 있다. 팔국사각은 언제 누가 세웠을까? 8국사의 명칭은 언제부터 있었고 그 성격은 어떠한가? 팔국사각 상량문의 내용과 형식을 살피고, 글 속에 담긴 다양한 의미를 추적해볼 필요가 있다.

1부터 4까지는 백련사 8국사에 대한 소개다. 팔국사각에 모실 8국사의 일생의 행적과 끼친 자취를 압축적 운문으로 소개했다. 5는 8국사의 존재가 인멸된 자료 속에서 되살아난 경위와 팔국사각 건축의 경과를 설명했다. 본문 끝에는 찬자인 철경 응언이 글을 짓는 소회를 짧게 적었다. 이어 동서남북천지의 6송으로 된 상량사와 축원의 뜻을 담은 도문이 나오고, 날짜를 적은 후 글이 끝난다. 상량문 뒤에는 시 한 수가 추가로 적혀 있다.

먼저 글의 문체를 살펴보자. 변려문은 상하대上下對의 정연한 대구로 문장을 이룬다. 일반적 비문이 명료한 사실 정보를 전달하는 데 반해, 변려문은 함축적인 표현과 고사를 동원한 장식적 표현, 그리고 대구의 규칙성으로 인해 안 해도 될 말이 들어간다. 또한 정작 해야 할 말은 이해하기 힘든 수사의 중첩과 과잉으로 인해 의미 파악이 쉽지 않다. 실제로 「팔국사각상량문」은 본문만으로는 행간의 의미를 온전히 이해할 수 없다.

표현 방식의 구체적인 예를 들어보자. 제1 원묘국사 요세의 항목에 나오는 한 대목이다. "목옹牧翁께서 게송을 보내시어 물병에 감로장甘露漿을 간수케 하시고, 용수龍叟는 산사山社에서 금련金蓮의 보좌寶座를 베풀었다牧翁投偈, 水壺秘甘蔗之漿, 龍叟交魂, 山社設金蓮之座." 목옹과 용수가 누구인지, 감자장甘蔗漿과 금련좌가 무엇을 나타내는지 알 길이 없다. 상량문에 녹아든 모든 정보는 『만덕사지』에 수록된 내용을 전제로 한다. 목옹은 목우자 지눌이다. 지눌이 공산회불갑公山會佛岬에 머물 당시 요세에게 게게偈를 보내 선법 닦기를 권한 일이 있었다. 그 게송 중에 "그대여 마음 그릇 잘 정돈해서, 감로장 쏟지 않길 권해보노라勸君整心器, 勿傾甘露漿"라고 한 대목이 보인다. 이 짧지 않은 일화를 단 11글자로 압축했다. 이 사정을 알아야 본문이 이해된다. 용수는 진주 용암사龍巖寺의 도인 희량을 가리킨다. 고려 때 최자가 찬한 원묘국사 비문에 "혹은 용암사 도인 희량이 금련좌에서 대사를 기다리는 등의 꿈을 꾸어 이상한 꿈이 신령스럽고 괴이한 것이 많았다"는 내용을 이렇게 줄여 말했다. 글자대로 풀이해서는 읽기가 힘들다.

제4 진정국사 천책을 논한 글의 끝 문장, "월장과 성구는 저자에서 이문을 구하느라 모기떼가 시끄럽게 앵앵대는 소리에 놀라고, 황금 안장과 옥 굴레는 명예를 구하는 길에서 허깨비 말을 타고 내달림을 근심했다"도 전후 맥락을 알지 못하면 의미 파악이 어렵다. 그저 나온 글이 아니라 천책의 『호산록』 중 「답운대아감민호서答芸臺亞監閔昊書」에 나오는 두 단락을 교합했다. "간혹 저잣거리를 지나다가 앉아 장사하거나 다니며 물건 파는 행상을 보게 되면 단지 몇 푼 안되는 돈을 가지고 시끌벅적 떠들면서 시장의 이끗을 독점하려고 다툰다. 백 마리 천 마리의 모기가 항아리 속에 있으면서 어지러이 앵앵대는 것과 무에 다른가?或經過市廛, 見坐商行賈, 只以半通泉貨, 哆哆譁譁, 罔爭市利. 何異百千蚊蚋在一甕中, 啾啾亂鳴耶"와 "한갓 월장과 성구로 금 안장과 옥 굴레를 씌운 말을 타고 삼삼오오 무리 지어 십자의 거리에서 내달리며 아침저녁 할 것 없이 노상 이리저리 몰려다니는데 구경꾼이 담벼락처럼 둘러선다. 애석하다. 나나 저들이나 모두 허깨비 세상에서 허깨비로 살아가고 있다. 저들이 어찌 허깨비 몸으로 허깨비 말을 타고 허깨비 길을 내달리며 허깨비 기술을 잘 부려 허깨비 사람으로 하여금 허깨비 일을 구경하게 하는 것이 허깨비 위에 허깨비가 다시 허깨비를 더하게 하는 것임을 알겠는가?徒以月杖星毬, 金鞍玉勒, 三三五五, 翶翔乎十字街頭, 罔朝昏額額. 南來北去, 觀者如堵. 惜也. 吾與彼俱幻生於幻世,

彼焉知將幻身乘幻馬, 馳幻路工幻技, 令幻人觀幻事, 更於幻上幻復幻也"의 긴 문장을 교직했다. 이것은 앞서 본 다산이 초의에게 준 증언贈言에서 인용했던 바로 그 대목이기도 하다. 이 글의 실제 찬자가 다산임을 확인시켜주는 증표이다.

내용은 8국사에 대한 개인별 소개가 전체 글의 3분의 2를 차지한다. 이후 조선조에 접어들어 사세寺勢가 현격히 위축되었던 절이 이정과 기어 자굉에 의해 기록을 되찾음으로써 『만덕사지』의 편찬으로 이어졌고, 이를 통해 8국사의 잊힌 자취가 복원될 수 있었음을 적었다. 이어 이를 기념하는 팔국사각의 건립이 추진되었고, 연소와 하당이 앞장서서 일을 맡음으로써 건물이 완공에 이른 사정을 썼다. 끝에는 글을 쓴 철경 응언이 자신의 소회를 피력한 후, 상량사와 도문으로 이 건물이 8국사를 기리는 기념 건물로 오래오래 보존되기를 희망했다.

백련사 팔국사각은 백련사에 원래 있던 건물이 아니었다. 백련사 8국사는 당시까지 존재 자체가 완전히 잊힌 상태였다. 8국사의 개념이 만들어진 것은 『만덕사지』가 완성된 이후다. 팔국사각은 『만덕사지』 완성 이전에는 결코 세워질 수 없는 건물이었던 셈이다.

『만덕사지』의 편찬 경과와 함께 8국사 개념의 성립 과정을 먼저 살펴보자.[88] 다산의 지휘 아래 『대둔사지』에 이어 『만덕사지』의 편찬

---

88 그간 제출된 『만덕사지』 관련 주요 논의는 다음과 같다.
管野銀八, 「萬德寺志に就いて」, 『朝鮮』(朝鮮學會, 1928) 제160호.
_____ , 「東白蓮考」, 『靑丘學報』(靑丘學會, 1933) 제10호.
金斗珍, 「萬德寺志 解題」, 『호남문화연구』(호남문화연구소, 1977), 196~202면.

이 마무리된 시기는 1816년 후반이었을 것으로 보인다. 『만덕사지』
는 1813년 여름에 기어 자굉이 은봉 두운의 처소에서 『동문선』 1책
을 구해, 이 책에서 만덕사 제2대 정명국사 천인의 글을 발견하면서
시작되었다. 이는 『만덕사지』 상책 33면에 적힌 기어 자굉의 안설을
통해 알 수 있다.

천인의 시집은 지금 또한 전하지 않는다. 오직 『동문선』 가운데 천인이
지은 글이 많이 채록되어 있다. 이 책이 없어지지 않는 한 천인의 자취
는 사라지지 않을 것이다. 내가 산가山家에서 우연히 『동문선』 한 권을
얻었는데, 천인의 「원묘국사제문」과 「입부도안골제문」 「입비후휘조제문」
「초입원축성수재소문」 「초입원축령수재소문」이 모두 실려 있었다. 마침
내 이 책을 가지고 본사로 돌아와, 이제 또 하권에다 이를 수록했다慈宏
案: 天因詩集, 今亦無傳. 惟東文選中天因所著, 多見採錄. 此書不亡, 則天因其不泯矣. 余於山家,
偶得東文選一卷, 天因祭圓妙國師文, 天因立浮屠安骨祭文, 天因立碑後諱朝祭文, 天因初入院祝
聖壽齋疏文, 天人初入院祝令壽齋疏文, 皆載焉. 遂以是卷, 歸之本寺, 今又錄之下卷.[89]

許興植, 「만덕사지의 편찬과 그 가치」, 『만덕사지』(아세아문화사, 1977)
_____ , 「『만덕사지』와 『대둔사지』」, 『고려불교사연구』(일조각, 1986)
오경후, 「조선후기 『만덕사지』의 찬술과 성격」, 『역사민속학』(역사민속학회, 2008) 제28집,
77~109면.
김성숙, 「백련사의 차문화 연구」(동국대 석사논문, 2013)
89 이하 『만덕사지』 본문의 인용은 불교문화유산아카이브의 신발굴 문헌 항목에 영인되어
인터넷 검색이 가능한 용흥사 소장 『만덕사지』를 저본으로 삼는다. 아세아문화사에서 간행
한 것보다 시기상 앞서는 판본이다. 책의 마지막 장에 대정 4년(1915) 을묘에 화엄암華嚴庵
에서 필사했다는 기록이 나온다. 쪽수 또한 아카이브에 수록된 숫자 표시에 따른다.

기어 자굉이 가져온 자료를 보고 놀란 다산은, 자굉이 검토한『동문선』이 단지 1책뿐임을 확인한 뒤,[90] 제자 이정을 1813년 겨울 서울로 보내『동문선』을 비롯해 여러 문헌을 조사해오게 했다.「팔국사각상량문」에 이 과정을 짐작할 수 있는 중요한 내용이 담겨 있다.

이에 이름을 이정이라 하는 과학소인과 기어선자가 있어, 다원茶園 가까이에 살면서, 혹 직접 서울로 들어가 오래된 장서 속에서 비서祕書를 엿보고, 혹 불승佛乘을 손에 들고서, 남아 있는 사실을 새 책에 서술했다. 마침내 해묵은 거울을 다시 갈아 티끌의 먼지조차 보이지 않게 하니, 없어졌던 구슬이 다시 돌아와 보배로운 빛깔이 마치도 새것과 같았다乃

有跨鶴騷人, 名爲李ى|, 騎魚禪子, 居近茶園, 或身入王城, 窺祕書於舊藏, 或手持佛乘, 逑遺事於新編. 遂使古鏡重磨, 纖塵不見, 亡珠復反, 寶彩如新.

『만덕사지』상책 22면에서는 이정의 안설로 "계유년(1813) 겨울, 내가 경성에 놀러 가서『동문선』중에서 최자의 비문을 베껴와 본사에 돌려주었다. 이제부터는 없어지지 않을 것이다癸酉冬, 余遊京城, 於東文選中, 鈔取崔碑, 歸之本寺. 自玆以往, 庶乎其不泯也"라고 썼다.『만덕사지』는

90 다산이 대둔사 승려 호의縞衣에게 1813년 8월 19일에 보낸 것으로 추정되는 실물 편지 속에『동문선』은 본시 은봉 노인에게서 나왔다고 하는데, 그 본래 얻은 곳을 상세히 물어서 오면 좋겠네東文選本出於隱峯老人云. 其本來所得處, 詳問而來, 可也라고 한 내용이 있다. 자세한 것은 정민,『다산의 재발견』에 수록된「한국교회사연구소 소장 다산 친필 서간첩『매옥서궤梅屋書匭』」를 참고하면 된다.『만덕사지』의 편찬 시기와 진행 과정에 대해서는 별도의 논문을 준비하고 있으므로 자세한 설명은 이 글에 미룬다.

다산의 제자 이정과 승려 기어 자굉이 편집의 주축이 되어, 한 사람은 서울까지 가서 고가古家의 비장祕藏을 뒤지고, 한 사람은 불승에 남은 사실을 하나하나 모아 정리하는 수고를 아끼지 않은 결과물이었다.

한편 본문 중에 '거근다원居近茶園'이란 말이 나온다. 여기서 다원은 차나무를 전문적으로 기르는 차밭을 뜻하는 것이 아니라, 다산초당을 가리킨다.[91] 이들이 다산초당에 상주하면서 새 책의 정리를 진행했다는 뜻으로 한 말인데, 다산은 자신의 초당에서 이 작업을 진행한 사실을 드러내놓고 말하고 싶지 않았기 때문에 이처럼 모호한 표현을 동원했다.

당시의 사정은 1816년 4월 15일경, 우연히 방문차 다산초당에 들렀던 성재成齋 조병현趙秉鉉(1791~1849)이 남긴 「다산 정약용이 머무는 곳을 방문하니, 승려들이 경전을 배우는데 절집과 다름없었다訪茶山丁若鏞居停處, 僧徒學經, 無異佛舍」라는 시를 통해 확인된다.[92] 이 시는 당시 다산초당에 작업 공간을 마련해두고 여러 승려가 함께 달려들어 막바지 정리 작업을 진행하던 현장에 대한 귀중한 증언이다.

---

91 김성숙은 「백련사의 차문화 연구」(동국대 석사논문, 2013), 40쪽에서 "이 기록은 만덕산 부근에 다원이 있었다는 것을 새롭게 알 수 있게 한다. 이 상량문에서 다원이 가지는 의미는 사뭇 크다. 이것은 계획적으로 만들어진 차밭을 의미하고, 더 나아가 사원 경제 속에 자리한 다원의 경제적 위치를 알 수 있기 때문이다"라고 썼다. 다산 이후 만덕사의 만불차萬佛茶가 세상에 알려지면서 사방에서 차에 대한 요구가 밀려들어, 『만덕사지』에도 쓰고 있듯, 당시 이곳 승려들이 차 때문에 말할 수 없는 고초를 겪던 상황이었다. 공개적으로 다원을 경영하여 사찰 경제에 조금의 도움도 안 되는 차에 대한 수요를 부채질한다는 것은 생각하기 어렵다.
92 조병현趙秉鉉, 『성재집成齋集』 권3(한국역대문집총간 301책 252쪽). 이 시에 대한 분석은 별도의 논고를 통해 살펴보겠다.

작업 진행 과정을 정리하면 이렇다. 처음 다산의 명으로 상경했던 이정은 서울에서 『동문선』의 나머지 책에 실린 백련사 창건주 제1 원묘국사 요세의 비문과 제2 정명국사의 시집 서문 및 관련 글, 제7 진감국사 정오의 글을 대거 발굴하여 돌아오는 큰 성과를 거두었다. 이에 비로소 고려조 백련결사의 본거지였던 백련사의 실체가 수면 위로 떠올랐다.

다산은 1806년을 전후한 시점에 아암 혜장을 통해 제4대 진정국사 천책의 문집인 『호산록』을 구해 보아, 그의 문학에 이미 깊이 매료된 상태였다. 이후 1808년 다산초당에 정착하고는 해마다 천책의 자취가 담긴 용혈암으로 제자들과 소풍을 다녀오기까지 했다. 관련 내용은 문집에는 빠진 채 『만덕사지』에만 수록된 다산의 일문佚文 「유용혈기」에 자세하다. 이정이 찾아온 자료를 바탕으로 1814년부터 1815년까지는 백련결사 관련 내용을 정리해나갔고, 단편의 글들을 재조합해서 1815년에는 마침내 8국사의 존재와 주맹의 계보가 정리될 수 있었을 것으로 보인다.

이후 다산은 고려 8국사에 대응이 될 조선 8대사를 선정하여 짝을 맞추었고, 그 8대사 중 자신이 5명의 비명을 한치응, 홍기섭 등의 이름을 빌려 대신 짓기까지 하면서 전체 틀을 짜나갔다.[93] 여기에 불우佛宇에 대한 정보와 수집 자료 및 시문을 정리해, 마침내 1816년 4월에는 승려들이 아예 다산초당에 상주하면서 편집 작업

---

93 홍기섭과 한치응의 이름으로 된 4편의 비명은 『동사열전』과 다산 글에는 모두 다산 자신이 직접 지은 것으로 나온다. 이 또한 별고에서 상세하게 다루겠다.

을 진행해 그해 후반기에는 작업이 마무리되었던 듯하다.

『만덕사지』가 거둔 가장 눈부신 성과는 절에서조차 그 존재가 완전히 잊혔던 8국사의 빛나는 전통을 되살려놓은 것이었다. 이에 8국사 현창 사업의 필요성이 적극 대두되었고, 마침내 이듬해인 1817년 봄에 팔국사각이 건립되었다. 이것이 팔국사각 건립까지의 경과다.

팔국사각의 건립 경과에 대해 상량문에서 기술하고 있는 내용을 다시 살펴보자.

조상의 계보는 분명히 하지 않을 수가 없고, 선대의 자취는 밝히 드러내지 않을 수가 없다. 이에 서둘러 전각을 세워 영령英靈이 편안케 지내시기를 꾀했다. 해묵은 비자나무와 동백은 용이 자빠지고 범이 고꾸라짐에 놀라고, 붉은 기둥과 색칠한 서까래는 새가 깜짝 놀라 날개를 펴고 방합 조개가 신기루를 내뿜는 듯이 어지러웠다. 연소蓮沼 인공仁公은 단월檀越의 보시에 마음을 쏟고, 하당 장로는 재공梓工에게 양장鞅掌하니, 소원하던 것을 전하塡河에서 이루어, 실마리를 망해望海에 이을 만했다. 대악岱嶽에서 규圭를 반사頒賜하던 달에 계획을 세워 공사를 시작하여, 양강揚江에서 거울을 주조하던 때에 단청하는 일을 모두 마쳤다.

祖系不可以不明也, 先徽不可以不闡也. 於是, 亟謀建閣, 以冀妥靈. 老榧油茶, 愕龍顚而虎倒, 丹楹畫桷, 紛鳥革而蜃噓. 蓮沼仁公, 發心於檀施. 荷堂長老, 鞅掌於梓公. 願旣逐於塡河, 徽堪承於望海. 岱嶽班圭之月, 繩矩僟功, 揚江鑄鏡之辰, 硃鉛畢事.

조상의 계보가 분명해졌으니 남은 일은 그것을 세상에 밝게 드러내는 것이다. 그러자면 팔국사각을 건립해 8국사의 영령을 따로 모시고, 이를 선양하는 사업을 해야 한다. 이에 새 건물의 건축이 시작되어, 날렵하고 우뚝한 전각이 섰다. 글 속에는 팔국사각의 건립을 주관한 책임 인력의 역할도 나온다. 연소 인공은 필요한 자금을 조달하고, 하당 장로는 건축 현장의 감독 책임을 짊어졌다. 연소와 하당은 당시 백련사에 있던 원로 승려의 이름인 듯하나 별도의 기록은 전하지 않는다.

이 대목 끝에 건물의 건축 시기가 명시되어 있다. 대악에서 규圭를 반사하던 달에 공사를 시작해 양강에서 거울을 주조하던 때에 공사를 마쳤다고 썼다. 『서경』「순전舜典」에 "2월에 여러 제후에게 서규瑞圭를 반사頒賜하다"라는 기록이 있으니 2월에 공사를 시작한 것이고, 『이문집』에 "5월 5일에 경장鏡匠 여휘呂輝가 양자강심揚子江心에서 용경龍鏡을 주조하여 당 명황唐明皇에게 바쳤는데, 그 용경이 운무와 풍우를 부리는 영험이 있었다"고 한 기록이 있으니 5월에 공사를 마친 것이다. 1816년 『만덕사지』 편찬을 완료한 후 해토解土를 기다려 이듬해 봄인 1817년 2월에 기공해, 넉 달 만인 여름 5월에 공사를 마무리 지었음을 알 수 있다.

응언은 상량에 맞춰 상량문을 지어 들보에 얹었다. 응언이 처음 상량문을 지은 시점은 1817년 3월이었다. 그런데 현재 「팔국사각상량문」 현판 끝에는 '우제일수왈又題一首曰'이라 하고 7언 율시 한 수가 더 붙어 있다. 이 시는 철경 응언의 시가 아니다. 앞서 1816년 4월에 다산초당에 들러, 초당이 마치 절집처럼 공부하는 승려들로 가득하다고 했던 조병현의 시다. 『성재집成齋集』 권5에 수록된 시로 원제는 「제팔국사각題八國師閣」이며, 지은 날짜는 1820년 1월이다. 1817년 3월에 지은 글 뒤에 1820년 1월에 지은 시가 나란히 적혔다면 이 현판을 만든 것은 그 이후라는 뜻이다.

필자의 판단은 이렇다. 팔국사각은 1817년 3월에 상량하여 5월에 완공했다. 상량문은 관례대로 들보 위에 판 홈에 보관되었다. 하지만 이 건물의 상징성을 더 부각하려는 목적에서 그 이후에 지어진 조병현의 시 한 수를 추가하여 대형 현판에 새겨 내걸어, 누구나 이 글을 통해 백련사의 빛나는 역사를 살펴볼 수 있게 했다.

이상 「만덕사고려팔국사각상량문」의 구성과 내용을 분석하고, 이 글의 실제 찬자가 철경 응언이 아니라 다산임을 주장했다. 『만덕사지』 편찬 과정에서 다산의 역할은 예상을 훨씬 뛰어넘는 적극적이고도 주도적인 것이었다. 1차 자료의 수집은 자신의 읍중 제자인 이정을 서울까지 보내 찾아오게 했고, 8국사와 8대사로 이어지는 논리의 구성도 다산의 작품이었다.

『만덕사지』의 완성으로 고양된 자신감과 자부심이 팔국사각의 건립과 상량문 제작으로 이어졌다. 다산은 내친김에 아암 혜장의 제자이자 자신의 제자이기도 한 철경 응언의 이름으로 「만덕사고려팔국사각상량문」까지 직접 지어 『만덕사지』와 자매편이 되도록 했고, 나아가 높아진 만덕사의 위상을 한껏 드러내고자 했다. 글에서 당시 만덕사 구성원들의 고무되고 고양된 느낌이 고스란히 전해진다.

이후 어느 시점에선가 고려 팔국사각은 흔적 없이 사라지고, 지금은 상량문만 목판에 새겨져 걸려 있다. 팔국사각이 복원되어 백련사 팔국사의 자취가 확연히 드러나, 법화도량 백련결사의 바탕이 된 백련사의 빛나는 전통이 새롭게 기려질 수 있기를 바란다.

이상 다산이 백련사와 용혈 관련해서 남긴 시문을 차례로 검토해보았다. 다산 이전에는 고려 말 이후로 누구도 용혈이라는 공간에 대한 글을 남긴 적이 없었다. 다산은 아암 혜장을 통해 천책의 『호산록』을 접하게 되면서 용혈이라는 공간에 대해 큰 관심을 가졌고 그 배경에는 진정국사 천책에 대한 존모尊慕의 정이 깔려 있었다. 1808년 다산초당 정착 이후, 다산은 해마다 봄이면 학생들과 함께 용혈로 소풍을 떠났고, 이후 『만덕사지』를 편찬하는 와중에 『동문선』 등에서 관련 자료를 대거 발굴하면서 이 공간에 특별히 더 주목했다. 이를 통해 잡초에 묻혀 있던 용혈암지가 비로소 역사의 전면 위에 떠오르게 되었다.

제3부

고려
8국사와
용혈
관련
기록

3부에서는 만덕사 고려 8국사 관련 기록을 중심으로 만덕산 백련결사의 불교사적 위상과 의미, 그리고 특별히 용혈암과 관련된 기록을 집중적으로 분석하겠다. 대부분의 자료는 『동문선』에 수록되어 있다. 이 밖에 백련사와 관련 있는 글도 논의의 필요에 따라 함께 살펴보기로 한다.

1.

만덕산 백련사 원묘국사
비명 병서 萬德山白蓮社圓妙國師碑銘幷序

처음 읽을 글은 고려 때 최자가 쓴 「만덕산 백련사 원묘국사 비명 병서」다. 『동문선』 제117권에 실려 있다. 백련결사를 창시한 원묘국사 요세의 비명으로 백련결사가 결성되기까지의 과정을 일생의 행적에 얹어서 꼼꼼하고 촘촘하게 정리한 글이다. 백련사 결성 당시의 기록이므로 자료적 성격을 지니니 편폭이 길지만 전문을 제시한다.

여래께서 일대사인연—大事因緣을 위해 세상에 출현하사, 여러 경전을 널리 풀이했다. 그래도 크고 작은 권실權實[1]을 능히 하나로 꿸 수는 없었다. 기회와 때가 만나 종기가 곪아 터지려 할 듯한 뒤에야 『묘법연화경』

---

1 권실權實: 불법의 두 가르침. 소승의 설법을 권교權敎라 하고, 대승의 설법을 실교實敎라 한다. 권교는 권도로 취해 의리에는 맞지만 법의 이치는 분명하고 얕다. 실교는 참된 요체를 드러내어 보여주므로 법의 이치가 높고도 깊다. 여기서는 교종과 선종의 두 갈래를 두고 한 말이다.

을 지극히 창도하여, 구계九界와 삼승三乘2을 포섭하고 하나의 불승佛乘

으로 들어가니, 오래 침묵하던 마음이 시원스러워져서 다시 남은 찌꺼

기가 없게 되었다.

여래께서 쌍림雙林에서 열반에 드시면서 불교의 기강이 느슨해졌다.

오직 용수대사龍樹大士가 이를 병통으로 여겨, 지극한 이치를 펴서 밝

혀 일체의 다른 논의를 깨뜨렸다. 삼관三觀의 현묘한 문을 열자, 혜문

惠文(?~?)과 혜사惠思(515~577)3가 조술祖述하여 서로를 이었다. 지자智者

(538~597) 대사4는 하늘이 내려준 오묘한 깨달음으로 다시금 목탁을

높이 들었고, 장안章安(561~632) 대사5에 이르러 이를 결집했다. 이위二

<hr />

2 구계九界와 삼승三乘: 구계는 십법계十法界 중 지옥地獄, 아귀餓鬼, 축생畜生, 아수라阿
修羅, 인人, 천天, 성문聲聞, 연각緣覺, 보살菩薩을 가리킨다. 나머지 하나는 불계佛界이니,
구계는 모두 미계迷界가 된다. 삼승은 일반적으로 소승小乘(聲聞乘), 중승中乘(緣覺乘), 대
승大乘(菩薩乘)을 가리킨다.

3 혜문惠文(?~?)과 혜사惠思(515~577): 중국 남북조 시대, 북제北齊의 승려 혜문慧文과
그의 제자 남악南岳 혜사慧思를 말함. 혜사는 천태종의 개산조인 지의智顗의 스승이다. 두
사람은 대승불교의 이론적 토대를 마련한 용수의 저술인 『대지도론大智度論』에 바탕을 두
고 『법화경』을 연구하여, 『법화경』이 실천 법문을 대표하는 경전으로 자리매김하게 했다.

4 지자智者(538~597) 대사: 수隋나라 때 천태교天台敎의 개산조. 본명은 지의智顗이고, 자
가 덕안德安이다. 지자선사智者禪師로도 부른다. 평생 『법화경』 연구에 몰두해 이론과 실천
을 갖춘 교관쌍수敎觀雙修의 천태 사상을 확립했다. 수행은 없고 이론만 숭해 타락한 불교
계의 폐단을 바로잡고, 수행과 보시, 참회를 통해 깨달음에 이르는 단계를 제시했다.

5 장안章安(561~632) 대사: 수나라 승려. 천태종 제4조다. 지자 대사의 곁에서 그의 설
법 내용을 기록하여 천태교의天台敎義의 기본이 되는 『법화현의』 『법화문구』 『마하지관』의
3대부大部와 『관경묘종초觀經妙宗鈔』 『금광명경문구기金光明經文句記』 『금광명경현의습유
기金光明經玄義拾遺記』 『별행관음현의기別行觀音玄義記』 『별행관음의소기別行觀音義疏
記』 5소부小部를 지었다.

威(?~680) 대사6가 이를 전해주자, 우계尤溪(1025~1091) 대사7가 이를 이

었고, 비릉毗陵(?~949) 대사8는 기록으로 남겼다. 헌장憲章이 크게 갖추

어져서 들어 행할 수가 있게 되었다.

고려에서는 현광玄光(?~?)9 · 의통義通(927~988)10 · 제관諦觀(?~970)11 · 덕선德

---

6 이위二威(?~680) 대사: 당나라 승려 지위智威의 이칭. 속성은 장蔣씨다. 천태종 제6조.
전생에 지자대사의 설법을 듣고 출가를 맹세했는데, 이를 어겼다는 힐책을 듣고, 천태산 국
청사로 가서 장안章安에게 구족계를 받아 법화삼매를 증득했다. 법석에 오를 때마다 자줏빛
구름이 이마를 덮어, 사람들이 그를 법화존자法華尊者로 불렀다.

7 우계尤溪(1025~1091) 대사: 송나라 때 임제종臨濟宗 승려 상총常聰을 말한다. 검주劍州
우계尤溪 사람이다. 속성俗姓은 시施씨이고, 자가 조각照覺이다. 임제종풍臨濟宗風을 떨치
는 데 뜻을 두어 마조馬祖가 재래再來했다는 격찬을 받았다. 뒤에 강주江州 동림사東林寺
로 옮겨 설법하니, 그의 제자들이 혜원慧遠이 남긴 참언讖言인 "내가 죽고 700년 뒤에 육신
대사가 내 도량을 크게 바꾸리라吾滅七百年後, 有肉身大士, 革吾道場"라고 한 말이 이루어
졌다고 했다. 소식蘇軾과도 교유했고, 1082년 신종神宗은 자의紫衣와 광혜선사廣惠禪師의
호를 내렸다.

8 비릉毗陵(?~949) 대사: 당나라 말기의 승려 문언文偃을 말함. 선종오가禪宗五家의 하나
인 운문종雲門宗의 개산조다. 설봉의존雪峯義存에게 참선하여 인가를 얻고, 운문산에 광태
선원光泰禪院을 창건해 선풍禪風을 선양했다. 스님의 어록을 기록한 『운문광진선사광록雲
門匡眞禪師廣錄』이 있다.

9 현광玄光(?~?): 신라 때 승려로 천태종의 교학을 처음으로 신라에 도입했다. 중국 진陳나
라로 들어가 남악南岳 혜사慧思의 제자가 되어, 법화안락행문法華安樂行門을 전해 받고 법
화삼매法華三昧를 증득證得했다. 스승의 인가認可를 얻은 뒤 신라로 돌아와 웅주의 웅산翁
山에 절을 짓고 은거했다. 중국 천태종의 영당影堂에 남악 혜사를 비롯한 28명의 고승 영정
을 모시면서, 현광의 상도 안치했다고 한다.

10 의통義通(927~988): 고려 초의 승려. 속성은 윤씨, 자는 유원惟遠이다. 중국에 가서 천
태산 운거사雲居寺로 덕소德韶를 찾아가 천태교의를 깨쳤다. 이후 희적義寂에게서 일심삼
관一心三觀의 이치를 듣고 오래도록 참구해 통달했다. 천태종의 제16조가 되어 송나라 천태
종을 중흥시킨 고승이며 중국에서 입적했다. 저서로 『관경소기觀經疏記』『광명현찬석光明
玄贊釋』등이 있었다 하나 전하지 않는다. 법손法孫 종효宗曉가 1203년에 그의 행적을 묶어
엮은 『보운진조집寶雲振祖集』이 남아 있다.

11 제관諦觀(?~970): 우리나라의 천태학天台學을 중국에 전한 고승으로 『천태사교의天台
四敎儀』를 지어 중국과 일본에서 명성을 떨쳤다. 천태종의 전적이 해외로 유출되어 볼 수 없
다는 말에 오월왕吳越王 전숙錢俶이 고려에 사람을 보내 천태종 관계 서적을 구해오게 했
다. 이때 제관이 고려 광종의 명으로 천태종 관련 저술을 가지고 가게 했다. 제관은 나계사
螺溪寺의 의적을 찾아가 배움을 청하고 10여 년간 천태학을 함께 연구하며, 그것을 『천태사

善(?~?)[12]·지종智宗(930~1018)[13]·의천義天[14]의 무리가 배로 바다를 건너

가서 도를 묻고, 천태삼관天台三觀[15]의 뜻을 얻어와 이 땅에 전했다. 우리

나라에서 복으로 받든 것이 그 유래가 오래되었다. 하지만 보현도량普賢

道場을 열어서 널리 불경을 외우도록 권한 것은 없던 일이었다. 오직 스

님은 종교가 쇠퇴해가던 날을 당하여 크게 법당을 세워, 미처 법을 듣

지 못했던 세속 사람들을 놀라게 하고, 뿌리 없던 믿음이 생겨나게 했

다. 조사祖師의 도리를 중흥시켜 가없는 세상에 베풀어 미치게끔 했다.

본원本願의 힘으로 응당 말세에 태어나 여래께서 시킨 바가 아니었다면,

여래의 일을 행함이 어찌 이와 같았겠는가?

교의』에 담았다. 그가 중국에서 죽은 뒤 그가 쓰던 상자에서 빛이 나자, 이를 열어 『천태사교
의』를 얻었다고 한다.

12 덕선德善(?~?): 제관 이후에도 고려의 천태학을 계승한 승려. 제관과 비슷한 시기, 나계
사 의적義寂의 문하에서 천태교관을 배운 것으로 추정되나 관련 기록을 찾을 수 없다.

13 지종智宗(930~1018): 고려 천태종의 학승. 자는 신측信則, 속성은 이씨. 여덟 살 때인
937년 개경의 사나사舍那寺에 머물던 인도 승려 홍범삼장弘梵三藏에게 출가했다. 젊어서부
터 명성이 높아 955년 중국으로 구법의 길을 떠날 때 왕이 전별연을 열어주기까지 했다. 오
월吳越로 유학하여 영명사永明寺의 연수延壽 문하에서 2년 동안 수학하고, 인가를 받았다.
이후 961년부터 7년간 국청사國淸寺의 정광淨光에게서 『대정혜론大定慧論』을 배워 천태교
의를 전수받았다. 970년에 귀국해 금광선원金光禪院에 머물렀다. 이후 삼중대사三重大師에
제수되고 혜월慧月의 호가 내렸다. 1018년 원주 현계산 거돈사居頓寺에서 입적했다. 원공국
사圓空國師의 시호가 내렸다.

14 의천義天(1055~1101): 속명은 왕후王煦, 호는 우세祐世다. 아버지는 고려 제11대 문종
이고, 어머니는 인예왕후仁睿王后 이씨李氏다. 의천은 천태종과 화엄종을 통합하고 교종과
선종을 조화시켜 통합하기 위해 천태종을 세워 교단의 통일과 국가 발전을 꾀했다. 중국에
갔을 때, 의천은 지자대사탑 앞에서 "옛날 제관이 교관敎觀을 전했으나, 지금 대를 이을 자가
끊어져 제가 법을 위하여 몸을 돌보지 않고 찾아와서 대도大道를 구하나이다"라며 기원했다
고 한다. 의천은 『법화경』의 회삼귀일 사상과 일심삼관一心三觀의 교관병수敎觀並修를 고양
시켜, 화엄 사상 등 여타 불교 사상을 천태에 포섭하고자 했다.

15 천태삼관天台三觀: 천태종에서 세운 공관空觀·가관假觀·중관中觀 세 가지 관법을 가
리킨다.

대사의 휘는 요세了世요, 자는 안빈安貧, 속성은 서씨徐氏로 신번新繁(지금의 의령宜寧) 고을 사람이다. 아버지 필중必中은 호장戶長을 지냈고, 어머니 서씨도 같은 고장 사람이다. 대정大定 계미년(1163) 겨울 10월에 태어났다. 나면서부터 총명했고, 용모와 거동이 우뚝하고 훌륭해 어려서부터 노성한 기운이 있었다. 12세에 출가했다. 강양江陽(지금의 합천) 천락사天樂寺의 승려 균정均定에게 의탁해 사미沙彌가 되어, 천태교관天台敎觀을 시작했다. 당시 학사 임종비林宗庇가 강양 군수로 있다가 한번 보고는 큰 그릇으로 여겨, 불법이 믿어 기댈 곳이 있겠다고 여겼다.

23세에 승과에 급제해 오로지 종승宗乘16에만 뜻을 두고 강석講席의 자리에 두루 참석했다. 몇 해가 못 되어 가리켜 돌아갈 곳을 환하게 깨달아, 이미 일가를 이루었다는 높은 명망이 있었다. 승안承安 3년 무오년(1198) 봄에 서울로 올라가 고봉사에서 법회를 베풀었다. 이름난 승려들이 구름처럼 모여들어 다른 논의가 벌떼같이 일었지만, 스님께서 자리에 올라 한바탕 설법하자 무리들이 모두 두려워 복종하여 감히 티격태격하지 못했다. 타고난 성품이 산수를 좋아해서, 비록 명교名敎에 자취를 두었어도 그의 본뜻은 아니었다.

이해 가을, 동지 10여 명과 함께 명산을 돌아다녔다. 처음에는 영통산靈洞山 장연사長淵寺에 머물며 법당을 열어 불법을 풀이하고 부지런히 후진을 이끄니, 가르침을 청하는 자가 길을 메웠다. 이때 조계曹溪의 목우자牧牛子가 공산公山의 회불갑會佛岬에 있다가 풍문을 듣고 가만히 마음이

---

16 종승宗乘: 불교의 각 종파에서 내세우는 교의를 말한다. 다른 종의 교의는 여승餘乘이라 한다. 여기서는 천태종의 교의에 뜻을 오로지 쏟았다는 의미로 썼다.

맞아 스님에게 게송을 보내 그에게 선禪 수행을 권하며 말했다.

물결 일 땐 달빛은 못 드러나고   波亂月難顯

방 깊으면 등불 빛 더욱 빛나네.   室深燈更光

그대여 마음 그릇 가지런히 해   勸君整心器

감로장甘露漿이 쏟아지지 않도록 하게.   勿傾甘露漿

대사가 이를 보고 마음이 상쾌해져서, 서둘러 가서 이를 좇았다. 하지만 법우法友가 되어 도의 교화를 선양하는 것을 도왔다.

몇 해를 지내다가 목우자가 강남으로 결사結社를 옮기자, 스님 또한 따라서 남쪽으로 갔다. 지리산에서 출발해 남원 귀정사歸正寺를 지나는데, 그 절의 주지 현각玄恪의 꿈에 웬 사람이 나타나 이렇게 고했다. "내일 삼생三生에 걸쳐 법을 지닌 훌륭한 스님이 올 것이다. 마땅히 깨끗이 청소하고 그를 맞으라." 주인은 그 가르침대로 마당을 쓸고 음식을 장만해서 기다렸다. 과연 스님이 늦게야 도착하니, 현각이 꿈꾼 내용을 자세히 얘기했다.

또 스님은 지자智者 대사 꿈을 자주 꾸고 나서, 대중에게 『묘종妙宗』[17]을 강했다. 화장암華長庵에 있을 때는 가만히 좌선하며 움직이지 않자, 끝내 마귀들이 복종했다. 혹 산신이 절터를 가리켜 그려 보였고, 혹은 용

---

17 묘종妙宗: 천태교학을 대성한 지의智顗(538~597)의 『관무량수경소觀無量壽經疏』를 간추린 천태종 제4조 장안章安의 『관경묘종초觀經妙宗鈔』를 말한다. 제14조 사명지례四明智禮의 『관무량수경묘종초觀無量壽經妙宗鈔』 6권으로 보기도 한다.

암사 도인 희량이 꿈에 금련좌에서 대사를 기다리는 등 이상한 꿈과 신령하고 괴이한 일들이 자못 많았다. 하지만 이것은 유자儒者가 마땅히 말할 바가 아닌지라 자세히 적지는 않겠다.

태화泰和 8년 무진년(1208) 봄에 월생산月生山의 약사난야18에서 잠시 지냈다. 시내와 산이 맑고도 빼어난데 건물은 퇴락해 기운 것을 보고 이에 수리했다. 한번은 방 안에 조용히 앉아서 묘관妙觀으로 정신을 도야하다가 문득 혼자 중얼거렸다. "만약 천태天台의 오묘한 깨달음을 펴지 못한다면 영명永明 연수延壽 스님19께서 말씀하신 120가지 병통20에서 어떻게 달아날 것인가?" 인하여 스스로 깨달아, 『묘종妙宗』을 강설하다가 '이 마음이 부처를 짓는다, 이 마음이 부처를 짓는다'는 대목에 이르자 저도 모르게 크게 웃었다. 이로부터 『묘종』을 즐겨 설법하니 말씀과 지혜에 막힘이 없었다. 대중을 불러 참회를 닦되, 간절하고 지극하고 정밀하고 용맹스럽게 하도록 했다. 날마다 쉰세 분의 부처님께 열두 번씩 예를 올리는데, 비록 매서운 추위나 모진 더위가 있어도 게을리하지 않았으므로, 선종의 부류들이 서참회徐懺悔21라고 불렀다.

---

18 월생산月生山의 약사난야: 월생산은 영암 월출산의 이칭이다. 약사난야의 난야는 절인데, 글 뒤쪽에 가람과 난야를 다섯 군데 창건했다고 한 것으로 보아, 가람은 절, 난야는 암자에 해당된다. 오늘날 월출산 강진다원 뒤편 약사골로 올라가면 정상 아래 절벽 밑에 약사난야의 빈터가 남아 있다. 땅을 파면 고려 상감청자편이 나오는 것으로 보아, 상당히 위상이 높았던 암자였을 것으로 여겨진다.

19 영명永明 연수延壽 스님: 당나라 말엽 오대五代 시절의 승려로 영명사의 연수延壽(904~975) 스님을 말한다. 그는 정토종의 6조祖요, 법안종의 3조였다.

20 120가지 병통: 하나의 참된 본심을 가리는 유무有無, 권실權實, 선교禪教 등의 모든 분별취사의 병을 말한다. 120가지 병은 깨달음을 위한 수행 방법이 한 가지일 수만은 없음을 뜻한다.

21 서참회徐懺悔: 원묘국사의 속성이 서씨徐氏이고, 수행 방법이 참회법을 위주로 했으므

다산과 강진 용혈

탐진현耽津縣(지금의 강진)에 신사信士 최표·최홍·이인천 등이 있었다. 대사를 찾아와 뵙고서 말했다. "지금 법려法侶는 점차 많아지는데, 산속 거처는 너무 좁습니다. 우리 고을 남쪽 바다 산기슭에 예전 만덕사 터가 있습니다. 땅의 위치가 맑고도 빼어나 가람을 창건할 만합니다. 한번 가서 도모하지 않으시렵니까?" 스님이 가서 보고 좋다고 했다. 대안大安 3년 신미년(1211) 봄에 공사를 시작하여, 문인 원형元瑩과 지담之湛, 법안法安 등에게 명하여, 일을 맡아 장인을 모으고 건물을 짓게 했다. 무릇 집 80여 칸을 세워, 정우貞祐 4년(1216) 가을에 공사를 마치고, 법회를 열어서 낙성했다.

9년(1221)²² 봄에 대방(지금의 남원) 태수 복장한卜章漢이 스님의 기상을 듣고는 관내의 백련산을 도량으로 삼을 것을 청했다. 스님께서 그 무리들을 이끌고서 가보았다. 그 땅이 꽉 막힌 데다 물조차 없는 것을 보고, 바로 돌아오려고 했다. 어쩌다 돌멩이 하나를 뽑자, 맑은 샘물이 갑자기 솟구쳐 올랐다. 이에 기이하게 생각하고 몇 년을 머물렀다. 11년 계미년(1223)²³에 최표 등이 편지를 올려 이렇게 청했다. "본사本祠의 법연法筵을 오래도록 폐했으니, 구름처럼 떠도시면 안 됩니다." 정성으로 두 번 세 번 청했으므로 그 즉시 길을 나서, 돌아와 크게 도량을 열었다.

무자년(1228) 여름 5월에 유업儒業을 익히는 자 여러 명이 서울에서부터 와서 참례했다. 스님께서 머리 깎기를 허락하고, 『묘법연화경』을 가르쳐

로 이렇게 부른 것이다. 또 서徐에는 더디다는 뜻도 있으므로, 그렇게 해서 언제 깨달음에 도달하겠느냐는 비웃음의 의미도 담긴 호칭으로 보인다.

22 9년(1221): 정우 9년(1221)은 고려 고종 8년이다.

23 11년 계미년: 1223년(정우 11)은 고려 고종 10년이다.

주어 순조롭게 잘 통하게끔 권면했다. 이로부터 원근에서 소문을 듣고서 신행信行이 있는 사람들이 쉼 없이 와 점차 성대한 모임이 되었다. 임진년(1232) 여름 4월 8일에 처음으로 보현도량을 결성하고, 법화삼매法華三昧를 수행하며, 정토淨土에서 태어나기를 구하되, 한결같이 천태삼매의 의례를 따랐다. 긴 세월 동안 법화참法華懺을 닦고, 앞뒤로 권면함을 펴자, 『묘법연화경』을 외우는 자가 1000여 명이나 되었다.

사부대중의 청을 받아 교유하며 교화했으나 인연은 고작 30명이었다. 묘수妙手, 즉 재능이 뛰어난 사람 중 제자로 건진 것이 38명이다. 가람과 난야를 창건한 것은 다섯 곳이었다. 왕공대인王公大人과 목사나 현감, 그리고 높고 낮은 사부대중으로 이름을 적고 입사한 자는 300여 명이다. 이리저리 서로 가르치고, 구절 하나와 게송 하나를 듣고서 멀리서 묘한 인연을 맺은 자는 이루 다 셀 수조차 없었다. 스님은 산림에 자취를 감추고 나서 50년 동안 한 번도 서울 땅을 딛지 않았고, 고향이나 친척의 일에 직접 나서지 않았다.

성품은 꾸밈이 적었고 순후하면서도 정직했다. 눈으로는 사특한 것을 보지 않았고, 망발하는 법이 없었다. 밤에는 등불을 밝히지 않았고, 잠자리에는 요를 깔지 않았다. 시주로 받은 것은 모두 가난한 사람에게 나눠주고, 방장 안에는 다만 옷 세 벌과 바리때 하나뿐이었다. 매일 선禪을 살피고 불경을 외우며 가르치는 여가에도 『법화경』 한 부를 외우고, 준제신주准提神呪[24]를 천 번 염송하며, 아미타불을 만 번 부르는 것으로 일과를 삼았다. 한번은 혼자 말했다. "한 문파의 가르침이 너무 호한하여 배우는 자가 나루를 잃고 헤맨다." 그러고는 강령이 되는 요점만을 가려뽑아 『삼대부절요三大部節要』를 내고, 판에 새겨 배포하여 후진들이 큰 도움을 입게 하니, 왕이 듣고서 아름답게 여겼다. 몇 해 뒤 정유년(1237) 여름에는 선사禪師의 호칭을 하사했다. 그 뒤로도 여러 번 임금의 교지가 내려오고, 세시 때마다 하사품을 내렸다. 공부公府에서도 또한 스승으로 섬겼다.

을사년(1245) 4월에 원문院門의 불사佛事를 상수제자上首弟子인 천인天因에게 맡겼다. 별원으로 물러나 지내면서 조용히 좌망坐忘하며 오로지 서방정토로 가기만을 구했다. 이해 6월 그믐날 재齋를 올릴 때 감원監院을 불러 고했다. "늙은 중이 오늘은 더위에 지쳤어도 입은 상쾌하니, 잠깐 먼 걸음을 해야겠다. 어서 속히 날 위해 대나무로 선상禪床을 만들어 오너라." 선상이 완성되자, 여러 나이 든 승려에게 말했다. "이 상은 움직이기가 가볍고도 편하니 시험 삼아 앉아보면 모름지기 상쾌한 점이 있을 것이다."

7월 3일이 되자, 객실로 가서 조금 아픈 듯 보였다. 기대어 누워 노래했다.

모든 법의 실상은	諸法實相
맑고도 깨끗해서,	淸淨湛然
말로 하면 이치 잃고	言之者失理

---

24 준제신주准提神呪: 『준제다라니경准提陀羅尼經』에 실려 있는 주문으로 석가모니께서 가르쳐주신 것이다. 이 주문을 외우면 십악오역十惡五逆의 업장을 소멸시켜주어 일체 공덕을 성취할 수 있다고 한다.

보여주면 종지宗旨와 어긋난다네.　　　　　　　示之者乖宗

우리 종宗은 『법화경』이 가장 큰일이거니　　吾宗法華一大事

분수 따라 깊이 이해함　　　　　　　　　　隨分妙解

오직 이것뿐이니라.　　　　　　　　　　　唯此而已

또 원효 스님의 「징성가澄性歌」를 부르셨다.

법계의 신상身相이란 불가사의하여서　　　　法界身相難思議

적막히 함도 없고 하지 않음도 없다네.　　　寂然無爲無不爲

저 부처의 몸과 마음 지극히 따른다면　　　　至以順彼佛身心

할 수 없이 저 나라에 반드시 태어나리.　　　故必不獲已生彼國

매일 앉으나 누우나 쉼 없이 큰 소리로 염불하는 것을 그치지 않았다. 7월 6일이 되자 목욕하고 옷을 갈아입고는 종일 좌정했다. 저물녘에 천인天因을 불러 앞에 오게 해서 불법의 대의를 부탁했다. 그러고 나서 말했다. "장사 나가는 길은 가을이 좋으니, 내가 떠나도 걱정이 없겠구나." 천인이 물었다. "무슨 말씀이신지요. 기운과 숨소리가 전과 조금 다른 듯한데 어떠십니까?" 대답하였다. "내가 회향하려 한 것이 오래되었다. 다만 한여름은 마땅치가 않아서 입추가 되기를 기다리느라 이제껏 머물러 있었느니라." 그 즉시 입으로 불러주어 보지寶誌에 쓰게 했다. 게偈는 이렇다. "닭은 축시라 울고, 둥근 구슬 한 개는 밝음을 다했구나. 여태 깨닫지 못한 사람들아! 한 마디를 들어라. 다만 지금 이러할 때 누가 입을 놀리랴." 선상禪床 앞의 노주露柱에 붙여두고 평소처럼 읊조렸다.

7월 7일 축시가 되자, 시자侍者에게 명하여 경쇠를 쳐서 대중이 모이게 했다. 물을 찾아 세수하고 양치한 뒤, 법복을 입고서 자리에 올라 가부좌를 틀고 서쪽을 향하여 앉았다. 대중에게 고하여 말했다. "50년간 산림 속의 썩은 물건이 오늘 간다. 각자 노력해서 법을 위해 힘쓰거라." 천인이 물었다. "죽음에 임하여 정해둔 마음이 바로 정토일 것인데, 다시금 어디로 가시렵니까?" 스님이 말했다. "이 마음이 흔들리지 않으면 그 자리에서 눈앞에 드러나리라. 나는 떠나지 않고 떠나고, 저들은 오지 않고서 왔다. 감응하여 도리로 만나니, 실은 마음 바깥의 일이 아니니라." 말을 마치자 즉시 염불을 거두었다. 하지만 결인結印한 것이 마치 선정에 든 듯했다. 가까이 가서 살피니, 이미 입적하였다.

누린 해가 83세이고, 법랍法臘은 70세였다. 낯빛이 몹시 희어 보통 때와 달랐고, 손과 발은 부드러웠다. 머리와 정수리는 오래도록 따스했다. 이날 탐진 수령이 서리 10여 명을 이끌고서 원적圓寂하신 곳으로 달려와, 화공 박보朴輔에게 명하여 유상遺像을 그리게 했다. 또 근처 고을의 사부대중 50여 명이 앞을 다퉈 우러러 예를 올리고, 눈물을 떨구며 슬피 공경하지 않는 이가 없었다.

왕께서 부음을 들으시고, 유사有司에게 명하여 국사로 책봉하게 하니, 시호를 원묘圓妙라 하고, 탑은 중진탑中眞塔이라 했다. 특별히 귀인을 보내 교서를 가지고 백련사로 가서 추장追奬케 하고,25 신 최자崔滋에게 명을 내려 비문에 글을 짓게 했다. 내 지위가 낮은 데다 재주도 부족해서 이 책임을 감당하기가 진실로 부족했다. 하지만 임금의 명이 엄밀한지라 군이 사양하지 못하고 삼가 행록行錄에 근거하여 서문을 쓰고 또 명銘을 지으니 명은 이러하다.

학림鶴林26에서 열반 들자	鶴林示寂
묘한 도리 멀어졌지.	妙道漸離
공空과 유有로 서로 다퉈	空有互諍
창과 방패 마주 드네.	矛盾相持
얻은 바를 저울질해	各權所得
바른 믿음 없었다네.	而無正信
용수대사 삿됨 밀쳐	龍樹排邪
바른 법을 발휘했지.	發揮正印
지자智者 대사 이어 나와	智者繼起
판가름해 밝혔다네.	判釋申明
사람들은 한 길 알아	人知一路
곧장 걸음 나아갔네.	直進其行
스님은 그 적손嫡孫으로	師其嫡孫
천태삼관 통달했지.	達三種觀
보현도량 가르침을	普賢道場

---

25 추장케 하고: 『동문선』 권27에 민인균이 지은 「만덕산 백련사 사주 요세를 원묘국사의 시호를 내리는 교서萬德山白蓮社主了世, 贈諡圓妙國師敎書」와 「관고官誥」 등의 교서가 실려 있다.
26 학림鶴林: 석가모니가 쌍림雙林에서 입적할 때 숲이 학의 모양으로 변했다고 해서 부르는 호칭이다.

다산과 강진 용혈

이 땅에서 처음 열고,　　　　　祖開東韓

『연화경』을 외우게 해　　　　　勸誦蓮經

외우는 이 날로 늘어.　　　　　誦者日盛

아! 스님의 그 마음은　　　　　噫師之心

굳세고도 바르셨네.　　　　　確乎剛正

이익 명예 유혹 못 해　　　　　利名不誘

마귀 외도外道 못 범했지.　　　　魔外難凌

해내海內에 홀로 서서　　　　　孤立海內

조사祖師 등불 빛내셨네.　　　　光揚祖燈

깨달음이 환해지자　　　　　悟解方明

참懺 닦음도 간절쿠나.　　　　修懺愈切

죽음 늦춰 때 기다림　　　　　延死待時

거짓 속임 아닌 것을.　　　　非以詭譎

마음 맑기 축시丑時이고　　　　清心在丑

상사喪事는 가을 편해.　　　　喪事宜秋

내가 비록 붓 둔해서　　　　　臣雖筆鈍

글쓰기를 잘 못 해도,　　　　未工撰修

스님의 한평생은　　　　　師之終始

돌에 새김 당당하다.　　　　無愧勒石

이 산은 무너져도　　　　　此山寧頹

이 이름은 안 바뀌리.　　　　此名不易

如來爲一大事因緣, 出現於世, 廣演群經. 然猶大小權實, 莫能一貫. 逮
乎機與時會, 如癰欲潰, 然後極唱妙蓮, 攝九界三乘, 入一佛乘, 久默之
懷乃暢, 而無復餘蘊.

洎雙林滅度, 玄綱解紐. 惟龍樹大士病之, 發明宗極, 破一切異論. 開三
觀妙門, 惠文惠思, 祖述相繼, 而智者大師, 天縱妙悟, 再敂木鐸. 至於
章安結集之, 二威傳授之, 尤溪述之, 毗陵記之, 憲章大備, 可擧而行.

本朝有玄光義通諦觀德善智宗義天之徒, 航海問道, 得天台三觀之旨, 流
傳此土. 奉福我國家, 其來尚矣. 至如開普賢道場, 廣勸禪誦, 蓋闕如也.
惟師當宗教寢夷之日, 立大法幢, 駭末聞之俗, 生無根之信, 使祖道中興,
施及無垠, 非承本願力, 應生季末, 爲如來所使, 行如來事者, 安能如是哉.

師諱了世, 字安貧, 俗姓徐氏, 新繁縣人也. 父必中爲戶長, 母徐氏同鄉
人也. 以大定癸未冬十月誕生. 生而穎悟, 容儀魁偉, 自齠年有老成氣度,
十二出家, 依江陽天樂寺沙門均定, 爲沙彌. 始天台教觀. 時學士林宗
庇, 知江陽, 一見而器之, 以爲佛法有賴矣.

二十三中僧選, 專志宗乘, 遍參講肆. 不數年間, 洞曉指歸, 已爲一家雋
望. 承安三年戊午春, 上都設法會于高峯寺. 名緇雲集, 異論蜂起, 師登
坐一吼, 衆皆讋服, 莫敢枝梧. 以天性好山水, 雖跡名敎, 非其志也.

是年秋, 與同志十餘輩, 遊歷名山. 初止靈洞山長淵寺, 開堂演法, 丕勤
誘進, 請益成蹊. 時曹溪牧牛子在公山會佛岬, 聞風暗契, 以偈寄師, 勸
令修禪云: "波亂月難顯, 室深燈更光. 勸君整心器, 勿傾甘露漿." 師見而
心愜, 徑往從之, 然爲法友, 助揚道化.

居數年, 牧牛子移社於江南, 師亦隨而南焉. 自智異山, 道過南原歸正寺,

其住持玄恪, 夢有人告曰:"明日三生持法華師來, 宜淨掃迎之." 主人如教掃門庭具殽饌以待, 師乘晚果至. 玄恪其說所夢.

又師屢夢智者, 衆講妙宗, 或在華長庵, 安禪不動, 竟服魔魅. 或山神指畫寺基, 或龍巖社道人希亮, 夢金蓮座待師等, 異夢靈恠頗多. 然此非儒者所宜言, 故不悉云.

泰和八年戊辰春, 寓居月生山藥師蘭若, 見溪山淸絶, 堂宇頹圮, 迺事修葺. 嘗宴坐一室, 陶神妙觀, 忽自念言:"若不發天台妙解, 永明壽百二十病, 何由逃出." 因自警悟, 及講妙宗. 至是心作佛, 是心是佛, 不覺破顏. 自後樂說妙宗, 辯慧無㝵. 抑籲衆修懺, 懇至精猛, 日禮五十三佛十二遍, 雖祈寒酷署, 未嘗懈倦. 禪流號爲徐懺悔.

耽津縣有信士崔彪崔弘李仁闡等, 來謁師曰:"今法侶漸盛, 山居甚隘. 吾郡南海山側, 有古萬德寺基. 地位淸勝, 可創伽藍. 盍往圖之?" 師往見而肯之. 以大安三年辛未春, 矢厥謀. 命門人元瑩, 之湛, 法安等, 幹事募工營構. 凡立屋八十餘間, 至貞祐四年秋告成, 設法會以落成.

九年春, 帶方守卜章漢, 聞師道韻, 請以管內白蓮山爲道場. 師率其徒往焉. 見其地阻且無水, 意欲徑還, 偶拔一石, 淸泉忽迸. 乃異之, 留數年, 十一年癸未, 崔彪等奉書請云:"本社法筵久廢, 不可雲遊." 誠請再三, 故幡然取道而還, 大闢道場.

至戊子夏五月, 有業儒者數人, 自京師來參. 師許以剃度, 授與蓮經, 勸令通利. 自是遠近嚮風, 有信行者, 源源而來, 寖爲盛集. 以壬辰夏四月八日, 始結普賢道場, 修法華三昧, 求生淨土, 一依天台三昧儀. 長年修法華懺, 前後勸發, 誦是經者千餘指.

受四衆之請遊化, 然緣僅三十, 妙手度弟子三十有八人. 凡創伽藍幷蘭若五所. 王公大人牧伯縣宰, 尊卑四衆, 題名入社者, 三百餘人. 至於展轉相敎, 聞一句一偈, 遠結妙因者, 不可勝數. 師自遁影山林五十年, 未嘗踏京華塵土, 未嘗親導鄉黨親戚事.

性少緣飾, 純厚正直. 目不邪視, 言不妄發. 夜不炳燈燭, 寢無茵褥. 所爲檀襯, 悉頒施貧乏, 方丈中唯三衣一鉢而已. 每禪觀誦授之餘, 誦法華一部, 念准提神呪一千遍, 彌陁佛號一萬聲, 以爲日課. 嘗自謂: "一門敎海浩汗, 學者迷津." 乃撮綱要, 出三大部簡要, 鏤板流行, 後進多賴焉, 上聞而嘉之. 越丁酉夏, 賜號禪師. 厥後屢降綸旨, 歲時錫賜, 公府亦所師.

於乙巳年夏四月, 以院門佛事, 付上首弟子天因, 退居別院, 蕭然坐忘, 專求西邁. 是年六月晦日齋時, 呼監院告言: "老僧今日, 困暑口爽. 小有遠行, 信速爲我造竹禪床來." 床成, 謂諸老宿曰: "此床擧措輕便, 試坐須有快處."

至七月三日, 就客室示微疾. 倚臥唱云: "諸法實相, 淸淨湛然. 言之者失理, 示之者乖宗. 吾宗法華一大事, 隨分妙解, 唯此而已." 又唱元曉澄性歌云: "法界身相難思議, 寂然無爲無不爲. 至以順彼佛身心, 故必不獲已生彼國."

每坐臥, 衮衮唱念不輟. 至六日, 澡浴更衣, 坐定彌日. 比暮呼天因使前, 囑佛乘大義已. 仍曰: "商行寄金, 吾去無患矣." 天因問云: "未審, 氣息小異昔如何?" 答云: "吾欲回向久矣. 但盛暑非宜, 待立秋, 停留至今." 卽口授令書寶誌. 偈云: "鷄鳴丑, 一顆圓珠明已矣. 至未了之人, 聽一言. 只這如今誰動口." 帖在禪床前露柱, 吟詠自若.

至七日丑時, 命侍者擊磬集衆, 索水盥漱, 着法服升坐跏趺, 面西而坐.
告衆云: "五十年山林朽物, 今日行矣. 各自努力, 爲法勉旃." 天因問云:
"臨終在定之心, 卽是淨土, 更欲何之?" 師云: "不動此念, 當處現前. 我
不去而去, 彼不來而來. 感應道交, 實非心外." 言訖卽斂念. 然印如入禪
定, 就視之, 已化矣.

享齡八十三, 臘七十; 顔色鮮白異常, 手足柔軟, 頭頂久煖. 是日耽津守率
胥吏十餘人, 馳詣圓寂所, 命畫手朴輔寫遺像, 又有近邑四衆五十餘人,
爭前瞻禮, 無不墮淚哀敬焉.

上聞之悼, 命有司冊爲國師, 謚曰圓妙, 塔曰中眞. 特遣貴人, 賞敎書, 卽
其社追獎. 申命臣滋, 撰辭于碑. 臣職卑才下, 固不足以當是任. 然上命
嚴密, 未獲牢辭, 謹按行錄. 旣序之, 且銘曰:

"鶴林示寂, 妙道漸離. 空有互諍, 矛盾相持. 各權所得, 而無正信. 龍樹
排邪, 發揮正印. 智者繼起, 判釋申明. 人知一路, 直進其行. 師其嫡孫,
達三種觀. 普賢道塲, 祖開東韓. 勸誦蓮經, 誦者日盛. 噫師之心, 確乎剛
正. 利名不誘, 魔外難凌. 孤立海內, 光揚祖燈. 悟解方明, 修懺愈切. 延
死待時, 非以詭譎. 淸心在丑, 喪事宜秋. 臣雖筆鈍, 未工撰修. 師之終
始, 無愧勒石. 此山寧頹, 此名不易."

　비명의 서두는 교종과 선종 두 갈래로 나뉘어 발전해온 불교의 흐
름을 정리했다. 특별히 용수대사로부터 『법화경』이 실천 법문을 대
표하는 경전으로 자리매김되면서 천태종이 문호를 열어 그 교맥이
이어져온 자취를 중국과 고려로 나눠 자세히 설명했다.

이어 그 흐름의 끝에서 요세 스님이 나와 12세에 출가한 뒤로부터 천태교관을 닦기 시작해, 23세 승과 합격 이후 1198년 봄에 고봉사 법회에서 두각을 드러내게 된 경위 등을 기술했다. 이어 동지 10여 명과 함께 명산을 다니며 법회를 열어 후진을 이끌자, 따르는 무리가 길을 메울 지경이 되었다. 이때 조계의 목우자 지눌이 요세에게 게송을 보내 선 수행을 권했는데, 지눌을 만난 요세는 선 수행에 몰입하지 않고, 다만 법우法友로 돕되 서로의 길이 다름을 확인했다.

이후 남원 화장사 시절을 지나면서 몇 차례 이적과 현몽을 거쳐 1208년에 월출산 약사난야에 정착해 천태의 묘관을 깨우쳤다. 대중과 함께 참회를 닦으며 날마다 쉰세 분의 부처님께 열두 번씩 예를 올리는 용맹정진을 거듭했다. 명성이 점차 높아져서, 강진의 최표와 최홍 등이 강진 만덕사를 새로 세워 그리로 모시겠다고 하여, 1216년에 마침내 80여 칸의 새 건물을 짓고 이곳으로 옮겨 성대한 법회를 열었다.

이후 1228년 5월 천인과 천책 등 유학에 종사하던 여럿이 찾아와 머리를 깎았고, 이후 1232년 보현도량이 처음 결성되어 법화삼매를 수행하니, 『묘법연화경』을 외우는 자가 1000여 명에 이르렀다. 1237년 마침내 임금은 선사의 호칭을 내렸고, 나라에서 스승으로 섬기는 예우를 갖추었다.

1245년 4월, 요세는 천인에게 원문院門의 불사를 주관케 한 뒤, 본인은 별원으로 물러나 조용히 지내다가 7월 7일 입적했다. 임금은 스님에게 원묘국사의 시호를 내리고 중진탑을 세우게 했다. 교서를

| 만덕산 백련사 부도밭의 원묘국사 중진탑.

내리고, 최자에게 비문을 짓게 했다.

최자가 지은 이 비문은 원묘국사 요세의 일생을 꼼꼼히 정리했을 뿐 아니라, 약사난야에서 만덕산으로 옮겨와 백련결사가 결성되는 과정을 설명했고, 이것이 하나의 신앙 운동으로 확산되어가는 성황을 상세히 적었다. 글은 비록 원묘국사의 비명이지만, 어찌 보면 백련결사의 성립 과정에 대한 보고를 겸하고 있다. 다만 만년에 원묘국사가 2대 정명국사 천인에게 자리를 물려주고 들어간 별원이 용혈인지의 여부는 꼼꼼히 따져봐야 할 것이다. 기록을 보면 1245년 4월에 요세가 별원으로 처음 물러났고, 6월 그믐날 재를 올릴 때 간편한 이동을 위해 선상禪床을 만들어 올릴 것을 부탁했다. 7월 6일에 목욕 재계한 뒤 천인을 불러 뒷일을 부탁했다. 그리고 이튿날인 7월 7일 축시에 입적했다. 입적 때에도 법복을 갖춰 입고 대중에게 임종 게를 전하고 세상을 떴다.

이 모든 기록은 다 요세 스님이 입적한 별원이 만덕사 바로 곁의 별도 건물이지, 몇 시간을 가야 겨우 닿을 수 있는 용혈암은 아닌 것으로 묘사되고 있다. 무슨 일이 있을 때마다 천인을 찾으면 즉시 가서 만나볼 수 있는 거리였다. 요컨대 원묘국사 요세 스님은 용혈암에 직접 간 적은 없었던 것으로 여겨진다. 다만 이어서 살펴볼 여러 자료를 통해 볼 때 용혈암이 처음 조성된 것은 요세가 만덕사에서 백련결사를 이끌고 있었던 시점임이 분명하다.

2.

「만덕산 백련사주 요세 증시 원묘국사 교서
萬德山白蓮社主了世贈諡圓妙國師敎書」와 「관고官誥」

두 번째로 읽을 글은 국사 책봉 시 고려 국왕이 내린 「교서」와 「관고」다. 교서는 국사의 명호를 하사하는 통보문이고, 관고는 일종의 사령장辭令狀에 해당된다. 「교서」와 「관고」 모두 민인균閔仁鈞이 지었다. 두 글 다 『동문선』 권27에 수록되어 있다.

교서를 내린다. 비상한 사람이 있은 뒤에야 비상한 증직贈職이 있는 법이다. 국가에서 300년 이래로 대화상大和尙을 추숭하여 국사로 삼은 것은 오직 대각大覺·무애지無碍智·보조普照·진각眞覺 등 대덕大德뿐이었다. 후세에 비상한 덕을 지녀 앞사람들이 아름다움을 독차지하지 못하게 한 사람은 바로 우리 스님이다. 스님은 풍부한 자질과 훌륭한 명망으로 시대에 응하여 우뚝했으니, 능히 법당法幢을 세우고 법고法鼓를 두드릴 수가 있었다. 그가 법을 넓히고 사람을 이롭게 한 보람은 환하기가 일월과 더불어 밝음을 다툴 것이다. 짐이 어찌 포장襃奬하여 증직하는 명을 아끼겠는가? 이제 원묘국사의 명호를 하사하노라. 운운.

教云云. 有非常之人然後, 有非常之贈. 國家自三百餘年已來, 追崇大和
尙爲國師者, 唯大覺, 無碍智, 普照, 眞覺等大德而已. 後之有非常之德,
而無專美于前人者, 卽吾師其人也. 師以豐資偉望, 應時挺生, 能堅法幢
擊法鼓, 其弘法利人之效, 炳炳與日月爭明, 襃贈之命, 朕何惜焉. 今賜圓
妙國師云云.

고려 건국 이래 300년간 대화상을 높여 국사로 책봉한 것은 대
각, 무애지, 보조, 진각국사뿐이었다. 그런데 시대를 건너뛰어 요세를
원묘국사에 책봉하니, 불법을 확장하고 사람을 이롭게 한 공로가 일
월처럼 빛나기 때문이라고 했다.
「관고」는 「교서」와 달리 글이 짧지가 않다.

문하에 내린다. 옛날에도 드문 영광은 주기가 어렵지만, 무리에서 뛰어
난 학식은 으레 표창함이 있다. 생각건대 석원釋院의 종사宗師께서는 실
로 동한東韓의 노덕老德으로, 책명冊命을 더함이 마땅하니, 살았는지 죽
었는지는 문제되지 않는다.
만덕산 백련사주 요세는 용상龍象[27]이 영기를 기르고 바다와 산이 정
수를 모아, 젖먹이 때부터 총명을 발했고, 젊어서부터 자태와 의표가

---

27 용상龍象: 원문은 진상辰象이다. 진은 용을 피휘한 것이다. 물에서는 용이, 뭍에서는 코
끼리가 으뜸이니, 용상은 불교의 가장 큰 어른을 가리킨다.

우뚝했다. 어버이와의 인연을 끊어버리고 어려서 스승을 뵙는 예를 행하여, 성교聖敎를 탐구하고 선양하여 얼마 안 가서 선불장選佛場[28]에 올랐다. 선禪의 관문을 두루 두드리며 강론하는 자리를 널리 다녔고, 삼장三藏의 뜻을 궁구하고 백가百家의 말을 포괄했다. 함께하는 법려 몇 사람과 긴 겁에 걸친 윤회를 아파하며, 곧바로 영통산 장연사에 몸을 내던져 동안거와 하안거를 보냈고, 일찍이 공산公山에서 그림자를 쉬면서 주참晝懺과 야참夜懺을 쉬지 않았다.

만덕의 옛터에 정려精廬를 창건하여, 보현普賢의 도량道場에 모범을 세우시니, 매번 참선하는 여가에도 일과日課를 잊지 않았다. 준제신주准提神呪를 천 번 외우는 공을 추위에도 폐하지 않았고, 아미타阿彌陀 여래를 만번 염송함은 몹시 더운 여름에 더욱 부지런히 했다. 혹 안양安養에서 태어나기를 구하여, 항상 『법화경』을 외우고, 높고 낮은 이에게 두루 권하여, 이들로 하여금 늘 강습하게 했다. 당堂에 오르매 그 은택에 목욕한 자가 뒤에서 바람처럼 뒤따르고, 실室에 들자 꽃다움을 들은 이가 앞에서 그림자처럼 붙좇았다. 조정의 벼슬아치들이 제명題名하여 결사結社했을 뿐 아니라, 소 몰고 말 끄는 더벅머리조차 고개를 올려보며 마음으로 돌아왔다.

돌아보건대, 불법佛法 중에서도 천태종을 근본으로 삼음이 많았다. 당

---

28 선불장選佛場: 당나라 천연선사天然禪師가 일찍이 글을 읽어 과거를 보러 가는 길에 황매산을 지나다가 한 중을 만났는데, "어디로 무엇 하러 가는가" 하고 물으니, 천연은 "과거를 보러 간다"고 했다. "거기는 무엇 하는 곳인가"라고 하니, "벼슬을 뽑는 곳選官場이다"라고 했다. "그러면 이 산중에 부처를 뽑는 곳選佛場이 있으니 그리로 가라"고 하니, 천연은 즉시 황매산으로 들어가서 중이 되었다.

나라 이후로는 영순英純이 신라 때에 강론했고, 송나라 때 와서도 또한 그러하여 대각국사大覺國師 의천義天 이래로 대대로 전해왔다. 권실權實[29]은 있어도 있지 아니하고, 수오修悟[30]가 없으되 없지 않았으니, 독묘獨妙의 문門에서 삼승三乘[31]을 회통하여, 순원純圓의 곁에서 만법을 하나로 만들어, 공덕과 보시가 널러 퍼지고, 음덕과 이익이 더욱 많았다.

불성이 미약해져서 사람의 마음이 천박하고 둔하게 되자, 구렁텅이를 구르면서도 멈추지 않고, 문구文句에 얽매여서 옮기지 않는 이들이 있게 되었다. 마른 등걸처럼 앉아 있는 것을 선禪이라 하여 삼관三觀을 질곡과 똑같이 보고, 멋대로 떠드는 것을 지혜라 하여 팔계八戒를 쭉정이나 겨로 보았다. 스님은 이 같은 때에 힘껏 이 같은 폐단을 구하여, 우거지고 더러운 것을 베어 바른길을 열고, 제방을 쌓아서 넘쳐흐르는 것을 막았다. 그런 뒤에야 지자智者의 은미한 말과 낭공朗公의 지극한 창도와, 동양東陽의 종취宗趣와 남악南岳의 교관을 여기에 내걸고서 이처럼 두들겨서 뒤엎어버렸다.

입에는 여항의 일을 담지 않았고, 발걸음은 서울의 티끌을 딛지 않았다. 앉은 자리에는 요를 깔지 않았고, 거처에는 등불 빛조차 없었다. 소

---

29 권실權實: 권權은 임시 방편, 실實은 진실의 뜻이니, 법화종法華宗에서는 소승을 권교權教라 하고, 대승인『법화경』을 실교實教라 일컫는다. 여기서는 이 같은 분별을 넘어섰다는 의미로 썼다.

30 수오修悟: 점수漸修와 돈오頓悟이니, 점수는 수행하여 차츰차츰 깨닫는 것이고, 돈오는 일시에 문득 깨닫는 것이다.

31 삼승三乘: 법화종에서 권교와 실교를 나누어 말했는데, 소승의 성문聲聞·연각緣覺·이승二乘과 대승 중에도 권대승權大乘과 실대승實大乘이 있다. 삼승은 권權이요, 실교는 일승一乘이라 한다.

초疏鈔를 지어서 대중에게 나눠주고, 보시를 흩어서 가난한 이를 구제했다. 백련산에 살면서는 샘물이 솟아나는 선물을 넘치게 얻었고, 화장림華長林에 있을 적엔 책상을 치는 마귀들을 능히 항복시켰다. 특이한 상서와 기이한 꿈에 대한 소문이나, 묘한 자취와 기이한 공덕으로 말할 만한 것은 다생多生의 원력願力으로 한결같이 부지런히 하여 나라에서 법으로 받들어 본받고, 부처님께 은혜 갚기를 맹서한 자가 아니라면 누가 능히 이러하겠는가?

또한 지극히 텅 빈 것을 물건이 있는 것에 깃들이고, 큰 조화를 형상 없는 곳에다 회복케 하니, 묻고 대답함을 마치기도 전에 가고 옴이 자재로웠다. 한 해가 이미 바뀌었건만 나무와 숲은 여전히 처량하고, 문원門院은 오래도록 적막하여 촌락이 슬픔을 같이한다. 이미 시호를 내려 이름을 바꾸고, 다만 정성을 더하여 품계를 올려, 특별히 원묘국사를 제수할 만하다. 운운.

아! 스님이 살았을 때는 제도濟度의 문이 활짝 열려 참된 바람이 예전보다 더했고, 스님이 세상을 뜨매 불법의 우레가 여전히 울려서, 끼친 은택이 사람에게 남아 있다. 애오라지 저승까지 은택을 적시어서, 길이 빛을 날리게 할진저. 윤음이 한 번 내리매 천석泉石조차 모두 알게 되리라. 운운.

門下. 罕古之榮, 難於所授. 絶倫之識, 例必有褒. 追惟釋院之宗師, 實是東韓之老德. 宜有加於冊命, 而無間於存亡.

萬德山白蓮社主了世, 辰象毓靈, 海山鍾粹. 聰明發於乳育, 姿表偉於髻年. 割斷親緣, 幼執參師之禮, 探揚聖敎, 尋登選佛之場. 歷扣禪關, 周流講肆, 窮三藏之旨, 括百家之言. 與伴侶者數人, 痛輪迴於長劫, 卽投身於靈洞, 冬安夏安, 嘗息影於公山, 晝懺夜懺.

剏精廬於萬德古址, 立薰範於普賢道塲. 每趁禪餘, 無忘日課. 准提一千徧功, 不廢於祈寒, 彌陁一萬聲念, 猶勤於酷熱. 或求生於安養, 常了誦於法華. 普勸尊卑, 常令講習. 升堂沐潤者, 風馳於後, 入室聆芳者, 景附於前. 非惟鷺序鴛行, 題名結社, 雖至牛童馬竪, 引領歸心.

顧惟竺法之中, 多以台宗爲本. 自唐而返, 英純講授於羅朝, 至宋亦然, 大覺流傳於祖代, 有權實而不有, 無修悟而不無, 會三乘於獨妙之門, 融萬法於純圓之表, 功施衍暢, 蔭益弘多.

及乎佛性堙微. 人根淺鈍, 有流於溝蕩而不住, 有滯於文句而不移. 謂枯坐是禪, 等三觀於桎梏, 以竅號爲慧, 齊八戒於粃糠. 師於是時, 力救此弊, 芟蕪穢以開正路, 作堤防以障橫流. 然後智者之微言, 朗公之極唱, 東陽之宗趣, 南岳之敎觀, 揭起于玆, 撞翻若是.

以至口不謦鄉閭之事, 足不踏京師之塵. 坐無褥茵, 居無燈火. 撰疏要以頒徒衆, 散檀施以濟貧窮. 居白蓮山, 剩得迸泉之睍, 住華長林, 能降打案之魔. 殊祥異夢之或聞, 妙跡奇功之可述, 非夫多生願力, 一向精勤, 規奉法於國家, 誓報恩於佛祖者, 疇克爾哉.

且至虛寓於有物, 大化復於無形. 問答未終, 去來自在, 霜炎已換, 而樹林猶愴. 門院久寂, 而邑落同悲. 旣以謚而易名, 第加誠而進秩, 可特授圓妙國師云云.

於戲師之生, 度門宏闢, 而眞風邁古. 師之死, 法雷猶響, 而遺澤在人. 聊洒渥於幽扃, 俾揚光於永世, 絲綸一下, 泉石皆知云云.

앞서 본 최자의 비명에 나오는 생애 사실을 간결한 필치로 빠짐없이 요약했다. 이어 만덕사에 가람을 창건해 보현도량을 열고, 『법화경』을 외워 참회를 그치지 않는 용맹한 정진으로, 대중과 조정 벼슬아치들이 구름처럼 모여들어 사모했다고 적었다. 스님은 천태종에 바탕을 두었으나 백련결사를 통해 새로운 가르침을 널리 펴서 베푼 공덕이 실로 컸다. 당시 불교계가 선禪에 빠져 계율 공부를 배제하고 교관을 닦지 않는 폐단이 컸으므로 이를 구하기 위해 평생 매진한 삶을 높여 기렸다. 그는 50여 년간 서울에 발길을 들인 바 없었고, 소초를 지어 대중 교화에도 힘을 쏟았다.

이 밖에 2대 정명국사 천인이 스승 원묘국사 요세를 기려서 쓴 장문의 「선사 원묘국사 제문祭先師圓妙國師文」이 『동문선』 제109권에 수록되어 있으나, 추모의 내용뿐이어서 여기서는 생략한다.

3.

「만덕산 백련사 정명국사 시집 서
萬德山白蓮社靜明國師詩集序」

이번에 읽을 글은 만덕사 백련결사 제2대인 정명국사 천인의 시집
에 임계일林桂一이 쓴 서문이다. 이 또한 『동문선』 권 83에 수록되어
있다.

문장을 짓는 것은 부처님에게는 나머지 일일 뿐이다. 하지만 당송 시대
부터 고승 40여 명이 세상에 시집을 간행했다. 이 또한 훌륭하다고 할
만하다. 간혹 부도浮屠를 업으로 삼음이 정밀하지 못한 자가 도리어 글
쓰는 부류에다 의탁하여 자신을 놓아두고는, 유불儒佛을 아울러 갖추
고, 도의 행실이 고결하다는 데 이르기까지 하니, 앞선 옛날에서 찾아
보더라도 거의 들어본 적이 없다.

국사의 이름은 천인天因이니, 성은 박씨이고 연산군燕山郡[지금의 청주] 사
람이다. 어려서부터 영민해 널리 보고 잘 외워 문장에 능하다고 일컬어
졌다. 뛰어난 선비로 천거되어 현관賢關 즉 태학太學에 들어가 곧장 과거

에 응시했다. 계속해서 과거에 급제하지 못하자 사림이 모두 탄식하며 애석해했다. 바로 세상을 사절하고 함께 공부하던 허적許迪과 전 진사 신극정申克貞 등과 함께 옷을 털고 영영 떠났다. 만덕산에 당도하여 원묘국사를 찾아뵙고 염인染因 곧 무명無明에서 벗어나자, 송광산松廣山의 혜심慧諶 스님을 찾아뵙고 조계曹溪의 요령을 얻어 옛 산으로 돌아왔다. 공경하여 스승의 가르침을 따르며 『법화경』을 외우니, 그제야 보현도량을 열었다.

두 해가 지나 지리산으로 돌아가 은거했고, 또 석장錫杖을 비슬산毗瑟山으로 옮겨 자취를 감추고 진眞을 닦아, 여러 해가 지나서야 돌아왔다. 뒤에 원묘국사가 천태종의 가르침을 전하자, 깨달음이 퍼지고 선禪의 기미에 응하는 변설이 바람처럼 일어났다. 국사가 이미 연로해지자 천인에게 자리를 잇게 하려 했다. 스님은 즉시 몸을 빼어 상락上洛의 공덕산功德山으로 피했다.

때마침 지금의 상국相國 최자 공께서 상락의 태수를 맡아 미면사米麵社를 창건하여 그를 맞아들였으므로 스님이 장차 이곳에서 늙으려 했다. 국사께서 다시 사람을 보내 강박하고 또 꾸짖으며 말했다. "어찌 배반하여 끊는 것이 이다지도 경솔한가?" 하는 수 없이 와서 원문院門의 책임을 맡으니 중망衆望에 따른 것이었다.

정미년(1247) 겨울에 오랑캐의 노략질을 피해 상왕산象王山 법화사法華社에 들어갔다. 가벼운 병을 앓자, 임금께서 중사中使를 보내서서 편지로 약물을 내려주었다. 이듬해인 1248년 7월 7일 칠석에 문인門人 원환圓睆에게 법을 맡기며 이렇게 부탁했다. "내가 죽은 뒤 장례를 후하게 치르

거나 탑을 세워서는 안 된다. 지위 있는 이를 찾아가서 비명을 구해서
도 안 된다. 그저 버려진 땅으로 가서 다비茶毗를 하면 그뿐이다." 이날
물러나 산 남쪽의 용혈암에서 지내며 담백하게 문을 닫아걸고 일을 끊
었다.

8월 4일에 문하의 제자를 불러 말했다. "내가 가야겠다." 편지를 써서
상국 최자와 정참정鄭參政 및 법제法弟 천길天吉에게 부쳤다. 5일이 되
자 목욕하고 세수한 뒤 옷을 갈아입고는 자리에 올라 큰 소리로 말했
다. "대장부의 충천하는 기염을 어디다 쓰겠는가?" 시자가 물었다. "사방
의 깨끗한 경계에 앞에 있습니다. 어디에서 유희하실는지요?" 대답했다.
"오직 하나 성경性境32이니라."

또 대중에게 고했다. "병든 중이 열흘 넘게 곡기를 끊으니 다리에 힘이
하나도 없다. 하지만 법신法身의 도와주심을 얻는다면 다리 힘이 조금
좋아질 것이다. 이 다리 힘을 가지고 천당도 얻고 불찰佛刹도 얻으리라.
오온五蘊이 시원스레 맑고, 삼계는 자취조차 없어지리라." 게송 한 편을
말씀하셨다.

반 바퀴 밝은 달과 흰 구름 뜬 가을에	半輪明月白雲秋
바람이 샘물 소리 보내니 여기는 어디인가?	風送泉聲何處是
시방 세계 부처님 절 한없이 빛나거니	十方無量光佛刹
미래의 때 다하도록 불사를 지으리라.	盡未來際作佛事

32 성경性境: 삼류경三類境의 하나로 고유한 본질과 작용을 지니고 객관적으로 존재하는
경계를 가리킨다.

말을 마치자 세상을 뜨니, 나이가 44세요, 불랍이 23세였다.

제자 정관正觀이 꿈에 어떤 곳을 노니는데, 웬 사람이 큰 소리로 "천인 스님이 이미 상품上品을 얻어 인간 세상에 태어났다"고 말하는 듯했다. 이 밖에 상서롭고 기이한 일이 행장에는 많이 실려 있으나 여기서는 생략한다. 스님은 출가하면서부터 저술을 즐기지 않았다. 이 때문에 사람들과 주고받은 시문이 꽤 많았지만 문인門人들이 엮어 기록하는 것을 허락하지 않아, 열에 여덟아홉은 없어지고 말았다. 다만 만년의 유고 여러 편을 수습해서 따로 세 권을 만들었다. 내가 다행히 향사香社에 이름을 올리게 된 것은 평소에 직접 가르침을 받았기 때문이다.

스님께서 돌아가신 뒤 나라에 변고가 많아, 큰 비석을 세워 그 공덕을 찬송할 겨를이 없었으니, 또한 스님의 평소 뜻이기도 했다. 그래도 남기신 자취가 인멸될 경우 뒷사람이 무엇을 기록할 수 있을까 염려했다. 마침 도인道人이 스님의 행장과 시집을 가져와서 보여주므로, 내가 감히 스스로 부족하다 하지 않고 스님께서 남긴 자취를 대략 서술했다. 다만 이것은 태산의 한 터럭일 뿐이다.

文章之作, 固釋氏之餘事. 然自唐宋間, 高僧四十餘人, 詩集行於世, 斯亦可尙已. 或有業浮屠未精者, 反託文章之流以自放, 至如儒釋兼資, 道行孤潔, 求之前古, 罕聞焉.

國師諱天因, 系出朴氏, 燕山郡人也. 弱齡穎悟, 博聞強記, 以能文稱. 學秀士入賢關, 以直赴第, 一生失意春官, 士林皆爲嘆惜. 卽謝世, 與同舍生許迪, 前進士申克貞, 拂衣長往. 抵萬德山, 參圓妙國師, 旣零染因, 造謁松廣山諶知尙, 得曹溪要領而還舊山. 祇服師訓, 誦蓮經, 始開普賢道場.

涉二稔, 歸隱智異山, 又移錫毗瑟山, 屛跡修眞, 累歲迺還. 後國師傳天台敎觀, 慧解果發, 機辯風生. 及國師旣耄, 欲令繼席, 師卽脫身, 避之上洛功德山.

會今相國崔公滋守洛, 創米麵社以邀之. 師將老焉, 國師再遣人, 强迫且讓云: "何背絶之甚率." 不得已來主院門, 從衆望也.

丁未冬, 避胡寇, 入象王山法華社. 示微疾, 上遣中使, 以書遺藥餌. 明年孟秋初七, 法付門人圓晥, 仍囑曰: "吾沒後, 無厚葬立塔. 無謁有位求碑銘. 但就棄地茶毗耳." 是日, 退寓山南龍穴庵, 掩關絶事淡如也.

八月四日, 召門弟曰: "吾當行矣." 爲書寄崔相國及鄭參政, 法弟天吉. 至五日, 浴𣊦更衣, 陞座厲聲云: "大丈夫衝天氣熖, 於何處用." 侍者問: "四土淨境現前, 未審遊戲何土?" 答: "唯一性境."

又告衆云: "病僧絶粒十餘日, 脚甚無力. 然得法身冥資, 脚力稍健, 將此脚力, 天堂亦得, 佛利亦得, 五蘊廓淸, 三界無迹." 說一偈曰: "半輪明月白雲秋, 風送泉聲何處是. 十方無量光佛利, 盡未來際作佛事." 言訖而逝, 年四十四, 臘二十三.

弟子正觀, 夢遊何方, 似有人大譚云: "因和尙已得上品下生矣." 其他瑞異, 多載行狀, 此略之. 師自出家, 不喜著述. 因與人往還詩文頗多, 不許門人撰錄, 十失八九. 但擱拾末年遺藁許多篇, 離爲三卷. 予幸題名香社, 親炙有素.

師旣沒, 國家多故. 未遑立豐碑頌功德, 亦師之雅志也. 猶恐其軌躅堙

滅, 後人何述焉. 適有道人, 袖行狀與詩集來示, 予不敢以鄙拙自解, 略

敍師之遺迹, 是特太山一毫耳.

글의 서두는 승려와 글쓰기의 관계를 묻는 것으로 시작된다. 당송 이래로 시집을 간행한 시승詩僧이 40명이 넘지만, 시문을 창작하는 것은 승려의 본분사가 아니라고 했다. 오히려 불교의 가르침에 깊지 못한 승려가 시문 창작 역량을 뽐내 이것으로 고결한 행실을 포장하려고까지 하는 것은 용납할 수 없다고 했다.

서두에서 이 말을 꺼낸 것은 천인이 글 잘하는 선비로 과거 공부에 힘쓰다가 연달아 과거에 급제하지 못하자, 마침내 문장의 사업을 버리고 동료인 허적, 신극정 등과 함께 만덕산으로 원묘국사를 찾아와 머리를 깎게 된 일을 드러내기 위해서였다. 그는 이후 송광사로 혜심을 찾아가 조계의 요령을 얻은 뒤 옛 산으로 돌아와 스승 요세의 가르침에 따라 『법화경』을 외우며 스승을 도와 보현도량을 열었다.

이후 지리산과 비슬산 시절을 거쳐 다시 원묘국사에게 돌아와 천태종의 가르침을 받았다. 요세가 천인에게 자리를 물려주려 하자, 천인은 상락의 공덕산으로 피했고, 스승의 나무람에 어쩔 수 없이 돌아서 41세의 젊은 나이로 원문의 책임을 맡아 제2세가 되었다. 1245년의 일이다.

2년 뒤인 1247년에는 오랑캐의 노략질을 피해 만덕산을 떠나 상왕산 법화사로 피란했다. 여기서 병을 앓았고, 임금이 편지와 약물을 내려주는 은전이 있었다. 그러고는 이듬해인 1248년 7월 7일에 문인인 원환에게 뒷일을 맡기고 바로 용혈암으로 물러나서 세상과의 인연을 끊었다. 44세 때의 일이다.

8월 4일에 제자들과 문답하고 게송 한 편을 읊조린 뒤 입적했다. 당시 그는 열흘 넘게 곡기를 끊은 상태였다. 수많은 기이한 행적이 있었으나 당시 몽골과의 전쟁으로 비석을 세울 상황이 못 되었고, 스님 본인도 과도한 추장推獎을 싫어하는 뜻을 드러냈으므로 결국 그의 비석은 세우지 못했다.

글에서 구체적으로 언급하지는 않았지만, 글의 제목에 '백련사 정명국사'란 칭호가 보이고, 또 현재 동국대 도서관에 소장된 『정명국사시집靜明國師詩集』 등의 명칭으로 보아, 사후에 스승 원묘국사를 이어 그 또한 정명국사로 책봉된 사실이 확인된다. 40대 초반에 세상을 뜬 승려에게 국사의 칭호가 내려진 것은 대단히 예외적인 일이다.

특별히 이 글에서 주목하는 점은 정명국사 천인이 기록상 용혈암에서 생의 마지막 시간을 보낸 사실이다. 그는 1248년 7월 7일 원환에게 자리를 물려주고 곧바로 용혈암으로 들어갔다. 그리고 한 달이 채 못 된 8월 4일에 그곳에서 입적했다. 천인이 몸이 아픈 상태에서 용혈암으로 들어간 것은 이곳을 자기 삶을 마칠 곳으로 생각하고 마지막을 준비하기 위해서였다. 앞서 세 해 전에 스승 요세가 만덕사의 별원에서 입적한 것을 보았으므로, 그는 이보다 더 조용히 세상의 관심을 차단한 채 죽음을 맞으려 했던 듯하다. 이로 보아 용혈암은 1248년 이전에 이미 만덕사의 부속 암자로 운영되고 있었던 것이 틀림없다. 이 경우 용혈암을 처음 조성한 것은 당연히 원묘국사가 만덕사를 처음 창건한 1216년부터 세상을 뜬 1245년 사이의 일이 된다. 필자는 1240년 전후의 일일 것으로 추정한다.

4.

천인이 용혈의 서^筮 스님에게 보낸 시 외 3수

여기서 볼 글은 천인이 쓴 「서^筮 스님이 용혈에 있으면서 불경을 베껴 쓰고, 시를 지어 보이므로 그 시운에 차운하여 삼가 답하다_{筮上人} _{在龍穴寫經有詩見贈次韻奉答}」라는 긴 제목의 시 한 수다.『동문선』제4권에 수록되어 있다. 5언 28구, 140자에 달하는 장시다.

용혈에서『법화경』을 사경하며 수행을 닦고 있던 서 스님이 천인에게 안부를 겸해 시를 지어 보내자, 같은 운자로 차운하여 답장한 작품이다. 천인은 백련사 제2대로 위촉되기 전에 상락의 공덕산에서 한동안 머물렀고, 그 전에도 이곳저곳을 떠돈 것으로 보아, 위 시는 1245년 이후 만덕사에 주석할 당시 용혈암에서 불법 수행에 힘 쏟고 있던 서 스님을 생각하며 쓴 시로 여겨진다.

> 바다 어귀 일천 개의 수많은 산들   海門千點山
> 하나하나 멀리서도 셀 수 있다네.   點點遙可數

난간 기대 시험 삼아 바라보자니	憑欄試一望
아득히 연하煙霞의 취미가 있네.	窅有煙霞趣
그대는 첩첩의 산중에 살며	君居疊翠間
상쾌한 기운을 늘 마시겠지.	爽氣常吸漱
정신 맑아 학처럼 몸은 야위고	神淸鶴骨癯
털옷엔 구름 같은 보풀 일었네.	毛衲雲縷縷
평소에도 무능하다 직접 말하며	自言素無能
다른 일은 손에 잡기 어렵다 했지.	餘事難入手
『법화경』을 베껴 쓸 생각만 하며	唯思寫蓮經
이것으로 허물을 씻으려 한다.	欲以滌瑕垢
맑은 바람 온 방을 깨끗이 쓰니	淸風掃一室
그 가운데 무엇이 다시 있을꼬	是中亦何有
볕 드는 창 깨끗한 책상 놓고서	明窓置淨几
한 자 쓰곤 머리 세 번 조아리누나.	一寫三稽首
어여뻐라 정진함 끝이 없으니	妙哉精進憧
말세에 이보다 더 나음 없으리.	末季無出右
여가에는 시도 능히 짓곤 하는데	緖餘能爲詩
말은 곱고 기운은 혼후하다네.	辭婉氣渾厚
정성스런 그 뜻이 그치잖음은	拳拳意未已
목마른 송아지가 어미젖 찾듯.	如犢渴思乳
안타깝긴 우리 둘 서로 어긋나	所恨兩差池
산중에서 함께 살지 못하는 걸세.	未共山中住

몇 번이나 맑은 밤 꿈을 꾸면서	幾廻淸夜夢
용혈의 어구까지 날아갔던가.	飛到龍泓口
돌아올 기약이 머잖았으니	歸期在不遠
한 해가 저물기만 기다리노라.	且待歲云暮

용혈암의 위치를 해문海門의 천점산千點山이란 표현으로 호명했다. 천인이 남긴 시 중에 「해월루에서 달을 보며海月樓看月」라는 작품이 『동문선』에 남아 있다. 이 내용으로 미루어 해월루는 당시 만덕사 남쪽에 세워진 바다가 바라보이는 누각, 지금의 만경루 자리에 있었던 듯하다. 천인은 시에서 만덕사 해월루 난간에 기대어 용혈 쪽을 바라보노라면 아득한 연하煙霞의 운치가 느껴진다고 썼다. 서 스님은 첩첩산중의 암자에서 오로지 『법화경』을 사경하는 작업에만 몰두한다. 방 한 칸을 깨끗이 쓸고서, 방 안에는 명창정궤明窓淨几, 즉 볕 잘 드는 창 아래 정갈한 책상 하나만 놓여 있다. 그는 불경 한 글자를 쓰고는 세 번씩 머리를 조아려 예를 표한 뒤 다시 한 글자를 쓴다. 사경 자체가 본격적인 수행이었던 셈이다.

그러다가 잠시 쉬는 여가에 시를 써서 보내오니, 그 표현이 아름답고, 담긴 기운은 혼후했다. 시 가운데 "목마른 송아지가 어미젖 찾듯如犢渴思乳"이라고 한 구절로 보아, 서 스님은 천인에게는 제자 뻘의 승려였던 듯하다. 끝에서 천인은 두 사람이 산중에서 함께 있지 못하고, 서로를 그리면서 멀리 떨어져 있는 것이 안타깝다고 토로했다. 그러면서 자신은 서 스님이 보고 싶을 때마다 꿈속에 용혈로 날아가 함께 만나 회포를 풀었던 일을 말했다. 끝은 "돌아올 기약이 머잖았으니, 한 해가 저물기만 기다리노라"로 맺었다. 서 스님이 연말까지만 이곳에 머물 예정이었음을 암시하는 말이다. 연말만 되면 이곳으로 돌아올 수 있으니, 그때 반갑게 만나자고 말한 것이다.

이 시는 용혈암에 관한 중요한 정보를 제공한다. 앞서 보았듯 천인은 세상을 뜨기 직전 3대인 문인 원환에게 자신의 자리를 물려주고, 곧바로 용혈암으로 들어와 그곳에서 입적했다. 그런데 천인이 서 상인에게 준 시를 보면 천인이 용혈암으로 들어오기 전에 서 상인이 먼저 용혈암에 들어와 『법화경』을 사경하는 작업을 하고 있었음을 알 수 있다. 즉 당시 이미 용혈암은 만덕사의 뜻있는 승려들이 세속을 철저히 차단한 채, 한 글자를 쓰고는 세 번씩 절을 올리며 『법화경』을 간절하게 베껴 쓰던 수행 공간으로 활용되고 있었던 것이다. 이 시에서 다짐했던 것처럼 위 시를 짓고 얼마 지나지 않아 천인은 용혈암으로 거처를 옮겨 이곳에서 조용히 입적했다.

『동문선』에는 천인이 서 스님에게 써준 시 한 수가 더 남아 있다. 제목은 「옥주의 서 상인에게 부치다寄沃洲璺上人」이다. 용혈로 오기 전인지, 용혈에서 나온 다음인지는 시만 봐서는 알 수가 없다. 옥주沃州는 진도의 옛 이름이다. 이 시를 지을 당시 서 상인은 용혈암이 아닌 옥주 땅에 머물고 있었다.

산은 푸르고 바다는 드넓은데   山蒼蒼海漫漫
누대는 아스라이 안개 노을 모은다.   樓臺縹緲煙霞攢

이 가운데 훌륭한 이 좋은 거처 숨어 사니 　中有高人卜嘉遁

구름 빛 도포 입고 빙설 같은 얼굴일 듯. 　想見雲袍氷雪顏

묻노라 그 속에서 얻은 것 무엇인가? 　問渠此閒何所得

얻은 것은 편안하고 한가롭게 지냄일세. 　所得祗是居安閑

아침에는 백로 무리 난입하여 노닐다가 　朝遊亂入鷗鷺行

저녁엔 어초漁樵 되어 돌아와 앉아 있네. 　暮坐直到漁樵還

아침 오고 저녁 가듯 마음대로 따라가니 　朝來暮去隨所適

하나의 지팡이에 한 개의 방석뿐. 　一條橡栗一蒲團

가을이 깊어가면 바위 위 낙엽 쓸다 　秋深石上掃落葉

차 달이고 밤 구우며 맑은 기쁨 도모하네. 　煮茗燒栗圖淸歡

너무 기뻐 도의 운치 더더욱 해맑으니 　歡餘道韻更淸絶

바다 하늘 달은 밝고 솔바람은 싸늘하다. 　海天月白松風寒

평생에 천진天眞 즐김 그것만 귀히 여겼거니 　平生但貴樂天眞

그 나머지 어지런 일 상관할 바 아닐세. 　餘外紛紛非我關

공명은 떨어진 시루33라 이미 사절하니 　功名已謝一墮甑

해와 달 두 공놀이 웃으며 보낸다네. 　日月笑遣雙跳丸

언제나 돌아가서 함께 숨어 살리오 　何時歸去共棲隱

밤마다 꿈속에서 호산湖山 사이 맴도누나. 　夜夜夢繞湖山間

---

33 떨어진 시루: 한漢나라 맹명이 시루를 메고 가다가 잘못하여 땅에 떨어졌는데, 돌아보지 않고 그대로 가버렸다. 사람들이 물으니, 대답하기를 "시루는 벌써 깨졌는데 보면 무엇 하겠는가"라고 했다.

서 스님은 구름빛 도포에다 빙설같이 흰 얼굴로 진도의 산방에서
도 정진을 거듭한다. 아무런 집착 없이 안한安閑하고 천진스런 깨달
음의 삶을 이어간다. 세간이라고는 지팡이 하나에 방석 하나뿐이다.
인간의 부귀와 공명은 깨져버린 시루와 같아 아무 남은 미련도 없
다. 그러면서 천인은 자신이 늘 꿈꾸는 것이 하루빨리 서 스님이 있
는 곳으로 가서 함께 숨어 살면서 호수와 산 사이를 소요하며 노니
는 것이라고 했다.

한편 당시 백련결사에 속한 승려나 신도들이 『법화경』을 베껴 쓰
고, 이를 염송하며 외우는 행위는 일상화된 수행의 하나였다. 진정
국사 천책이 쓴 『해동전홍록海東傳弘錄』 권상, 「천제께서 사경을 맞이
하여 장 속에 보관하다天帝邀經而入藏 정화택주靜和宅主」라는 항목에 다
음과 같은 기록이 보인다.[34]

정화택주는 강종대왕康宗大王의 서녀로, 권신 진강공晉康公 최충헌崔忠獻
의 아내다. 택주는 권세가 빙산처럼 오래가지 못함을 알고, 뜬 인생의
화택火宅이 편안치 않음을 탄식하며 수행을 닦아 이를 벗어날 것을 생
각하고 있었다. 다행히 원묘국사가 백련사를 처음 열었다는 말을 듣고,
함께 세워 이루기를 원하여 힘껏 밖에서 도우는 한편, 또 무량수여래
상을 조성하여 대웅전에 안치했다. 또 금자金字 『법화경』을 조성하려는
서원을 세워 온갖 장엄을 어느 하나 갖추지 않은 것 없이 하여 원묘에

---

34 천책이 지은 『해동전홍록』은 현재 전본이 전하지 않고, 조선시대 승려 요원了圓이 정리
해서 펴낸 『법화영험전法華靈驗傳』 속에 몇 단락이 인용되어 전한다.

게 받들어 보냈다. 원묘가 산인山人 일여一如에게 청하여 써서 베끼게 했다. 그 뒤에 꿈에 신인神人이 감응하여 허공으로부터 내려와서 말했다. "베껴 쓴 금자『법화경』은 이미 도리천忉利天의 두 번째 액리장額梨藏 안에 모셔놓았다."

宅主康宗大王之庶女, 權臣晉康公之室也. 知權勢氷山不久, 歎浮生火
宅無安, 思修出要. 幸聞圓妙始開白蓮社, 同願叛成, 力爲外護. 又塑成
無量壽如來, 下安于主殿. 又願成金字蓮經, 凡百粧嚴, 無一不備, 寄獻
于圓妙. 妙請山人一如書寫, 如後夢感神人, 自空而下曰: "所寫金字法華,
已安忉利天第二額梨藏中."

정화택주는 당대 최고 권력자였던 최충헌의 부인이었고, 강종대왕의 서녀였다. 그런 그녀가 백련결사 결성 소식을 듣고는 후원자를 자처해 재정적 지원을 아끼지 않았으며, 특별히 금니金泥로 사경한『법화경』을 봉헌하겠다는 서원을 세워 원묘에게 알렸다. 이에 원묘가 특별히 승려 일여에게『법화경』을 사경케 하여 부처님 전에 바치자, 꿈에 신인이 나타나 이미 도리천에 이『법화경』이 봉안되었노라는 응답을 내렸다는 내용이다.

천책이 이 일화를 자신의『해동전홍록』에 수록했을 뿐 아니라, 천책의 문집인『호산록』에는『법화경』염송과 사경의 공덕을 예찬한 「금자화엄법화경찬소金字華嚴法華讚疏」나 「법화인성경찬소法華印成慶讚疏」를 비롯해 「축성소祝聖疏」 같은 글들이 반복적으로 보인다.

실제로 만덕산의 백련결사는 몽골과의 항쟁으로 피폐해진 국력과 민심을 수습하는 신앙 결사로 발전하는 데 있어 정화택주로 상징화된 최충헌 정권의 전폭적인 지지를 받아 그 세를 급속도로 확장할 수 있었다. 이에 있어 위의 예화에서 보듯 『법화경』을 사경하거나 단체로 염송하는 것이 신앙 활동의 중요한 부분으로 인식되었고, 이 같은 방향에 따라 용혈암은 승려가 『법화경』을 사경하며 수행하는 거룩한 공간으로 운영되었던 사정을, 천인이 서 스님을 위해 써준 한 편의 시가 증언하고 있는 셈이다.

이 밖에도 천인은 『동문선』에 「권학사의 법화탑에 제하다題權學士法華塔」라는 장편 시 한 수를 더 남겼다. 시는 이렇다.

그 옛날 여래께서 영축산에 계실 적에	如來昔在靈鷲山
『묘법연화경』을 세 차례나 펼치셨지.	蓮華妙法三周宣
이때에 보탑이 땅에서 솟아나니	是時寶塔從地湧
옛 부처 찬탄함이 어찌 이리 은근했나.	古佛讚歎何慇懃
그 누가 글씨 삼매 황홀하게 들어가서	何人幻入筆三昧
탑 모양으로 베껴 쓰니 더욱 정밀했다네.	寫出塔相尤精研
금자로 이루어진 육만구천 글자들이	金言六萬九千字
글자마다 꿈틀꿈틀 개미떼가 도는 듯해.	字字蠕蠕如蟻旋
아계35 비단 한 폭은 높이 고작 반 장이나	鵝溪一幅高半丈

---

35 아계鵝溪: 중국 쓰촨성 옌팅鹽亭에 있는 지명으로, 비단 생산지로 유명하다.

생각키는 수미산 꼭대기보다 높으리라.	想見高出須彌巓
묻노라 그 어디서 이 글씨를 얻어와서	問渠何處得此本
남쪽 고을 흘러온 지 지금에 몇 해인가?	流落南州今幾年
답하기를 권학사가 서송西宋에서 공부할 제	答言學士學西宋
사흘간 몰두하여 일곱 편을 다 외워서,	三日專精誦七篇
황제의 앞자리에서 시험 삼아 암송하니	玉皇前席試聽誦
흐르는 물 쏟아지듯 그 소리가 대단했지.	一瀉流水聲泠然
뜻이 장차 다보탑과 증득함이 같다 하여	意將多寶同證聽
이 탑 글씨 하사하여 그 어짊을 칭찬했네.	寵賜此塔嘉其賢
학사가 신선 되어 하늘에 올라가자	一從學士上儒去
전하는 이 아예 없어 절간에 놓였었지.	置在僧舍無人傳
아아! 사군使君께서 어쩌다 보게 되니	嗟哉使君偶自致
이 일 참 괴이하다 그 누가 밝힐 건가?	此事荒怪誰詮詮
나무 아래 가락지 찾아 양씨 아들 알아보고36	樹下探環認羊子
독 안에서 글 찾고는 영선사를 알아봤네.37	甕中覓畫知永禪
지금 사람 바로 그때 그 옛사람이건만	那知今人是昔人

---

36 나무…알아보고: 진晉나라 양호羊祜가 다섯 살 때 유모乳母를 보고, "내가 가지고 놀던 금가락지를 가져오라" 하였다. 유모는, "네가 원래 그런 물건을 가진 일이 없었다" 하니, 양호가 곧 이웃에 사는 이씨李氏의 동산 뽕나무 속에서 금가락지를 찾아냈다. 주인이 놀라며, "이것은 나의 죽은 아이가 잃어버렸던 것인데 네가 왜 가져가는가" 하니, 유모가 상세히 이야기했다. 양호는 곧 이씨의 죽은 아이의 후신後身인 것이다.
37 독 안에서…알아봤네: 당나라 방관房琯이 도사道士 형화박邢和璞과 같이 어느 폐사廢寺에 놀러 가서 늙은 소나무 밑에 앉았더니 형화박이 사람을 시켜 땅을 파서 독 안에 들어 있는 글을 꺼냈는데, 그것은 전일에 누사덕婁師德이 영선사에게 보낸 편지였다. 방관은 자기의 전신前身이 영선사인 줄을 깨달았다.

해묵은 원 못 이뤄 세상 있는 줄 어이 알리.	宿願未滿猶在纏
그럴진대 이 법을 더욱 독실하게 믿어	故於此法彌篤信
백련결사 창건하여 공 드리우기 원하노라.	願創蓮社功垂圓
하늘 용도 또한 환희심을 펼쳐 보여	天龍亦發歡喜心
신령한 선물로 옛 물건을 돌려줬네.	靈貺仍將舊物還
원래부터 바깥 물건 내 소유가 아니거니	由來外物非我有
조물주가 그 권한을 멋대로 함 절로 있네.	自有眞宰專其權
얻은들 즐거우며 잃은들 슬플쏜가	得之何樂失何慼
눈앞 지나 변화하면 구름 안개 같은 것을.	過眼變化如雲煙
그대 보라 이 탑은 별도로 속함 있어	君看此塔別有屬
땅 구르고 하늘 돌아도 옮겨가지 않으리라.	地轉天廻曾不遷

    태학사 권적權適(1094~1147)이 송나라 황제 앞에서 사흘 만에 『법화경』을 모두 암송하여 찬탄을 입고, 선물로 받아온 탑 모양으로 금자로 쓴 6만9000자의 다보탑 글씨를 보고 감동하여 쓴 작품이다.

    서 스님이 용혈암에 머물며 『법화경』을 필사할 때, 한 글자를 쓸 때마다 세 번씩 절을 했다. 또 백련결사 결성 당시 최고 권력자 최충헌의 아내 정화택주는 금자로 쓴 『법화경』을 조성하리라는 서원을 세워 비용을 지원했다. 여기에 더해 송나라에서 황제의 선물로 받아온 금자 불경 다보탑까지 더해보면, 백련결사를 중심으로 『법화경』 사경이 위난에 처한 구국의 염원과 함께 신심에 불을 붙였고, 용혈암은 그 사경의 중심축으로 존재하고 있었음을 가늠할 수 있다.

5.

천인이 원환 스님께 보낸 시 2수

이번에는 백련사 제3대인 원환圓晥에 관한 내용을 정리해보겠다. 원환은 『동문선』에도 '원환圓晥'과 '원환圓晥' 두 가지 표기가 함께 보이나, 다산은 일관되게 원환圓晥으로 표기했다. 다산을 따르기로 한다. 제2대 정명국사 천인은 자리에 오른 지 3년이 채 못 되어 입적했다. 당시 고려는 몽골과의 항쟁으로 국력이 소진되고 민생은 도탄에 빠진 상태였다. 각박한 살림으로 보시마저 끊겨 절 살림은 말할 수 없이 참담했고, 정명국사 천인의 비석을 세울 여력조차 없었다.

제3대 원환은 백련사 8국사 중에서 알려진 행적이 가장 적은 승려다. 앞서 본 임계일이 지은 「만덕산 백련사 정명국사 시집 서」에 나오는 다음 한 대목이 유일하다.

정미년(1247) 겨울에 오랑캐의 노략질을 피해 상왕산 법화사에 들어갔다. 가벼운 병을 앓자, 임금께서 중사를 보내셔서 편지로 약물을 내려주었다. 이듬해인 1248년 7월 7일 칠석에 문인 원환에게 법을 맡기며 이렇게 부탁했다. "내가 죽은 뒤 장례를 후하게 치르거나 탑을 세워서는 안 된다. 지위 있는 이를 찾아가서 비명을 구해서도 안 된다. 그저 버려진 땅으로 가서 다비를 하면 그뿐이다." 이날 물러나 산 남쪽의 용혈암에서 지내며 담백하게 문을 닫아걸고 일을 끊었다.

다산은 『만덕사지』를 쓰면서 이 앞뒤 없이 짤막한 기록만 가지고 원환을 8국사의 한 사람으로 올렸다. 『만덕사지』에는 "제3 원환국사는 정명국사에게서 의법衣法을 받고, 원혜국사에게 인문印文을 가리켰다第三圓晥國師, 受衣法於靜明, 指印文於圓慧"라고 했고, 역시 앞서 읽어본 「만덕사고려팔국사각상량문」에서는 그에 대해 이렇게 썼다.

제3 원환국사는 정명국사의 비밀스런 부촉을 받아 원만한 지혜의 참된 근원이 되셨으니, 그 호는 삼장三藏 의선義旋이요, 그 전함은 두 어진 이가 법통을 이었다. 황매는 한밤중에 조창의 그윽한 기약을 어기지 않았고, 자백은 천추에 마침내 감산의 아름다운 명예를 아울렀다.

삼장 의선을 원환과 동일 인물로 비정한 것이 먼저 눈에 띈다. 하지만 이것은 명백한 오류다. 『만덕사지』에서도 이 문제를 자굉의 안설로 설명했는데, 이는 앞선 연구들에서도 여러 차례 지적한 바 있는 잘못이다. 삼장 의선은 호가 순암順菴이다. 이제현李齊賢이 지은 「묘련사중흥기妙蓮寺重興記」에 보면 "선璇공은 원혜국사의 적사嫡嗣이자,

무외국사의 조카다. 중국의 천자가 삼장三藏이라는 호를 내리며 북경의 대연성사大延聖寺의 주지를 명했다"고 한 기록이 나온다. 이를 통해 볼 때 삼장 의선은 제5 원혜국사나 제7 진감국사 무외보다 후대의 인물이다. 더욱이 그는 만덕사와는 아무 관련이 없고 원환과는 시대조차 맞지 않는 전혀 다른 승려다.

또 두 어진 이가 법통을 이었다고 한 것은 만덕사 제6대 원혜와 제7대 진감국사 무외를 가리킨다. 이 또한 『불조원류佛祖源流』에 원혜국사가 삼장 의선의 스승이라 한 잘못된 기록을 따르다가 생긴 오류인데, 실제로는 삼장 의선이 원혜국사의 적사다.

그런데 2대 천인이 『동문선』에 남긴 시 중에 「환 스님의 산중작에 차운하다次韻晥上人山中作」라는 작품이 있다. 산중에 머물던 원환이 천인에게 시를 지어 보내오자, 이에 차운하여 답장한 시다.

그대는 산에서부터 왔으니	君從山中來
좋은 경치 많이도 보았겠구려.	勝境閱多少
하는 말이 지나온 곳 많기도 한데	自言所歷多
형상 너머 지극히 고묘高妙하다고.	象外極高妙
처음에 월남골 지날 적에는	初經月南洞
천 봉우리 가을비에 말쑥하였고,	千嶂洗秋雨
그 아래 누대가 솟아 있는데	樓臺出其下
단청이 바위 집을 환히 비쳤네.	金碧照巖宇
가도 가도 도리어 맑고 시원해	行行轉淸曠

마음도 시원스레 뻥 뚫렸었지.	襟抱豁披露
깎아지른 바위의 꼭대기 올라	巉巖上絶頂
내려보니 사람들 걸어다니네.	下瞰衆衆步
시를 남겨 선옹禪翁에게 사례하노니	留詩謝禪翁
진작에 종유從遊 못 함 안타깝구려.	恨不相從早
맑은 바람 일만 골짝 울려 퍼지자	淸風響萬壑
천 편 게송 오히려 끝없는 듯해.	千偈猶末了

산중에 머물던 원환이 천인을 만나기 위해 만덕사로 찾아와 산에서 지은 시를 보여주자, 이에 차운하여 답장한 시다. 원환은 산속에서 왔다고 했는데, 만덕사로 오는 도중에 처음엔 월남동月南洞에 들렀고, 다시 바위 위에 올라가 세상 사람들을 바라보았다. 그 소감을 적은 시를 자신에게 보여주므로 고마워서 이 시를 지어 답장한다는 의미다.

월남동은 원묘국사가 처음 머물던 월출산 약사난야 바로 아래에 있는 지금의 월남리 백운동을 가리킨다. 산중에서 나와 처음 지나간 곳이 월남동이라고 했으니, 원환은 원묘가 진작에 머물던 약사난야에서 월남동에 있던 백운암을 거쳐 만덕사로 온 것이다. 앞서 최자가 「원묘국사 비명」에서 "가람과 난야를 창건한 것이 다섯 곳이었다"고 했는데, 이 다섯 곳은 약사난야와 만덕사, 그리고 용혈암을 포함해서 꼽은 숫자일 것이다.

또 『동문선』 권18에 「차운하여 환상인에게 답하다次韻答晥上人」 2수가 더 실려 있다. 여기에는 원환에 대한 좀더 상세한 정보가 나온다.

그대와는 형상조차 이미 다 잊었거니	與子形骸已坐忘
담담히 서로 얻어 뜻이 더욱 길구나.	澹然相得意彌長
눈앞에서 어이해 손님 일산 허락할까	眼前豈許客纖翳
무리 너머 도리어 큰 도 밟기 기약하세.	衆外還期踏大方
바닷물을 푸려 하니 그릇 작아 부끄럽고	挹海幾慙懷小器
난초 곁서 맑은 향기 진하게 풍겨온다.	近蘭偏感襲淸香
처음엔 형산 박옥璞玉38 옥빛 색채 놀랐는데	始驚玉彩生荊璞
자꾸 보니 역양嶧陽39에서 자란 오동나무일세.	漸見桐材長嶧陽
안 배워도 저절로 시 짓기에 능한 데다	不學自工詩點綴
스승 없이 묘한 도리 또한 가늠하는도다.	無師亦妙道商量
사귐의 정 풍운 따라 즐겨 변한다지만	交情肯逐風雲變
도업道業은 다만 장차 세월만 바쁘다네.	道業唯將歲月忙
깊이 섞여 물에 젖이 녹은 듯함을 넘어	不啻和冥成水乳
마땅히 의지함이 금성탕지金城湯池 같아야지.	要當依倚作金湯
오늘은 초암에서 같이 인분 치우다가40	草庵此日同除糞

---

38 형산 박옥璞玉: 초나라 사람 변화卞和가 형산荊山에서 캐온 옥덩어리다.
39 역양嶧陽: 역양산嶧陽山에는 오동나무가 많아, 예로부터 거문고의 훌륭한 재목으로 유명하다.
40 인분 치우다가: 불경에 나오는 우화에서 따온 말이다. 처음에 석가가 『화엄경華嚴經』을 설법하자 중생이 놀라므로 하는 수 없이 소승경小乘經을 설했다. 그런 뒤에 다시 『방등경方等經』을 설하고, 마지막에는 『법화경』을 설하여 성불하게 했다. 이것을 비유하여 이렇게 말한다. 아들이 집을 나가 걸인이 되어 돌아다녔다. 이는 중생이 미혹하여 고해苦海에 헤매 도

훗날에 극락 갈 땐 함께 행장 정리하세.	蓮界他年共俶裝
좋구나 밝은 구슬[41] 세상 외려 비추어서	好把明珠還照世
널리 장차 단 이슬로 내장까지 적셔보리.[42]	普將甘露爲澆腸
이 말은 그저 하는 등한한 말 아니지만	此言非是閑文字
못나고 서툴러서 그대 한바탕 웃겠구려.	醜拙從君笑一場
통발 올무[43] 오래도록 잊지 못함 웃나니	自笑筌蹄久未忘
매번 스승 가르침 기대 토론만 길었었지.	每憑師訓討論長
연화蓮花는 삼매 경지 이룰 듯하다 해도	蓮華似欲成三昧
어이 능히 보시를 시방에서 받겠는가?[44]	檀施那能受十方
숨으려다 그림자가 드러날 줄 알았으랴	不意藏身還露影
코 막으려다 도리어 향기를 훔쳐 맡네.[45]	盡教掩鼻反偸香
석 달간 빙설 속에 청곡사靑谷寺로 달아나서	九旬氷雪逃靑谷

는 단계다. 부모가 사람을 시켜 아들을 집으로 데려왔지만, 아들은 부잣집의 화려함에 놀라 달아나려 했다. 부모는 아들에게 집 안에서 거름이나 치면서 품삯을 받게 하여 아들을 안심시켰다. 다시 편하게 집 안 출입을 하게 하고, 차츰 보물이 있는 데를 알려주며, 마지막에 열쇠를 모두 건네주어 살림살이를 맡겼다.

41 밝은 구슬: 불경에 모든 중생이 품속에 명주를 간직하고 있다고 했으니, 사람마다 지닌 불성을 가리킨다.

42 널리…적셔보리: 부처가 불법으로 중생을 제도함을 감로수로 목마른 이의 목을 축여주는 것에 비유했다.

43 통발 올무: 새와 짐승을 잡는 올무와 물고기를 잡는 데 쓰는 통발은 모두 수단과 방편을 뜻한다.

44 연화는…받겠는가: 불법을 열심히 닦아 깨달음의 경지를 이룬다고 해도, 이 힘든 시절에 무슨 수로 사방의 보시를 받아 먹고 살 수 있겠느냐는 의미다.

45 숨으려다…훔쳐 맡네: 세상을 피해 숨은 승려가 먹고사는 문제로 아등바등하게 된 상황의 묘사로 보인다.

몇 떨기 꽃 호산湖山에서 진양晉陽과 마주했지.46	數朶湖山對晉陽
천 리의 많은 벗들47 너나 없이 모여드니	千里稻麻他自萃
두 끼니의 계옥桂玉48은 어떻게 마련할고.	二時桂玉若爲量
긴 강의로 어이해 여우 의심 해결할까	講長豈決狐疑了
큰 집은 부질없이 연하燕賀49만 부산쿠나.	廈大空懷燕賀忙
사람 일이 매우梅雨50보다 한층 번거롭지만	人事煩於梅子雨
가풍은 담백하기 귤피탕과 비슷하다.	家風淡似橘皮湯
묘관妙觀을 깨쳐 얻어 선미禪味를 곁들이고	妙觀會得調禪味
적인寂忍을 응당 갖춰 도장道裝에 힘 쏟으시게.51	寂忍應須辦道裝
꿈속의 번화함은 토끼 뿔일 뿐인 게고	夢裏紛華眞兔角

---

46 석 달간…마주했지: 청곡靑谷은 진주의 청곡사를 가리킨다. 이때 먹을 것이 없어 진주 청곡사로 가서 겨울을 났던 모양으로, 몇몇의 도반이 함께 이곳에서 지낸 일을 회고한 내용 으로 판단된다.

47 많은 벗들: 원문 도마稻麻는 벗이 많은 것을 비유한다. 당나라 이교李嶠의 「위위국북사 서사청영사액표爲魏國北寺西寺請迎寺額表」에 "벼와 삼 같은 많은 벗들, 아욱과 콩잎의 미 약한 마음稻麻衆侶, 葵藿微心."이라 했고, 당나라 소정蘇頲은 「당장안서명사탑비唐長安西明 寺塔碑」에 "모이면 벗이 알아줌이 있어, 벼와 삼이 많은 것과 같다聚則有朋知, 稻麻之爲衆" 고 했다.

48 계옥桂玉: 쌀이 옥보다 귀하고 섶薪이 계수나무보다 귀하다는 옛말. 흉년을 만나 쌀과 땔감 가격이 폭등해서 얻기가 어렵다는 뜻이다. 명나라 왕세정王世貞의 『명봉기鳴鳳記』에 "큰 전쟁 이후 흉년이 이어지니, 집 안은 텅 비었고, 계옥桂玉만 마음 끄네大軍之後, 繼以凶 年, 家園淸素, 桂玉關心."라고 했다.

49 연하燕賀: 새 건물이 낙성된 것을 축하한다는 말. 『회남자淮南子』에 "큰 집이 낙성되면 제비·참새가 축하한다廈成而燕雀相賀"고 했다. 여기서는 곤핍한 생활에 절집을 새로 짓고 도 제대로 된 낙성식조차 못 하고 제비만 찾아와서 축하한다는 의미로 쓴 듯하다.

50 매우梅雨: 매실이 노랗게 익을 무렵에 내리는 장마를 뜻한다. '황매우黃梅雨'라고도 한다.

51 묘관妙觀을…쏟으시게: 관觀은 진리眞理를 관찰함이고, 적寂은 마음이 적막하며 고요 한 상태다. 인忍은 세속의 고락을 참아 마음이 움직이지 않음을 뜻한다. 불교에서 말하는 보 시布施·지계持戒·인욕忍辱·정진精進·선정禪定·지혜智慧의 육도六度에서 관觀은 지혜, 적 寂은 선정, 인忍은 인욕에 해당된다.

눈앞의 위험은 양장羊腸보다 더 어렵다.	眼前危險劇羊腸
뉘라 알리 전생의 인연이 남아 있어	誰知疇首夙緣在
이곳에 다시 와서 도량을 얽게 될 줄.	是處重來結道場

천인은 시에서 원환을 망형우忘形友로 대했다. 교정交情과 도업道業을 말하고, 스승 요세의 가르침에 대해 길게 토론을 벌였다고 했다. 이 시를 지을 당시 원환은 흉년에 먹을 것이 없어 석 달간 진주 청곡사로 피난 가 있던 상황인 듯하다. 시로 보거나 나이로 보더라도 원환은 천인과 동연배의 도반이었던 느낌이 든다. 임계일이 「만덕산 백련사 정명국사 시집 서」에서 원환을 천인의 문인이라고 지목했던 것은 단정키 어려우나 전법의 위계를 나타내기 위해 어쩔 수 없이 사용한 표현이 아닐까 한다.

3대 원환의 경우, 용혈암과의 인연을 보여주는 기록이 일체 남아 있지 않다. 그가 백련사에서 언제까지 주석했는지조차 불분명하다. 다만 2대 천인에서 4대 천책과의 매끄럽지 않은 법맥 연결에서 그의 위치가 중요하므로 이 글에서 그에 대해 비교적 상세하게 살펴보았다.

6.

진정국사『호산록』발문跋眞靜湖山錄 외

진정국사 천책天頙은 고려 때 강진 만덕산 백련결사의 제4대 국사國師다. 스님은 속성이 신씨申氏였고, 속가의 이름은 극정克貞, 자가 몽차蒙且, 호를 내원당內願堂이라 했다. 백련사의 개산조인 원묘국사의 직전 제자다. 고려 개국 공신 신염달申厭達의 후손으로 대대로 높은 벼슬을 누려온 잠영세가簪纓世家였다. 그 자신도 스무 살에 과거에 급제해 양양한 앞길이 활짝 열린 상태였다. 그러던 그가 어느 날 문득 모든 것을 버리고 집을 떠나, 한 달 넘게 걸어서 만덕산에 와 원묘국사의 보현도량에서 머리를 깎았다. 뒤에 스승을 이어 백련사의 제4대 조사祖師가 되었다.

3대 원환은 1248년에 2대 천인을 이었는데, 원환에 대한 기록은 워낙 소략해서 그가 언제까지 직임을 맡았고, 언제 입적했는지도 알수가 없다. 그가 국사에 책봉되었다는 것은 어디까지나 다산의 추정일 뿐이어서 믿기 어렵다. 마찬가지 이유로, 천책이 언제 어떻게 4대사주社主에 올랐는지도 분명치 않다. 그는 1228년에 처음 만덕사에 왔고, 1241년 운대아감 민호에게 편지를 쓴 1241년에도 14년째 만덕사에 머물고 있었다. 그러다가 1243년에 최자의 초청을 받고, 이듬해인 1244년에 상주 동백련사의 주지로 부임했다.

그 이듬해인 1245년에 천인이 요세의 뒤를 이어 2대 사주로 부임한 것을 보면 이때 천책이 만덕사를 떠난 것은 천인을 위해 자리를 비켜준 모양새다. 실제 천인도 당시 천책을 따라 상주의 동백련사로 갔던 듯한데, 요세의 노여움 섞인 질책에 하는 수 없이 돌아온 것을 보면, 당시 요세와 천인 및 천책 등 수위 제자 간에 후계 구도를 둘러싼 모종의 갈등이 있었을 상황도 배제할 수는 없다. 그것은 아마도 최충헌의 무신 정권을 패트런 삼아 교세를 확장해간 요세의 포교 방식에 대한 의견 차이였을 가능성이 있다.

하지만 2대 천인이 불과 3년 만에 입적하면서 자신의 후계로 원환을 지목했는데, 원환은 이후 이렇다 할 자취를 남기지 못한 채 기록에서 사라져버렸다. 원환은 44세에 세상을 뜬 천인의 문인 또는 도반이었으니, 그의 나이 또한 천인보다 어리거나 비슷한 연배였을 터. 그 또한 오래지 않아 세상을 뜨거나 다른 사정으로 3대 사주의 자리에서 물러나게 되었고, 이렇게 공석이 된 백련사 4대 자리에 동백련사로 가 있던 천책이 복귀했던 것이다.

천책의 복귀 시점이 정확히 언제였는지는 알 수 없다. 범해 각안이 쓴 『동사열전東師列傳』 중에 「진정국사전眞靜國師傳」이 있는데 그 내용을 여기서 소개한다.

스님의 이름은 천책이고 자는 천인이며, 호가 내원당이다. 성은 신씨다. 본래 대대로 공경과 재상을 지낸 집안의 자식으로 스무 살에 과거에 급제하여 문장으로 한 세상에 이름을 떨쳤다. 그러나 하루아침에 금릉의 만덕산 백련사로 출가하여, 연율蓮律에게서 머리를 깎고, 원묘에게서 의발을 전해 받았다. 만년에 이어 국사가 되었다. 백련사에서 용혈암으로 옮겨 지내니 사람이 용혈대존숙으로 일컬었다. 원나라 세조世祖 지원至元52 30년, 계사 11월에 『선문보장록禪門寶藏錄』 3권을 지었다. 또 『선문강요禪門綱要』 1권과 『해동전홍록』 4권이 세상에 간행되었다. 고려조에서 진정국사의 시호를 내려, 8국사의 제4세가 되었다. 제자는 석교도승통釋敎都僧統 각해원명覺海圓明 불인정조佛印靜照 국사이고, 손제자는 부암무기浮庵無寄 대선사다. 연곡燕谷에 살았고, 두륜산 북암에 머물렀다. 조선조 정열수丁洌水가 서문을 짓고 찬贊을 지었다. 탑은 고암탑杲庵塔이라 한다. 문집 2권 4책이 세상에 간행되었다.

師名天頙, 字天因, 號內願堂. 姓申氏. 本奕世卿相之子, 二十登第, 文章震耀一世. 而一朝出家於金陵之萬德山白蓮社, 落髮於蓮律, 受鉢於圓妙. 晚年襲爲國師. 白蓮社移住龍穴庵, 人稱龍穴大尊宿. 元順帝至元三十年癸巳十一月, 撰禪門寶藏錄三卷. 又禪門綱要一卷, 傳弘錄四卷, 行于世. 麗朝贈諡眞靜國師, 爲八國師之第四世也. 弟子釋敎都僧統覺

---

52 '지원'의 연호는 천책의 생몰 연대로 볼 때, 원나라 세조世祖(재위 1264~1294)라야 맞다. 저자인 각안이 지원 연호를 원 순제의 것으로 착각해 잘못 썼던 것으로 보이므로, 바로잡는다.

海圓明佛印靜照國師, 孫浮庵無寄大禪師. 住燕谷, 住輪山北庵. 本朝丁
洌水作序文, 作贊. 塔曰杲庵. 文集二卷四篇, 行于世.

19세기 후반의 기록인데, 특별히 그가 만년에 국사로 책봉되었고,
백련사에 머물다가 용혈암으로 이주해서 사람들이 그를 용혈대존숙
으로 불렀다는 대목은 의미가 있다. 뒤쪽에 연곡과 두륜산 북암에
머물렀다는 언급은 다산에 의해 왜곡된 오류다. 그의 부도를 고암탑
이라 했다는 언급도 처음 나온다. 고암탑은 위치도 알 수 없고 현재
전하지 않는다.

고려 당대에 천책에 대해 논한 글은 백련사 7대 정오가 쓴 「진정
국사 『호산록』 발문跋眞靜湖山錄」이다. 전문은 이렇다.

진정 국로는 유림의 거벽으로 조사祖師의 길에 깊이 들었다. 이 때문에
펼쳐 시문을 지으면 천연스레 아송雅頌의 유풍이 있었다. 그 귀결되는
바는 바로 선을 권면하고 악을 경계하여 무생無生의 영역으로 몰고 들
어가려 할 뿐이었으니, 세상에서 추녀 무염無鹽[53]을 그리고, 모모嫫母[54]
를 꾸며서 한때의 기림을 얻어내려는 자와는 같지 않았다. 비유하자면
제호醍醐는 마셔도 물리지 않고, 주옥은 가지고 놀아도 부족한 것과 같
다 하겠다. 문인인 불교도총섭 정혜원조靜慧圓照 대선사 이안而安이 이미

---

53 무염無鹽: 전국시대 제나라 선왕宣王의 왕후 종리춘鍾離春을 말한다. 사람이 덕이 있었
으나 외모는 추했다. 그녀가 무염 지역 출신이어서, 후대에 무염은 추녀를 일컫는 표현이 되
었다.
54 모모嫫母: 고대 황제黃帝의 두 번째 비妃로 모습은 추했으나 어진 덕을 지녔다고 한다.

이를 기록하여 문집으로 만들고, 또 개인 돈을 들여 장인을 사서 목판에 새겨 길이 전하니, 실로 아비의 뜻을 능히 잘 잇고 계승하는 것이라 말할 만하다. 대덕大德 11년(1307) 10월 일에 왕사王師 불일보조정혜묘원王師佛日普照淨慧妙圓 진감眞鑑대선사 정오가 발문을 쓴다.

眞靜國老, 以儒林巨魁, 深入祖道, 故發爲詩文, 天然有雅頌之風. 其所歸乃勸善誡惡, 欲驅入於無生之域而已. 非若世之畫無鹽飾嫫母, 規取一時之譽者, 比夫醍醐飲而不厭, 珠玉玩而不足矣. 門人釋教都摠攝靜慧圓照大禪師而安, 旣錄之成集, 又出私錢, 售工鋟梓, 傳之不朽, 實可謂能幹蠱, 而纘承也與. 大德十一年十月日, 王師佛日普照淨慧妙圓眞鑑大禪師丁午跋.

1307년 천책의 문집 『호산록』을 그의 문인인 5대 원조圓照 대선사 이안이 사비를 털어 목판에 새겨 간행할 때 후에 7대가 된 무외국사 정오가 발문을 지은 것이다.

고려는 1258년 무오정변으로 100년 가까이 지속되어온 무신 집권이 끝나고 왕정이 회복되었다. 천책은 무신 집권기 권력자들과는 평생 거리를 두었는데, 그가 만덕사를 떠나 있었던 데에는 무신 집권층에 대한 반감이 어느 정도 작용했을 것으로 보인다. 이후 무신 집권이 끝나고, 오랜 전란으로 피폐한 백련사의 형편과 무신 정권의 패트런이 사라진 상황에서 자연스레 천책이 다시 백련사 4대 사주로 부임하게 되었던 것으로 보인다.

그 시기는 아마도 1250년대 중반쯤이 아니었을까 추정한다. 이후 그는 백련사 재건에 힘쓰다가 어느 시점에 용혈암으로 물러났는데, 이것은 앞서 요세와 천인이 그랬던 것처럼 후진에게 자리를 물려주고 2선으로 은퇴하는 모양새였으리라 짐작된다. 이후 천책은 용혈대존숙으로 불리며 대중뿐 아니라 조정 고관들의 존경을 한 몸에 받는 큰 어른으로 받들어졌다.

7.

고려 관인의 『연사제명시첩蓮社題名詩帖』에 수록된 한시

한편 1266년, 고려 조정의 여러 문신이 백련결사에 입사하겠다는 뜻을 담아 여러 개의 시축詩軸에 제명시題名詩를 적어 천책에게 보낸 일이 있었다. 이른바 『연사제명시첩』이란 이름으로 묶을 수 있는 이 시첩을 받고, 천책 또한 이 시에 각각 차운작을 지었다. 원시와 차운 작이 모두 천책의 시문집인 『호산록』 권3에 수록되었다. 이것이 조선 조 성종 때 『동문선』을 찬집할 당시, 편집자의 손에 들어가 권14에 대부분 전재되었다. 당시 만덕산대존숙萬德山大尊宿 또는 용혈대존숙 으로 불린 천책과 고려 문신들의 인연이 이렇게 해서 극적으로 기록 에 남겨졌다.

이제 이 시첩에 실린 시들을 간추려 소개하겠다. 이 일의 출발점 은 앞에서 소개한 바 있는 「만덕산 백련사 정명국사 시집 서萬德山 白蓮社靜明國師詩集序」를 지었던 임계일이었다. 임계일은 「병인년(1266) 8월에 하루는 평장사 경원공慶源公 왕조王祚를 찾아뵈었다. 인하여 화제가 송나라 학사 문공文公 왕우칭王禹偁이 쓴 「서호연사시西湖蓮社詩」에 미쳤다. 그 기련起聯에 말하기를, '꿈같은 이내 몸은 우연일 따름이니, 수고로운 인생이 마흔하고 또 셋일세'라고 했다. 당시에 나도 마침 이미 선사의 불혹의 나이를 지나 몇 해가 더했으므로, 서글피 느낌이 있었다. 인하여 화답하여 한 편을 이루고, 멀리 대존숙께서 계신 곳으로 부쳐 보내 내 마음을 전달했다. 또 훗날 도를 묻기로 약속하니, 초록 넝쿨과 안개 달빛 아래서 나를 생소한 손님으로 여기지 말아주기를 바랄 뿐이다丙寅秋仲, 一日謁平章慶源公, 因語及宋學士王文公禹偁, 西湖蓮社詩. 其起聯云: '夢幻吾身是偶然, 勞生四十又三年.' 時予適已過先師不惑之年, 而加數歲, 惻然有感, 因和成一篇, 遙寄呈大尊宿丈下, 以達鄙懷. 且約他時問道, 冀綠蘿煙月, 無以予爲生客耳라는 긴 제목의 시를 남겼다. 시의 전문은 다음과 같다.

중서성中書省의 가을 생각 쓸쓸히 앉았자니	掖垣秋思坐蕭然
전현前賢이 결사하던 바로 그때 나이일세.	正是前賢結社年
곧은 절개 애초엔 계성鷄省 대나무 기약했고	貞節初期鷄省竹
묘한 향은 마침내 영축산 연꽃 아꼈다네.	妙香終愛鷲峯蓮
넓은 거리 수레와 말 누런 먼지 자욱한데	九街車馬黃塵暗
천 리 밖 시내 산엔 흰 달만 둥글겠지.	千里溪山皓月圓
훗날 임하林下 즐거움을 좇아서 즐기고저	他日相從林下樂
바닷가로 부족한 시 한 편 먼저 보냅니다.	先聲海角一荒篇

임계일은 생몰연대가 알려져 있지는 않지만, 1266년 당시 자신의

나이가 43세라고 했으니 그의 생년은 1224년경이었을 것이다. 당시에 천책은 이미 61세의 나이였다. 임계일은 종실로서 존경을 한 몸에 받고 있던 경원공 왕조王祚를 우연히 찾아갔다가, 송나라 때 왕우칭이 서호 소경사昭慶寺의 화엄사주華嚴社主 성상상인省常上人에게 결사에 참여하기를 청하는 뜻을 담아 보낸 시에 화제가 미쳤다. 왕우칭이 이때 지은 시의 원제목은 「항주 서호 소경사의 화엄사주 성상상인께 부치다寄杭州西湖昭慶寺華嚴社主省常上人」였다. 이 시를 지었을 당시 왕우칭은 43세였고, 마침 임계일도 같은 나이였으므로, 자신도 이제라도 대존숙 천책이 주관하고 있는 백련결사에 참여하고 싶다는 뜻을 가져, 인사차 위 시를 스님께 올리게 되었던 것이다. 이 시는 『호산록』 권3에도 실려 있는데, 제목 아래에 '제자좌정언지제고弟子左正言知制誥 임계일林桂─ 상上'이라고 부기되어 있다. 자신을 천책의 속제자라고 말한 것이다.

임계일이 천책에게 보낸 시는 한 수가 더 있으며, 역시 『동문선』에 실려 있다. 시의 제목은 「다시 이상국李相國의 시에 차운하여 대존숙께 받들어 올리다復次李相國詩韻奉呈大尊宿丈下」이다.

30년간 『법화경』을 2만 번 독송하매	二萬蓮經三十春
초암의 여러 제자 감화되어 따르누나.	草庵諸子化循循
우정郵亭에서 반평생 길 위의 객 되었더니	郵亭半世爲行客
향사香社에선 여러 해 동안 주인을 그렸었네.	香社多年戀主人
이미 유뢰劉雷와 함께 도의 길에 들었으니	已與劉雷同入道

장저와 걸익 기대 나루 물을 필요 없네.   休憑沮溺欲知津

하늘가 저 멀리서 날 부르는 생각하면   想看天際遙招手

구름 걷힌 천태산에 푸른빛이 새로우리.   雲捲台崖翠色新

시 속의 이상국은 이장용李藏用을 가리킨다. 실제로는 이장용의 시를 임계일이 차운한 것이 아니라, 임계일의 시를 이장용이 차운했다. 제목에 이장용을 앞세운 것은 훨씬 연장자인 이장용을 예우해서이다.

『법화경』은 글자 수가 6만9384자에 달한다. 천책 스님은 이 경전을 지난 30년 동안 2만 번 독송했다. 젊어서는 오랜 세월 속세를 떠나 이곳저곳을 떠돌았다. 하지만 백련사로 돌아온 후 여러 해 동안은 나라와 임금의 안위를 생각하며 지냈다. 5구의 유뢰는 동진 때 혜원慧遠과 함께 염불결사를 맺었던 유유민劉遺民과 뇌차종雷次宗 등을 말한다. 여기서는 천책과 함께 과거를 포기하고 만덕사로 내려왔던 천인 등을 가리키는 것으로 보인다. 이제 가야 할 길이 명확하므로, 천태종의 큰 가르침을 따라 멀리 스님 계신 곳으로 마음을 향하고 있노라고 곡진한 정회를 펼친 내용이다.

임계일은 자신이 지은 두 편의 시를 아버지 뻘인 이장용(1201~1272)에게 보여주었다. 그는 1264년 고려 원종이 몽골에 입조할 때 수행하여 명재상으로 이름이 높았던 인물이었다. 『동문선』 권14에 수록된 「임습유林拾遺가 와서 연사시를 보여주므로 인하여 한 수를 지어 대존숙大尊宿 장하丈下에 부치다林拾遺來示蓮社詩因成一首寄呈大尊宿丈

下」라는 시를 지었다.

재상 자리 밥 먹은 지 어느덧 여덟 해라	伴食黃扉已八春
내세울 공도 없이 하던 대로 그럭저럭.	無功可立謾因循
만약 가서 백련사의 손님이 된다 하면	若爲去作社中客
임하林下의 사람이 어쩐 일이냐 말하겠지.	應道何曾林下人
네 개 시축 막 이뤄져 이적異迹을 전해주자	四軸初成傳異迹
100편이 일시에 나와 헤매던 길 가리킨다.	百篇時出指迷津
저 멀리 선탑禪榻에 향연이 서릴 때면	遙知一榻香煙畔
영산靈山의 새 면목을 늘 보게 됨 알게 되리.	恒見靈山面目新

이미 8년간 재상의 지위에 있었다. 특별히 나라를 위해 크게 공헌
한 바가 없는 것은 부끄럽다. 이런 내가 불쑥 백련결사에 참여한다
면 임하인林下人, 즉 벼슬길에서 은퇴한 관인이 여기까지 어떻게 왔느
냐고 의아해할 것이다. 하지만 네 개의 시축 속에 가득 적힌 용혈대
존숙께 올리는 시를 보니, 그 속에 가야 할 길이 분명하다.

천책의 『호산록』에는 위 제목 아래에 '제자弟子 낙헌노인樂軒老人 이
장용李藏用 상上'이란 글이 추기되어 있어, 이 시를 천책에게 올리면서
동시에 제자의 예를 표했음도 확인된다. 당시 조정의 대관들이 무려
4개의 시축에 잇달아 시를 써서 백련결사에 참여하겠다는 뜻을 표
하고, 입사제명入社題名의 의지를 밝히는 성황을 이루었던 정황도 알
수 있다.

이장용은 「임습유의 운을 써서 또 드림用林拾遺韻又呈」이란 시를 한 수 더 남겼다. 역시 임계일의 시에 차운한 것이다.

국화 동산 소나무 길 둘 다 모두 아득한데	菊園松徑兩茫然
오사모烏紗帽로 홍진에서 또 몇 해를 보냈던고.	烏帽黃塵復幾年
세속 인연 버들 솜처럼 어지러움 길게 웃다	長笑俗緣紛似絮
선禪의 격조 깨끗하기 연꽃 같음 기뻐하네.	獨憐禪格淨如蓮
흥 오면 구름처럼 더디 감을 배우려 하고	興來欲學雲徐返
늙어가매 달이 자주 둥글어짐 놀라누나.	老去還驚月屢圓
백련결사 아득해라 공연한 꿈 수고로워	香社迢迢空役夢
그윽한 생각 시편에 넘쳐남 못 막으리.	不禁幽思滿詩篇

역시 벼슬길에서 세월만 보내다가 백련결사에 참여하기를 소망하는 조정 신하들의 네 축에 걸친 연사제명蓮社題名 시축을 보자 그간의 미망을 접고 그윽한 생각이 피어오른다고 했다. 이 밖에 『동문선』권14에는 임계일의 연사제명시를 보고 김녹연金祿延과 유경柳璥(1211~1289), 승려 시령始寧과 이영李穎(?~1278) 등이 잇달아 차운한 시와 여기에 답한 천책의 화운시가 나란히 실려 있다.

유경도 「임습유가 와서 참사시參社詩를 보이기에 써서 드림林拾遺來示參社詩因書以呈」을 남겼다.

천덕天德 연간 귀밑머리 푸르던 젊은 시절	天德當年鬢兩靑

어깨 걸고 가는 데마다 몇 번 정을 논했던가.	肩隨處處幾論情
밤마다 어느 때고 백련사를 꿈꿨건만	白蓮魂夢無虛夕
황각黃閣에서 공명 찾아 반생을 그르쳤네.	黃閣功名誤半生
선정禪定 파해 술 사이 흰 달에 몸 기울이고	定罷側身松月白
재 올린 뒤 맑은 돌샘 발을 또 씻으리라.	齋餘洗足石泉淸
단풍으로 이끼 낀 길 막게 하지 말으소서	莫敎紅葉封苔徑
훗날 벼슬 그만두면 혹시 갈 수 있으리니.	投劾他時倘可行

밤마다 꿈속 넋이 백련사를 향해 달려갔다고 한 첫 연의 제3구가 인상적이다. 몸은 벼슬길에 있으면서도 소나무 사이로 비친 흰 달빛 같은 선정禪定을 꿈꾼 지난 삶을 얘기했다. 유경은 과거 급제 이후 고종 때 대사성이 되었고, 최항崔沆의 신임을 받았던 인물이다. 이후 최항의 아들 최의崔竩가 국정을 전단하자, 1258년(고종 45) 별장 김준金俊 등과 모의해 최의를 죽이고 왕실의 권위를 회복했다. 최씨 무신 정권을 타도한 공으로 좌우위상장군左右衛上將軍이 되어 우부승선右副承宣을 겸임하고 추성위사공신推誠衛社功臣에 봉해지기까지 했다. 당시 조정에서 득의의 인물들이 앞다퉈 강진 용혈에 머물고 있던 천책에게 시를 보내 백련결사에 참여하기를 서원하는 시축이 길게 이어진 장관을 떠올려볼 수 있다.

『호산록』에는 천책이 유경에게 준 시가 여러 수 실려 있는데, 시를 보면 유경이 이전에도 「서방도西方圖」 10정幀과 『법화경』 1000부 등을 보시하여 세상에 알리게 하는 일을 도운 내용이 보인다.[55]

제명시첩에 이름을 올린 시인으로는 판비서성사判祕書省事 학사學士 지제고知制誥 김구金坵도 있었다. 그가 천책에게 올린 시는 『동문선』에는 빠졌고, 『호산록』에만 실려 있다. 시의 병서에서 그는 임계일의 시에 차운하게 된 계기를 길게 설명한 뒤, "마침내 화운하여 시 한 수를 지어 멀리 만덕산대존숙 장하에 부친다"고 했다.[56] 그 시는 다음과 같다.

흰 연꽃 피어나 도의 값이 남다른데	白藕花開道價殊
동림의 백련사에 또 서호의 백련일세.	東林蓮社又西湖
삼한의 바닷가에 누가 옮겨 심었던가	三韓海上誰移種
만덕산 가운데서 성대하게 피었구나.	萬德山中始盛敷
결사한 몇 사람이 도피안到彼岸을 기약했나	結社幾人期到彼
시 한 구절 지어 올려 받아주심 소망하네.	投機一句願容吾
평생에 인상 쓰는 나그네 아니거니	平生不是攢眉客
유뢰劉雷란 넘치는 호칭 부르지 마옵소서.	莫作劉雷契外呼

---

55 『호산록』권3에「同吾所願, 欲畫成西方圖一十幀, 廣勸一切慶快無已, 又次韻寄呈」이 있고,「又寄柳平章幷序」시의 병서에도 "旣已同我願海印, 成蓮經一千部, 更欲成千部, 普勸流通也"라고 한 대목이 나온다.
56 『호산록』권3에 실린 시의 원제는 다음과 같다.「拾遺林君桂一, 因平章李公語及王文公禹儞西湖蓮社詩云: '夢幻吾身是偶然, 勞生四十又三年. 謾詫西掖吟紅藥, 何以東林種白蓮.' 感其年, 官正與王公詩相契, 悄然有煙蘿之志, 遂和成一首, 遙寄萬德山大尊宿丈下. 予亦於此, 法門中嚮注久矣 輒取王公詩首句中吾字爲韻, 課成一篇, 連附以寄且冀他年不以林下何曾見謂耳」. 이 시에 대한 천책의 답시는 『동문선』에도 수록되어 있는데 김구의 원시는 『동문선』에는 누락되었다.

김구가 천책을 '만덕산대존숙'이라 일컬은 것으로 보아 이 시를 지을 당시 천책이 아직 만덕산에 머물렀을 가능성을 보여준다. 이 시를 1266년에 지어진 것으로 본다면, 이때까지 천책이 아직 만덕사에 머물고, 용혈로 들어가지는 않았다고 생각할 수 있을 듯하다. 하지만 당시 천책은 이미 용혈로 들어와 있는 상태였다.

중국 송나라 때 동림사의 백련결사 이야기로 말문을 열어, 이 백련결사의 성대한 모임이 해동으로 옮겨가 남쪽 바닷가에서 활짝 꽃 피운 성황을 찬탄하고, 시 한 수를 올리며 결사에 제명하기를 청하니 모쪼록 받아달라는 뜻을 피력했다.

한편 임계일의 두 번째 시와 같은 운자를 쓴 김서金惰(?~1284)의 경우 시의 제목이 「용혈대존숙 장실丈室에 부치다寄呈龍穴大尊宿丈室」이다. 『동문선』권14와 『호산록』에 실려 있다. 이로 보아 1266년 당시 천책은 이미 용혈로 물러나 있었음이 분명하다. 위에서 김구가 천책을 만덕산대존숙으로 호칭한 것은 백련결사가 만덕산에 위치한 결사임을 밝힌 것에 지나지 않고, 여기서 김서가 용혈대존숙이라 부른 것은 실제당시 천책이 머물던 공간을 지칭한 것으로 볼 수 있기 때문이다. 실제 천책은 만덕산 시절 이후에 용혈로 옮겼으므로, 위 시들이 모두 한때 지어진 것으로 본다면, 이때 천책은 거처를 용혈로 옮긴 뒤였다고 여기는 것이 순리다. 김서의 작품은 다음과 같다.

슬하에서 예전에 계원桂苑 봄 일 들었는데   膝下嘗聞桂苑春
노선老禪께서 같은 때에 합격했던 분이라고.   老禪同是牓中人

한 굴에 용이 눕자 법뢰法雷가 우렁차고	臥龍一穴法雷殷
반공에 학이 우니 시의 달빛 새틋하다.	鳴鶴半天詩月新
도 가득한 생애에 지팡이와 신만 남았고	道富生涯餘杖屨
사社가 높아 찾는 이들 온통 모두 잠신簪紳일세.	社高投契遍簪紳
낭주朗州에 요행이 잘 통하는 집 있으니	朗州幸有通家好
찻자리에 그래도 못난 손님 맞아주리.	茶席猶堪備惡賓

첫 구로 보아 김서의 아버지가 천책과 동시에 과거에 급제했던 동방同榜이었음을 알 수 있다. 3구에서 '와룡일혈臥龍一穴'이라 하여 용혈에서 머무는 천책의 법뢰를 기렸다. 김서는 1271년에 세자 왕심王諶이 원나라에 볼모로 가게 되었을 때 호부낭중으로 시종했고, 이듬해 충렬왕을 따라 귀국하여 사의대부司議大夫에 올랐던 인물이다.

김녹연도 「삼가 좌습유의 결사시結社詩를 보고 감탄을 못 이겨 화운하여 드림伏觀左拾遺結社詩不勝嘉歎依韻呈似」을 남겼다.

티끌세상 눈 아래 어지러운 온갖 일들	塵勞眼底事紛然
골몰하며 헛되이 예순 해를 보냈네.	汨沒虛消耳順年
중서성서 창자에서 비단을 토하느니[57]	吟藥不須腸吐錦
경을 읽어 혀에서 연꽃 피기 바라노라.	念經惟冀舌生蓮

---

57 중서성서…토하느니: 음약吟藥은 남제南齊 때 사조謝朓가 중서랑中書郎으로 중서성에 입직하면서 "붉은 작약이 뜰에서 번득이네紅藥當墀翻"라고 작약시를 읊은 데서 나온 말로, 이 시에서는 중서성에 관리로 있으면서 화국華國의 문장을 짓는다는 의미로 썼다.

그대의 백업白業은 진작 꽃핌 부러운데	羡君白業花曾秀
내 현문玄門은 열매가 익지 않음 부끄럽다.	愧我玄門果未圓
향사香社 안에 이름을 걸어보기 위해서	只爲掛名香社裏
억지로 거친 시로 멋진 작품 이어보네.	强將荒句續嘉篇

　벼슬길에서 보낸 육십 평생을 돌아보며, 이제부터라도 백련결사에 참여하여 『법화경』을 외우면서 불과佛果의 결실 맺기를 소망한다고 했다. 한때의 조정 진신들이 너나없이 임계일의 시에 화답하면서 조정에 때아닌 결사제명結社題名의 행동이 요원의 불길처럼 번져나간 정황이 드러난다.

　이어 승려 시령始寧이 「앞서 왕문공王文公 시 첫째 연 중의 생生 자로 시운詩韻을 삼았는데, 약성藥省 중서성의 제랑諸郎들이 모두 임습유의 운韻을 썼기에 다시 그 운에 좇아서 써서 드리다前用王文公起聯中生字爲韻似聞藥省諸郎皆次林拾遺詩韻依樣更呈」라는 시로 연사제명의 대열에 참여했다. 시령은 당시 개성에 있던 승려였던 듯하나 달리 확인할 수 없다.

한 잎 지자 가을 와서 호연한 정 일어나니	一葉秋來起浩然
해 지나고 해 다시 옴 몇몇 해를 지냈던고.	年經年復幾年年
뉘 알리 골목길에 흔들대는 버들가지	那知陌巷搖搖柳
원래는 진흙 속의 깨끗한 연꽃임을.	元是淤泥濯濯蓮
흰 국화 울타리 옆 댓잎 소리 부서지고	白菊籬邊篁韻碎

자주 이끼 뜨락에는 나무 그늘 둥글도다.	紫苔庭畔樹陰圓
장사長沙 땅의 외딴 견해 비록 있다 말을 해도	長沙隻眼雖云在
한 점 영서靈犀 신통한 빛 짧은 시로 드러났네.	一點靈犀露短篇

이 밖에도 기거랑起居郎 지제고知制誥 곽여필郭汝弼과 정흥鄭興, 이영李穎 등의 입사제명시가 『동문선』과 『호산록』에 더 실려 있다. 지면상 다 소개할 수 없어 아쉽지만, 이상 살펴본 몇 수의 작품만 하더라도 13세기 중엽 고려 사회에서 천책으로 대표되는 백련결사가 어떤 위상을 지녔는지 웅변적으로 보여준다. 특히 천책은 당시 이미 용혈로 물러나 지내던 시절이어서, 용혈과 관련된 시문으로 이 작품들에 대해 더 깊이 천착해볼 필요를 느낀다.

8.

천책의 『연사제명시첩』 화답시편

조정 진신縉紳들의 열화와 같은 입사제명 시축을 받은 천책은 그 성황과 정성에 기쁨을 감추지 않고, 매 작품에 1수 또는 2수씩 화운시를 지어서 문답을 갖춘 시첩으로 엮어 이를 모두 『호산록』에 수록했다. 워낙 많은 수의 작품을 남겨 이 지면에서 다 살펴볼 수는 없고, 이 가운데 용혈의 거처와 산중 생활을 들여다볼 수 있는 시 몇 편을 간추려 읽겠다.

먼저 앞서 읽은 김구의 입사시를 받고 천책이 답장한 「차운답비서각김구次韻答祕書閣金坵」다.

육구몽陸龜蒙이 그때에 강호를 쏘다님은	龜蒙當日散江湖
단지 나고 듦이 세상과 달랐던 것.	只是行藏與世殊
벼슬 속에 숨으니 높은 벼슬 상관없고	祿隱何妨鸞鷺序
도심道心 지녀 남 뭐라든 도리어 상쾌하네.	道心寧爽馬牛呼

고운 그대 벼슬길서 구름처럼 자취 없다　　　　　多君輦下雲無迹
산속 살적 희게 시든 나를 기억하셨구려.　　　　　記我山中雪入鬢
연사蓮社든 운대芸臺든 다름없이 한가지니　　　　蓮社芸臺無彼此
대천 세계 그 어디건 나는 상관 않으리.　　　　　大千何處不參吾

유거幽居는 산 등지고 넓은 호수 앞에 둔 곳　　　幽居背巘面平湖
지대가 맑고 높아 경물이 남다르다.　　　　　　地位淸高景物殊
도토리 줍는 생애 날마다 넉넉하고　　　　　　拾橡生涯隨日足
연을 심어 이따금씩 손님들을 부른다네.　　　　種蓮賓客有時呼
신선놀음 높은 지위 오름보다 더 나으니　　　　仙遊却勝登鼇頂
험한 세상 범 수염을 잡아당김 다 잊었네.　　　世險都忘捋虎鬚
옛 나를 가져다가 지금 나와 분별 마소　　　　莫把古吾來辨我
옛 나가 어이 능히 지금 나를 대적할까?　　　　古吾寧得敵今吾

　　원래 『호산록』에는 4수의 시가 실려 있는데, 『동문선』에서는 위 두 수만 가려 뽑았다. 당나라 때 육구몽은 벼슬길에 있으면서도 강호산인江湖散人을 자칭하며 이은吏隱의 삶을 살았다. 3구의 녹은祿隱은 벼슬 속에 자취를 숨긴다는 뜻이다. 김구가 지금 벼슬에 몸담고 있지만, 마음속에는 도심을 지녀서 높은 지위에 올라 부귀와 권세를 누리는 일에는 크게 신경 쓰지 않는다는 의미다. 이 같은 마음을 지니고 있다면 백련사에 있든 운대芸臺, 즉 비서성에 몸을 담고 있든 다를 것이 없다며 그를 칭찬했다.

제2수에서는 천책이 현재 자신이 거처한 용혈의 풍광을 노래했다. 가파른 산을 등에 지고, 앞쪽에는 큰 호수를 바라보는 곳이다. 평호平湖는 그냥 호수가 아니라 용혈에서 내려다보이는 강진만의 잔잔한 물을 가리키는 표현이다. 호湖는 운자가 놓인 자리다. 맑고 높은 지대이다보니 주변 경물의 느낌도 남다르다. 3구 아래에 『호산록』에는 "조사께서 천태산에서 도토리를 주우셨는데, 지금 연사 또한 이와 같다祖師台山拾橡, 今社亦如是"라는 설명이 붙어 있다. 먹을 것이 없어 도토리를 주워서 이것을 먹으며 생활해도 살림은 푸근하고 넉넉하다. 이따금 결사에 참여하기 위해 손님들이 찾아오니 이 또한 기쁜 일이 아닌가? 5구의 '오정鼇頂'은 가장 높은 지위를 가리킨다. 산속 생활이 빈한해도 선계의 노님과 같으니, 벼슬길의 권세에 견줄 것이 아니다. 또 세상 길이란 것은 범의 수염을 당기는 것과 같아 언제 무슨 화가 미칠지 알 수 없는 것이 아닌가? 그대는 내가 예전에 과거시험을 보고 벼슬길에 몸담았던 인연을 떠올리지 말게나. 그 예전의 나와 지금 산속의 나는 애초에 견줄 대상조차 못 된다. 이렇게 천책은 용혈에서의 조촐한 삶을 예찬하며, 멀리까지 입사入社의 서원을 담아 제명시를 보내준 김구에게 축원과 함께 덕담을 들려주었다.

거사 이영과 주고받은 시도 정겹다. 이영은 젊은 시절 완도의 상왕산에 머문 적이 있고, 그때 천책과 만나 교분을 가졌다. 이영 또한 당시 제현들의 입사제명 시권에 다음의 시 한 수를 적어 천책에게 보냈었다.

완도에서 따르던 일 여태도 또렷한데	莞島攀援尙宛然
돌아보니 어느덧 스물두 해 전 일일세.	回頭二十二當年
눈앞을 금가루로 꾸밀 줄만 오래 알아	久知眼境蒐金屑
마음밭에 석련石蓮을 심을 겨를 없었지.	末暇心田種石蓮
만 리라 흰 구름은 한 점의 자취 없고	萬里白雲無點迹
온 집의 밝은 달은 절로 길이 둥글도다.	一家明月自長圓
이 시 지음 읊조리기 위함이 아니거니	作詩非爲供吟嘯
두 곳의 속마음을 시로 쓰려 함이로다.	兩地胸襟要寫篇

불경에 "금가루가 비록 귀해도 눈에 들어가면 티일 뿐이다金屑雖貴, 着眼則眯"라는 말이 있다. 그런데도 그 금가루를 귀하게 여겨 명리의 길을 내달렸고, 내 마음밭을 가꿀 줄은 몰랐다. 이제 이 깨달음을 간직하자 미운迷雲은 걷히고 밝은 달이 환하다. 이제 이 환한 마음을 담아 보내니 받아주시라고 했다.

천책은 이 시에 차운해서 「차이거사영시次李居士穎詩」 세 수를 지어 보냈다.

총각 시절 함께 놀 땐 큰 거리가 시끌벅적	總角偕遊紫陌喧
인연으로 얽힌 데다 집안으로 뿌리 닿아.	綢繆瓜葛況連根
하늘가 먼 이별에 소식마저 끊겼더니	天涯遠別音書斷
임하에서 만나보면 웃음소리 따뜻하리.	林下相逢笑語溫
밤 골짝 바람 찬데 솔방울은 떨어지고	夜壑風寒松落子

봄 뜰에 비 지나자 죽순이 돋는구나.　　　　　　春庭雨過竹生孫

이때의 맑은 기쁨 모두 함께 누리세나　　　　　　此時淸樂皆同賞

어이해 수고로이 다시 말을 더하리오.　　　　　　何用勞勞更吐言

방 안에서 지내려니 혼자서 쓸쓸한데　　　　　　端居一室自寥寥

매서운 바람 휘몰아쳐 아교풀이 부러진다.　　　　齎發嚴風劇折膠

눈 오는 밤 꽁꽁 언 병 주춧돌에 딱 붙었고　　　雪夜凍瓶黏柱礎

구름 아침 맑은 경쇠 산초나무 울린다.　　　　　雲朝淸磬響山椒

잔뿌리 무를 삶아 먹거리로 삼으니　　　　　　着毛蘿葍烹資鉢

몸을 가린 가사는 다 낡아 끈도 없다.　　　　　掩體袈裟破失條

재齋 파하고 너무 추워 움츠리고 앉아서　　　　齋罷畏寒長縮坐

담박한 속 분수 따라 소요하며 음미하리.　　　　淡中隨分味逍遙

티끌세상 거북 털과 토끼의 뿔 같거니　　　　　塵習龜毛兼兔角

구름 자취 봉새 골수 난새의 아교로다.　　　　雲遊鳳髓與鸞膠

곧음 품고 혼자서 속 빈 대를 배워야지　　　　抱貞自學虛心竹

독 머금고 입에 넣은 후추라고 생각할까?　　合毒寧思合口椒

여러 해 탁발하며 바리때 다섯 번 꿰맸고　　分衛多年盂五綴

공부는 하루에 선향線香 세 개 태운다네.　　工夫一日線三條

내생에 연대蓮臺 향해 태어나고자 하여　　他生欲向蓮臺化

서방정토 염송하니 어이 아득하리오.　　　念念西方豈是遙

이 시는 『호산록』에는 「답이상서영입사장구答李尙書穎入社長句」 24수로 실려 있는데 『동문선』에서 3수만 간추린 것이다.

천책과 이영은 집안끼리도 척분이 있고, 그 외 다른 인연으로도 얽혀 있던 가까운 사이였다. 오랜 세월 끊긴 인연이 입사시를 통해 이어지니 기쁘다는 뜻을 앞세웠다. 그러면서 자신의 처소 풍경을 그려 보았다. 깊은 밤 골짜기 사이로 바람이 훑고 지나가자 그 서슬에 솔방울이 떨어진다. 봄을 맞은 뜨락에는 깊은 산중 여기저기서 죽순이 돋아난다. 조촐한 산중 살림이지만 청락淸樂, 즉 해맑은 즐거움이 샘솟는다.

둘째 수는 역시 자신의 용혈암 산거생활을 노래한 내용이다. 방 안에 혼자 앉아 있다. 엄동설한의 눈 오는 밤 삭풍이 휘몰아치는데 물병은 꽁꽁 얼었다. 양식은 겨우내 묵혀 잔털이 돋은 무를 삶아 먹는 것으로 대신한다. 가사는 다 낡아서 누더기 꼴이다. 그렇지만 이 속의 담백한 맛은 긴 밤의 추위마저 잊게 해준다.

셋째 수에서도 여러 해 탁발로 발우를 다섯 군데나 꿰매야 했다고 적었다. 그럼에도 하루에 세 번 향을 사르는 공부는 거름이 없다. 사는 일이 고단해도 곧고 굳은 마음을 품어 속 빈 대나무의 성정을 배울 뿐이다.

이 같은 시를 통해 볼 때, 용혈대존숙 천책의 용혈암 생활은 청빈의 고행 그 자체였던 것 같다. 도토리를 줍고 무를 삶아 끼니를 대신하고, 해진 옷을 기워 입으며 오로지 서방을 향한 정념으로 정진하던 일상이었다. 이러한 중에 조정 진신들이 네 개의 시축에 입사제명의 뜻을 담아 시를 보내오자, 그 기쁨을 못 이겨 상대에 대한 덕담과 불법을 향한 갸륵한 뜻을 기리며 한 수 한 수에 정성을 담아 수십 편의 화답시를 보냈던 것이다. 나머지 수십 편의 작품을 여기서다 소개하지는 못하고 다른 기회로 미룬다.

9.

5대 이안과 6대 원혜 관련 글

제4조 진정국사 천책으로 이어졌던 백련결사의 의발이 언제 누구에게 전해졌는지는 분명치 않다. 5조가 분명치 않고, 6조도 명백하게 확인되는 사실이 없다. 다만 다산이 편찬한 『만덕사지』에서 제5조는 원조국사로 나온다.

원조국사를 백련결사의 제5조로 삼은 근거는 이렇다. 앞서 읽어본 7대 정오가 쓴 「진정국사 『호산록』 발문」에서 "문인인 불교도총섭 정혜원조 대선사 이안이 이미 이를 기록하여 문집으로 만들고, 또 개인 돈을 들여 장인을 사서 목판에 새겨 길이 전하니, 실로 아비의 뜻을 능히 잘 잇고 계승하는 것이라 말할 만하다"라고 한 기록이 유일한 근거다. 정혜원조 대선사 이안은 천책의 문인으로, 선사의 문집 『호산록』을 자비로 목판에 새긴 인물이다. 그러한 까닭에 천책의 후계로는 그를 제외하고는 달리 상정할 만한 인물이 없다는 추정을 전제로 한다.

또한 『만덕사지』 해당 항목 뒤에 붙은 안설에서 기어 자굉은 이를 이렇게 설명했다.

이안은 그 덕을 나타낸 것이다. 그가 국사가 된 것은 비록 드러난 글은 없지만, 사호賜號가 네 글자에 이르렀으니, 세상을 뜬 뒤에 국사를 추증하여 진정국사의 적통을 이었음에 또한 의심이 없다. 『호산록』에서 특별히 만덕산 백련사 제4대라고 표방한 것은 원조가 제5대가 된다는 것이니 이 또한 의심할 것이 없다.

> 而安其表德也. 其爲國師, 雖無明文, 其賜號至四字, 則身後加贈國師,
> 以繼眞靜之嫡統, 亦無疑也. 湖山錄特標萬德山白蓮社第四代, 則圓照
> 之爲第吾, 亦無疑也.

불교도총섭을 지냈고, 정혜원조 대선사의 호칭으로 불렸으며, 천책의 문인이었고, 『호산록』 출판까지 담당했다면, 그 말고 누가 백련사의 적통을 이을 수 있겠는가? 그리고 그의 생전 직위나 호칭으로 보아 사후에 국사로 책봉되었을 것이 틀림없다는 추론이다. 가능성이 있지만, 그가 실제 국사로 책봉되었는지, 백련결사의 5대 주맹에 올랐는지, 올랐다면 언제부터 언제까지였는지 알려진 것이 아무것도 없다. 정오가 이 발문을 쓴 시점은 1307년이다.

앞서 1206년에 태어난 천책이 61세 때인 1266년에는 이미 용혈대존숙으로 불리며 용혈암에 물러나 있었고, 그의 문집 『호산록』은 그로부터 다시 41년 뒤인 1307년에 서문이 쓰였다. 3대 원환에게 주맹 자리를 물려주고 용혈로 들어앉았던 2대 천인의 예에 따르면 1266년에 천책이 용혈로 들어갈 때도 제5대 주맹에게 자리를 넘겨주었을 텐데, 그가 바로 이안이라고 주장한 것이다. 하지만 이 사이에는 달리 이를 입증할 어떤 문건도 존재하지 않고 단지 자굉이 쓴 추론이 있을 뿐이다.

그런데 제5대로 추정된 이안의 이름이 기록 속에 한 번 더 등장한다. 그것은 1330년에 간행된 『석가여래행적송釋迦如來行蹟頌』의 발문에서 찾아볼 수 있다.

천태종의 시조이신 용수龍樹 대사가 말했다. "들은 것만 있고 지혜가 없다면 또한 실상을 알지 못한다. 비유하자면 큰 어둠 속에서 눈이 있어도 보지 못하는 것과 같다. 지혜는 있지만 들은 것이 많지 않으면 또한 실상을 알지 못한다. 비유컨대 큰 광명 속에서 등불이 있더라도 비출 데가 없는 것과 한가지다. 들음도 있고 지혜도 있으면 말한 것을 마땅히 받고, 들음도 없고 지혜도 없다면 이름만 사람이지 소나 한가지다." 이제 부암浮庵 장로 무기無寄는 일찍 백련사 제4세 진정국사의 적사嫡嗣이자 석교도승통 각해원명 불인정조 대선사 이안의 당 아래에 투신하여 머리를 깎고 승복을 입었다. 법명은 운묵雲黙이다. 학문이 일가의 문의文義에 통하여 선불장選佛場의 자리에 나아가, 상상과上上科에 급제하고, 굴암사窟巖寺 주지의 이름을 얻었다. 명리의 길을 높이 걷다가 하루아침에 침을 뱉고 버리기를 해진 신발같이 했다. 이에 금강산과 오대산 등 명산승지를 두루 다니다가 마침내 시흥산始興山 탁일암卓一庵에 이르러 그곳에서 지냈다. 만년에 『법화경』을 외우고 아미타 여래를 염송하며 부처를 그리고 불경을 베끼는 것으로 일과를 삼은 것이 거의 20년이나 된다. 남은 힘으로 불전佛典 속의 조사의 글을 찾아서 본사本師의 행적송과 주석을 찬술하여, 두 개의 두루마리를 이루어 이것으로 어린 아이들을 일깨우니, 그 이로움이 더없이 넓다 하겠다.

아! 사바의 세계는 성립되어 유지되고, 파괴되어 공으로 돌아가는 사겁四劫 수수數의 장단과 삼계오취三界五趣의 수복壽福의 우열과 고락苦樂의 차별이 여래의 방편으로 부류에 따라 나타나 보인다. 사토삼신四土三身과 오시설법五時說法의 연월과 차례, 여러 불경 안에 반만 차고 둥글지는 않은 본래 자취의 권실權實이 죽은 뒤에 이르러 남은 법으로 행해지니, 울통불통함이 가까이에 있다 하겠다. 후진의 학자가 수행하여 도에 듦에 미쳐서는 방편의 법도는 명경明鏡이 대臺 위에 놓인 것과 같아 터럭 하나의 차이도 없고 보니, 참으로 우리 시조께서 말씀하신, 말한 바에 응하여 받은 사람임이 분명하다. 훌륭하도다. 이제껏 있지 않았던 바로다. 그 문사의 격조에 내 삼가 옷깃을 여며 마지않는다. 이때는 천력 3년 (1330) 경오년 2월 8일이니, 만덕산 백련사 승려 기일昱는 발문을 쓴다.

天台始祖龍樹大士云: "有聞無智慧, 亦不知實相. 譬如大暗中, 有目無所見. 有慧無多聞, 亦不知實相. 譬如大明中, 有燈無所照. 有聞有智慧, 是所說應受. 無聞無智慧, 是名人身牛."

今有浮庵長老無寄, 早投於白蓮社第四世眞淨國師之嫡嗣, 釋敎都僧統

覺海圓明佛印靜照大禪師而安堂下, 落髮披緇. 法名雲默, 學通一家文

義. 赴於選席, 中上上科, 得窟巖住持之名. 高步名途, 一旦唾弃, 猶弊屣

也. 乃遊歷金剛五臺等名山勝地, 竟到始興山卓一庵而捿. 遲以誦蓮經,

念彌陀, 畫佛書經, 爲日用者, 垂二十年矣. 餘力搜尋佛典祖文, 撰述本

師行迹頌并註, 乃成兩軸, 以啓童蒙, 利莫廣焉.

噫! 娑婆世界, 成住壞空, 劫數長短. 三界五趣, 壽福優劣, 苦樂差別. 如

來方便, 隨類示現. 四土三身, 五時說法, 年月次第, 諸經部內, 半滿偏圓,

本迹權實, 乃至滅後, 遺法流行, 降夷處近. 及後進學者, 修行入道, 方便

之規, 如明鏡當臺, 無一毫差. 眞可謂吾祖所云, 是所說應受者明矣. 善

哉! 末曾有也. 其文辭之格, 吾欽祇無間然矣. 時天歷三年庚午二月八日,

萬德山白蓮社沙門豈跋.

부암 무기, 법명이 운묵인 이가 지은 『석가여래행적송』에 쓴 발문

이다. 그를 소개하면서 이안이 등장하는데, 앞서 불교도총섭 '정혜원

조靜慧圓照'의 네 글자였던 호칭이 석교도승통 '각해원명覺海圓明 불인

정조佛印靜照' 대선사라는 여덟 자 호칭으로 바뀌었다. 또 이안을 백

련사 제4세 진정국사의 적사라 한 것도 같다.

이 기록을 통해 볼 때 다산의 추정대로 이안을 백련사 제5대 주

맹으로 보는 것은 큰 무리가 없는 듯하다. 여기서 다시 5대에서 6대

로의 연결은 무외 정오가 쓴 「원혜국통제문圓慧國統祭文」에 실마리가

있다. 이 글은 『동문선』 권119에 수록되어 있다.

아! 대도大道의 성쇠는 철인哲人의 유무에 달려 있다. 우리 스님께서는 웅위雄偉하심으로 여러 세대 만에 티끌세상에 내려오셨다. 젊은 나이에 깨달음을 얻어 삼부三部 경전에 널리 통했고, 법안法眼을 가려냄이 분명하여 정밀하고 거친 것을 잘 분별하셨다. 처음에 백련사의 주맹이 되시어, 조도祖道를 다시 일으키시고, 마침내 국통國統이 되시니, 덕과 이름이 갖추어졌다. 근원으로 돌아가는 날에 미쳐서는 조용히 해탈하셨으니, 실로 이른바 훌륭하게 시작하여 아름답게 끝맺은 대장부라 하겠다. 이 당시에는 건곤이 적막하고 삼광三光이 참담했으며, 샘과 못은 메말라서 온갖 풀은 불타 말랐었다. 아! 슬프다. 돌아보건대 나는 어둡고 부족하여 비슷함도 없는데 다행히 묵은 인연으로 한 사람의 문도로 스승의 이름을 더럽혔다. 칼을 씌워 매질하는 단련을 몸소 입는다 한들 그 은혜로이 내리심을 어찌 헤아릴 수 있겠는가? 이제 돌아가신 지 백 일이 되는 날을 맞아 재齋를 갖춰 복을 빌어 박한 제물을 함께 차렸으니, 이 어리석은 자를 불쌍히 여기소서.

噫! 大道之豊夷兮. 在哲人之有無. 惟我師之雄偉兮, 乃間世而降塵區. 妙齡穎悟兮, 博通三部. 擇法眼明兮, 善別精麤. 初主白蓮兮, 重興祖道, 卒爲國統兮, 德與名俱. 及還源日兮, 從容解脱. 實所謂善始令終之大丈夫. 於斯時也, 乾坤寂兮三光慘淡, 泉澤渴兮百草焚枯. 嗚呼哀哉, 顧予暗短而無似兮, 幸以宿緣而忝一門徒. 昵受鉗槌之鍛鍊兮, 其恩賜也豈可量乎. 今當百日兮, 辦齋奉福, 兼陳薄祭兮, 庶愍屋愚.

글 가운데 '초주백련初主白蓮'이란 네 글자가 분명하게 눈에 띈다. 젊은 나이에 큰 깨달음을 얻어 처음 백련사의 주맹으로 조도祖道 즉 원묘 이래로 이어 내려온 도를 중흥시켰고, 그 보람으로 국통의 자리에까지 올랐던 것이다. 그는 세상을 뜰 때도 조용히 해탈했다고 했다.

이 글을 쓴 무외 정오는 원혜 국통과 자신이 같은 문하의 문도라고 밝혔다. 그는 원혜 국통이 자신의 법형兄임을 밝힌 글을 따로 한 편 더 남겼다. 원혜 국통이 열반에 든 뒤 100일째 되던 졸곡일에 천도재를 올리면서 쓴 「법형 원혜 국통을 천도하는 글薦法兄圓慧國統疏」이 그것이다. 『동문선』 권111에 실려 있다.

진신眞身은 걸림이 없어, 중생의 마음속 생각 안에 두루 들어간다. 묘법妙法은 불가사의해서 삼승三乘의 교행敎行 너머로 뛰어넘는다. 느낌은 형상을 마주한 듯하고, 응답은 형상이 생겨나는 것만 같으니, 마땅히 제불諸佛의 대사인연大事因緣에 기대어서 선사先師께서 고향으로 가시는 행리行李를 인도해야 할 것이다. 생각건대 저 근본으로 돌아가시는 국통께서는 실로 나와 한 세상을 함께한 문형門兄이시다. 어려서부터 장성할 때까지 자애로써 부지런히 훈도하시니, 그 법은法恩은 무겁기가 산과 같아 갚을 길이 없다 하겠다. 재에 올릴 음식을 간략히 부족하게 마련하여 천도薦度코자 한다. 엎드려 원하건대 현전하신 삼보三寶께서는 우리 원혜 국통의 영혼으로 하여금 육근六根이 청정하고, 삼지三智가 원만히 밝아, 장자 집안의 보배를 받아 씀에 자타를 모두 이롭게 하고 사방을 유영하여, 찰해利海에서 성현과 함께 흐르시어 남은 은택을 적셔 뭇 싹들이 골고루 젖게 하소서.

眞身無礙, 偏入衆生心想中. 妙法難思, 頓超三乘敎行外. 感如形對, 應若像生, 宜憑諸佛大事之因緣, 用導先師故鄕之行李. 惟彼還源之國統, 實吾並世之門兄. 自童孩至于長成, 以慈愛勤于訓誨, 法恩重如山岳, 無以報之. 齋供略備涓埃, 庶幾薦也. 伏願現前三寶, 令我圓慧國統之靈, 六根淸淨, 三智圓明, 受用長者家珍, 自他兼利, 遊泳四方, 利海賢聖同流, 餘澤所霑, 群萌等潤.

이 글에서 정오는 원혜 국통이 자신의 문형이며, 어려서부터 함께 하여 그의 자애로운 훈도 속에 자신이 성장했음을 밝히고 있다. 실제 원혜 국통은 원 간섭기 묘련사妙蓮寺를 중심으로 활동했던 승려로 1295년 국통에 책봉되었고, 충렬왕과 그의 아들인 충선왕의 귀의를 받았던 인물이다. 그가 백련사를 떠나 묘련사 결사의 주법主法을 맡게 되면서, 다음 시기 정오 등 백련사 계열 승려가 중앙으로 진출하는 계기를 마련했다.

이렇게 해서 제5대 원조는 진정국사 천책의 적전임이 밝혀졌고, 6대 원혜가 다시 원조를 이어 백련사의 주맹에 올랐음이 분명하게 확인되었다. 실로 엉성하기 짝이 없는 고려 불교의 기록 속에서 오직 『동문선』에 수록된 글을 통해 백련결사의 주맹 승계의 맥락이 이토록 소연하게 밝혀진 것은 기적적인 일이 아닐 수 없다.

10.

7대 무외 정오와 「암거일월기庵居日月記」

여기서는 백련사 제7대 주맹 무외 정오의 사적과 용혈 관련 기록을
검토해보기로 하겠다. 초대 원묘에서 2대 천인, 3대 원환으로 내려갔
다가 4대 천책으로 다시 올라왔다. 즉 2대 천인과 4대 천책은 동문
이었다. 5대는 이안이 천책의 적통을 이었고, 6대 원혜는 이안의 후
계였다. 그리고 7대 정오는 바로 6대 원혜의 법제法弟였다.

그의 생애 사실은 고려 때 박전지朴全之가 지은 「영봉산용암사중
창기靈鳳山龍巖寺重創記」에 대단히 자세히 나와 있다. 워낙 글이 길어 중
간의 불필요한 부분을 건너뛰고, 이력에 해당되는 부분만 간추려 읽
으면 다음과 같다.

생각건대 우리 국통은 젊은 나이에 승과에 응시하여 상상과에 뽑혔다.
그러고는 바로 명리의 그물에서 몸을 빼어 산을 돌며 암자에 거주한
것이 여러 해다. 임금께서 스님의 행하신 바를 들으시고, 대덕大德 6년

(1302) 임진년58 여름에 특별히 중사지후中使祗侯 김광식金光軾을 보내, 대사를 월출산 백운암에서 맞아오게 하고, 원찰願刹인 묘련사의 주지로 명했다. 10년 병오년(1306) 겨울에 이르러 법호法號를 올려, 백월낭공白月 朗空 적조무애寂照無㝵 대선사大禪師로 삼았다.

이듬해인 정미년(1307) 여름에 심왕瀋王이 부왕과 제자의 예를 함께 행하려고, 봉하여 왕사王師로 삼았다. 법호를 올려 불佛 보조정혜普照靜慧 묘원진감妙圓眞鑑 대선사大禪師라 했다. 이에 임금께서 명망 있는 가람으로 하산소下山所를 삼고자 했다. 이때 금장사金藏寺가 주지도 없이 잔약한 상태였다. 스님이 다행으로 생각하고, 두 번 세 번 하산소로 삼기를 청했다. 바로 금당金堂을 개조하고, 아울러 자마금박紫磨金薄으로 주불主佛 미륵여래彌勒如來와 보처補處의 두 보살 상을 개수했다. 첨의찬성사僉議贊成事 대학사大學士 이산李㦃이 지은 기문이 있다.

지대至大 원년 무신년(1308) 가을 심왕이 즉위하던 날, 스님을 청하여 용상龍床에 올라 나란히 앉게 하고, 또 선교각종禪敎各宗 산문도반山門道伴 총섭조제摠攝調提의 호를 올리고, 인하여 함께 의논할 일을 맡겼다. 기유년(1309) 겨울, 임금께서 국청사國淸寺에 옮겨 살게 하고, 오대五臺 · 수암水巖 · 조연槽淵 · 안락安樂 · 마류碼碯 다섯 절을 이 절에 예속시켜 하원下院으로 삼았다. 이어 도감都監을 세워 수리하게 했다. 스님은 시주받은 것을 모두 희사하여 금당을 창건하고, 아울러 주불인 석가여래와 보처의 두 보살상을 만들어, 모두 온통 황금으로 꾸몄다. 첨의정승僉議政丞 대학

---

58 임진년: 실제로는 임인년이 맞다.

사人學士 여흥군驪興君 민지閔漬를 시켜 기문을 짓게 해서 내걸었다. 하원 다섯 절은 내 뜻이 아니라 하여 모두 본래의 소속으로 되돌려주었다.

2년 경술년(1310)[59]에 이르러 임금께서 다시 형원사瑩原寺로 옮겨서 지낼 것을 명했다. 하지만 그 절이 전대前代 국통國統의 하산소였으므로, 스님은 이를 사양코자 했다. 그러나 뜻을 이루지 못했다. 또한 금당과 여러 건물을 고치고 새로 지었다. 황경皇慶 2년 계축년(1313) 여름 6월에 지금 임금께서 보위를 이으셨다. 겨울 11월이 되자 부왕의 명을 받들어 다시 스님을 책봉하여 국통으로 삼고, 법호를 더하여 대천태종사大天台宗師 상홍정혜雙弘定慧 광현원종光顯圓宗 무외국통無畏國統이라 했다. (…)

아, 기이하도다. 이제 국통께서 삼대에 걸쳐 제자의 예를 두루 받아, 마침내 한 나라의 스승이 되어, 조도祖道를 널리 드날리고, 현강玄綱을 다시 떨치셨다. 널리 불사를 닦아 멀리 중생에게 보탬이 되었으니, 어찌 그 덕업을 의논할 수 있겠는가? 또 이 땅이 처음 도선조사道詵祖師를 만나 400년 전에 창건했다. 이제 우리 태조께서 탄생하셔서 삼국을 한 조정에 모이게 하셨다. 중간에 여러 해 동안 불행히도 적막한 도량이 되었다가 이제 다시 불승을 숭상하는 임금을 만나고 숙원宿願의 종사가 있어 400년 뒤에 다시 창건하여, 셋을 모아 하나로 귀일시키는 법으로 복리福利를 드넓혔으니, 앞뒤로 서로 맞아떨어지는 것이 어찌 이처럼 신통하단 말인가? 어찌 땅 또한 만남이 있어 그런 것이 아니겠는가? 이처럼 멋진 일은 옥돌에 새겨 무궁한 후세에 전함이 마땅할 것이니, 빠뜨려서

---

59   경술년(1310): 지대至大 2년은 기유년(1309)이다.

글로 써두지 않으면 안 될 것이다. 내가 이제 국통의 문도들의 부탁을
받아 거칠게나마 그 연월을 적어둔다.

惟我國統, 妙齡試僧選, 捷上上科. 卽脫身名網, 循山住庵有年矣. 上聞
師所行, 以大德六年壬辰夏, 特遣中使祇候金光軾, 迎師于月出山白雲
庵, 命主於願刹妙蓮社焉. 至十年丙午冬, 上法號爲白月朗空寂照無导
大禪師.

明年丁未夏, 瀋王與父王, 欲共行摳衣之禮, 封爲王師. 進法號曰佛普照
靜慧妙圓眞鑑大禪師. 於是上欲以望藍爲下山所, 時金藏寺無主而殘.
師意以爲幸, 再三申請爲下山所, 卽改造金堂, 幷以紫磨金薄, 修治主佛
彌勒如來補處兩菩薩像, 有僉議贊成事大學士李愭作記焉.

至大元年戊申秋, 瀋王卽祚之日, 請師上龍床並坐. 又進禪教各宗山門
道伴揔攝調提之號. 仍委差共議事. 己酉冬, 上命移住國淸寺, 以五臺水
巖槽淵安樂瑪瑠等五寺, 屬于是寺, 爲下院也. 仍立都監以修之. 師盡捨
達嚫, 創造金堂. 幷成主佛釋迦如來補處兩菩薩像, 皆飾以滿金. 倩僉議
政丞大學士驪興君閔漬, 記而榜之. 以下院五寺, 非吾志也, 皆還其本也.
至二年庚戌, 上復命移住瑩原寺. 然以其寺爲前代國統下山所, 故師欲辭
之, 而未卽果遂. 亦改創金堂泪諸廊廡. 及皇慶二年癸丑夏六月, 今上嗣
位. 至冬十一月, 承父王之命, 復冊師爲國統, 加法號曰大天台宗師雙弘
定慧光顯圓宗無畏國統焉. (…)

噫, 異哉! 今國統之歷受三代摳衣之禮, 終爲一國之師, 恢揚祖道, 而再
振玄綱. 廣修佛事, 而退益群萌, 詎可議其德業哉. 抑又此地之初遇道詵

祖師, 始創於四百年之前. 今我太祖誕生, 而統三國會一庭. 中間許多年, 不幸爲寂寞之場, 今復値崇佛乘之國主, 有宿願之宗師, 重創於四百年後, 以會三歸一之法, 弘揚福利, 何其前後相符如是而神耶. 豈地亦有會遇而然歟. 如斯勝事, 宜登諸珚琰, 傳之無窮, 不可闕而不書. 僕今因國統門徒之囑, 粗記日月耳.

위의 글은 무외 정오의 주요한 생애 사실을 충실하게 담았다. 생애의 약력은 1302년 월출산 백운암에서 묘련사 주지로 부임해 상경하는 대목부터 시작된다. 4년 뒤인 1306년에 대선사의 칭호를 받았고, 1307년에 왕사로 책봉되어 다시 존호를 받았다. 이후 금장사의 주지로 내려가 절을 개창했고, 1308년에 충선왕의 즉위식에서 왕과 나란히 앉아 총섭조제의 법호를 받았다. 이후 국청사와 형원사로 내려가 사세를 크게 확장시켰다. 글은 1318년에 진주 영봉산 용암사를 중창하여 7일간 성대한 낙성 법회를 개최한 일로 마무리했다. 정오는 1318년까지는 살아 있었다.

글의 서두에서 무외가 묘령妙齡 즉 20세 안팎의 나이로 승과에 응시하여 상상과로 급제했고, 이후 바로 몸을 빼서 '순산주암徇山住庵' 즉 이 산 저 산을 떠돌며 암자에 머물며 수행하는 생활을 거듭했다고 적었다. 그가 여러 산을 돌며 암자생활을 한 기록은 『동문선』 「암거일월기」란 글 속에 오롯이 남아 있다. 위 「영봉산용암사중창기」와 「암거일월기」를 합치면, 무외 정오의 일생이 어느 정도 복원된다. 특히 무외의 「암거일월기」는 용혈암의 구조와 배치에 대해 기록한 가

장 자세하고 유일하며 제일 오래된 기록이라는 점에서 대단히 주목
된다. 전문을 읽어보자.

지난 무인년(1278) 봄, 나는 처음으로 오산현鰲山縣의 용혈암에 머물렀
다. 경진년(1280) 여름에는 상주尙州 땅을 향해 옮겨갔다가 또 경인년
(1290) 봄에 다시 패탑암으로 왔다. 이곳은 바로 나의 종조께서 중창
하신 곳이다. 서편의 세 칸이 무너져 땅으로 떨어질 듯한지라 갑오년
(1294) 가을에 고쳐 지었다. 을미년(1295) 4월에는 남쪽 봉우리에 가시
덤불을 베어내고서 높은 대를 쌓아 이름을 능허대라 했다.
절구 두 수를 지었다. 시는 이러하다.

새로 쌓은 높은 누대 좋은 경관 얻으니　　　　新築高臺得勝觀
봉래산과 화악인들 오르기가 어렵겠나.　　　　蓬山華岳陟何難
앞쪽은 큰물 삼켜 구름 안개 넘실대고　　　　前呑巨浸雲煙洶
뒤편 높은 바위에 읍揖해 옥설이 차갑구나.　　　後揖巉巖玉雪寒

능허대 위에서 홀로 놀며 구경하니　　　　　凌虛臺上獨遊觀
시로는 못 그리고 그림 또한 어렵다네.　　　　詩不能形畫亦難
하늘이 도인의 뼈저린 가난 보시고서　　　　天見道人貧到骨
산수를 독차지하게 해 춥고 주림 위로하네.　　命專山水慰飢寒

또 정유년(1297) 봄에 덤불진 가지를 잘라내고 돌을 쌓아 터를 만들어

동편 벼랑 시내 곁에다 작은 정자를 세우고 이름을 초은정招隱亭이라 했다. 시 두 수가 있는데 이러하다.

회나무 밤나무 솔과 대 바위자리 둘러 있고   槐栗松篁圍石座
들판과 바다 산이 초가 처마로 들어온다.   田原海岳入茅簷
유유히 누워 쉬며 몸과 세상 다 잊으니   悠然偃息忘身世
이 맛을 어느 누가 나와 함께 즐기리오.   此味何人共我甜

꽃 무더기 옮겨 심어 뒤 섬돌을 꾸미고   移得花叢粧後砌
솔가지 꺾어와서 서편 처마 채우누나.   折來松杪補西簷
손은 그저 산속 거처 일들에 익숙하니   手中只慣山居事
혀 밑으로 세상맛의 달콤함을 어이 알리.   舌下那知世味甜

건물 짓기를 마치고는 바로 다른 곳으로 가려 했으나, 좋은 일의 인연으로 그대로 살며 떠나지를 못했다. 이때 또 능허대와 초은정에서 시인이나 선객禪客과 만나면 함께 글을 짓고 도에 대해 얘기하며 성정을 즐겼다. 혹 침울한 마음을 펼 때는 능허대로 올라가 눈길 가는 대로 올려다보거나 굽어보았다. 혹 들뜬 마음을 다스리려 할 때는 초은대로 내려가서 마음을 잠재우고 고요히 침묵하는 가운데 홀로 마음 가는 대로 하면서 가고 머묾을 모두 잊었다.

하루는 한 사람이 와서 『논어』에 나오는 산량山梁의 의미60를 물으므로, 풀이하여 설명해주었다. 인하여 시 두 편을 지었는데 시는 이러하다.

때를 만난 산비탈 꿩 몹시도 부럽더니   時哉肯羨山梁雉

늙어 도로 바위 굴의 용에게 의지하네.   老矣還依石穴龍

목마르면 샘 마시고 배고프면 흰밥 먹어   渴飮玉泉飢白粲

부처님 여태 넉넉히 품어주심 부끄럽다.   迥慙佛祖尙優容

출처는 인연 따라 멀고 가까움 없나니   出處隨緣無適莫

범을 타고 용 올라탐 어이해 논하리오.   何論騎虎與攀龍

능허대와 초은정에 맑은 즐거움 가득하여   凌虛招隱酣淸樂

티끌세상 날 안 받아줌 도리어 다행일세.   却幸塵寰不我容

또 내 평생 거처에서 3년 넘게 머물지 않았다. 하지만 이 암자에서 지낸
것이 이제 13년이다. 수토水土의 인연이 깊어서였을까? 하지만 길이 머
물며 가지 않아서는 안 되겠기에 이제 보월산寶月山 백운암白雲庵을 구해
얻어 옮겨가게 되었다. 연월을 추가로 기록한 것은, 이를 남겨 훗날에
살펴보는 이를 위해서다.

越戊寅春, 予始寓鼇山縣之龍穴庵焉. 至庚辰夏, 遷向尙州之界, 又於庚

寅春, 復來掛搭庵, 乃吾從祖所重創也. 西偏三間, 嶼將墜地, 於甲午秋,

改構之. 乙未四月, 於南峯誅榛莽而築崇臺, 名之曰凌虛.

---

60 산량山梁은 『논어』 「향당鄕黨」에서 "산비탈의 암꿩이 제때를 만났구나山梁雌雉, 時哉
時哉"라는 구절을 말한다. 앞뒤 맥락이 모호해서 역대로 관련된 논의가 복잡하고 의미 파악
이 어려운 대목이다.

題詩二絶云: "新築高臺得勝觀, 蓬山華岳陟何難. 前呑巨浸雲煙洶, 後揖巉巖玉雪寒." 又 "凌虛臺上獨遊觀, 詩不能形畫亦難. 天見道人貧到骨, 命專山水慰飢寒."

又丁酉春, 剪叢篠, 累石爲基, 立小亭於東崖溪側, 名以招隱. 有詩二首云: "槐栗松篁圍石座, 田原海岳入茅簷. 悠然偃息忘身世, 此味何人共我甛." 又 "移得花叢粧後砌, 折來松杪補西簷. 手中只慣山居事, 舌下那知世味甛."

俗築旣畢, 卽欲他適, 乃緣善事, 因循未去. 時又於凌虛招隱, 逢詞人禪客, 則聯文話道, 以樂性情. 或寫沈欝, 則上凌虛, 而縱目瞻眺, 或治浮蕩, 則下招隱, 而冥心寂默, 自適其適, 而都忘去留矣.

一日有一生, 來問魯論中山梁之意, 解說之, 因成二篇云: "時哉肯羨山梁雉, 老矣還依石穴龍. 渴飮玉泉飢白粲, 迴慚佛祖尙優容." 又 "出處隨緣無適莫, 何論騎虎與攀龍. 凌虛招隱酣淸樂, 却幸塵寰不我容."

且予平生居止, 未嘗終三年留也, 而棲此庵, 今十三年矣. 殆水土之緣深乎? 然未有長住而不行者, 故今卜得寶月山白雲庵而移焉. 追記年月, 因由留爲後觀.

1278년 봄에 처음으로 강진의 용혈암에 내려왔다고 썼다. 승과에 급제한 직후였다면 그의 나이 20대 초반이었을 것이다. 이로 미루어 그의 생년은 대략 1258년쯤이었을 것으로 추정된다. 1280년 여름에 상주 동백련사로 갔다가, 다시 3년 뒤인 1290년 봄에 괘탑암으로 옮겼다. 보통은 3년 이상 한곳에 머물지 않았는데, 괘탑암 시절은 앞뒤로 무려 13년간을 머물다가 1301년 월출산 백운암으로 다시 거처를 옮기면서 이주를 앞두고 「암거일월기」를 썼다.

앞서 「영봉산용암사중창기」에서 왕이 월출산 백운암으로 사람을 보내 1302년 여름에 정오를 개경으로 불러 올린 것을 기억한다면, 정오가 백운암에 머문 시간은 1년이 채 못 되었을 것이다. 월출산 백운암은 오늘날 백운동 별서정원이 자리한 데 있던 암자다. 이후 정오는 다시 강진 땅을 밟지 못하고, 묘련사와 금장사, 형원사, 용암사로 떠돌았다. 왕사王師로서 충렬왕, 충선왕, 충숙왕을 제자로 둔 명실상부한 국사였다. 그가 1302년에 왕의 부름을 받고 상경하게 된 것은 그의 법형이었던 원혜 국통의 입적으로 공석이 된 국통의 자리를 그의 법제인 정오에게 물려주기 위함이었을 것으로 추정된다. 정오의 「법형 원혜 국통을 천도하는 글薦法兄圓慧國統疏」로 보아 정오와 원혜는 나이 차가 상당했던 듯하다. 정오는 어릴 때부터 자애로 자신을 이끌어준 원혜의 법은法恩을 말로 다 할 수 없다고 했으니, 그 나이 차이는 15세에서 20세 정도였을 것이다. 그렇다면 원혜는 대략 1230년대 후반에 태어나 1302년경에 세상을 떴으리라 추정할 수 있다.

한편 20대 초반인 1278년 봄부터 1280년 여름까지 용혈암에 머물고, 이후 괘탑암으로 돌아온 시점은 그의 나이 33세를 넘긴 시점이었을 것이다. 이후 그는 다시 괘탑암에서 13년간을 더 보내, 개성으로 올라갈 당시의 나이는 이미 불혹을 한참 지난 46세 이후였을 것으로 보인다.

이렇게 볼 때 정오의 생애에서 백련사의 주맹을 맡았던 시기는 없는 셈이다. 20대 초반에 백련사 7대 주맹에 올랐을 리는 없고, 혹 괘탑암 시절에 백련사 주맹을 겸임했다고 볼 수도 있겠지만, 「암거일월기」 속의 관련 기록을 보면 그런 것 같지도 않다.

「암거일월기」는 주로 괘탑암 시절의 일을 기록한 내용인데, 이곳에 1295년 4월 능허대를 세우고, 다시 1297년 봄에 초은정을 세운 이야기를 기록하며, 그 풍광을 한시로 남기고 있다. 『동문선』을 통해 이 기록을 처음 접한 다산이 이를 통해 용혈암 공간을 재구성해 「용혈기」를 지었고, 이 두 글을 바탕으로 우리는 용혈암 공간을 구체적으로 그려볼 수 있게 되었다. 그 자세한 공간 구성과 배치는 4장에서 다룬다.

『만덕사지』는 7대 무외 정오에 이은 8대를 목암牧庵 혼기混其로 설정했고, 그의 법호 또한 무외無畏국사라 하여, 백련사에 두 사람의 무외국사가 있었다는 양무외설兩無畏說을 정성 들여 제기했다. 다산은 『만덕사지』에서 이 부분의 착종과 모순을 해결하는 데 심력을 쏟았다. 『불조원류佛祖源流』에 "무외국사는 휘가 혼기요 자가 진구珍丘, 호는 목암이다. 성은 조씨趙氏로, 숙공肅公 덕유德裕의 백부요, 원묘의 11세 손이다無畏國師, 諱混其, 字珍丘, 號牧庵, 姓趙氏. 肅公德裕伯父, 圓妙十一世孫也"라고 한 잘못된 기록에 바탕을 둔 것인데, 이에 대해서는 채상식 교수가 그의 앞선 논고에서 명백한 오류임을 밝혔으니 재론하지 않겠다.[61]

다산이 『만덕사지』에서 만덕사의 주맹을 거친 8국사로 꼽은 사람 가운데, 3대 원환과 8대 혼기는 명백히 국사가 아니었고, 5대와 6대 또한 국사에 책봉되었다는 명확한 근거는 찾아보기 어렵다. 게다가 7대 정오는 20대 초반에 3년간 용혈암에 머물고, 20대 후반과 30대에 괴탑암에 머물렀을 뿐, 실제로 백련사의 주맹을 맡은 적은 없었던 듯하다. 그가 6대 원혜와 함께 백련사에서 공부하며 자란 것만은 분명하다. 또 8대 혼기는 실제로는 백련사와는 거의 관련이 없는 승려다. 이렇게 볼 때 백련사 8국사론은 다산의 과한 의욕이 빚은 허구적 설정에 가깝다. 하지만 조각조각의 기록을 잇대어서 하나의 계보로 완성해낸 그 꼼꼼한 고증의 과정은 경탄할 만하다.

---

61 채상식, 『고려후기 불교사 연구』(일조각, 1991), 185~188면 참조.

11.

두 편의 백련사 사적비

이제 조선시대로 넘어와 백련사의 역사를 담은 두 편의 글을 살피는 것으로 관련 문헌 기록 소개를 마치기로 한다. 첫 번째로 볼 글은 윤회尹淮(1380~1436)가 지은 「만덕산백련사중창기萬德山白蓮社重創記」다. 『동문선』 권81에 수록되었다.

전라도 강진현 남쪽에 우뚝 솟은 산이 있다. 해맑고도 빼어나며 우뚝한 데 바닷가에 이르러서 멈추니 만덕산이 그것이다. 산의 남쪽에는 부처님의 절이 있다. 드높고도 툭 트여 푸른 바다가 내려다보이는데, 백련사가 그것이다. 세상에 전하는 말로는 신라 때 처음 창건되었고, 고려 때 원묘국사가 중창했다고 한다. 전하여 11대 무외국사에 이르기까지 항상 법화도량이 되어 동방의 이름난 절로 불렸다.

섬 오랑캐가 날뛰면서 바다를 저버리고 깊은 산속으로 들어가 모두 빈 터가 되고 보니, 절 또한 그 성쇠를 따르게 되었다. 다만 우리 조선은 거룩하고 신령스런 임금께서 잇달아 일어나시매 바다와 산이 맑고 편안하여 바람 먼지가 일지 않았다. 이에 천태영수天台領袖 도대선사都大禪師 호공乎公이 유람차 백련사에 왔다가 절이 황폐하여 무너진 것을 보고는 석장錫杖을 짚고서 길게 탄식하며 폐해진 것을 일으키고 옛 모습을 회복하여, 임금께서 장수하시고 나라를 복되게 하겠다는 서원誓願을 떨쳐 폈다.

도제徒弟인 신심信諶 등에게 일을 맡겨, 여러 착한 시주자에게 권유하여 헤아려 경영케 했다. 또 도제 신심을 보내 효령대군께 편지를 올려 대공덕주大功德主가 되어줄 것을 청했다. 대군이 기쁘게 허락하고는, 바라지 않았는데도 함께하여 재물을 시주하고 기운과 힘을 보태자 사람들이 앞다투어 기쁘게 달려와 멀다 여기지 않고 이르렀다. 장흥부長興府 사람 전 도관좌랑前都官佐郎 조수曺隨와 강진현 안일호장安逸戶長 강습姜濕이 가장 선두가 되었다. 1430년 가을에 시작하여 1436년 봄에 공사를 마치니, 불전佛殿과 승사僧舍가 태평스럽던 때의 옛 모습을 거의 회복했다. 설법하고 제사 지내 복을 비는 것도 거의 옛날보다 낫거나 더 나을 정도였다.

스님은 속성이 최씨로 문헌공文憲公 최충崔冲의 후손이니, 고죽孤竹 즉 황해도 해주의 사족士族이다. 어린 나이에 출가하여 계율을 지키는 행실이 높고도 우뚝한 데다 묘법妙法을 문득 깨쳐 승려들의 존경을 받았다. 태종太宗 공정대왕恭定大王께서 한번은 치악산에 각림사覺林寺를 지으시고 대회를 베풀어 낙성했는데, 스님의 명성을 듣고서 이 자리에 불러 주관케 했다. 또 장령산長嶺山에 있는 변한卞韓 소경공昭頃公62의 묘소 곁에 대자암大慈庵을 짓고는 명하여 주지로 삼았다.

지금 임금께서 즉위하시자 판천태종사判天台宗事로 스님을 부르므로, 세속 티끌 속에 떨어지게 되었다. 오래지 않아 문득 버리고 떠나 산야에 숨으니 그 고상함이 이와 같았다. 성품이 지극히 효성스러워 노모를 섬김에 살아서는 봉양하고 죽어서는 장사를 지내며 그 마음을 힘껏 다 쏟았으니, 다른 승려들이 비할 바가 아니었다. 두류산의 금대사金臺寺와 안국사安國寺, 천관산天冠山의 수정사修淨寺가 모두 그가 새로 지은 절이다. 백련사는 가장 나중에 지었다.

효령대군께서 내가 스님과 오랜 인연이 있음을 아시고, 인하여 내게 그 처음과 끝을 간략하게 기록하라 하시므로, 감히 사양하지 못했다. 대군과 행호 스님은 아래로 인연의 교화로 보시함에 이르러, 미래의 세복世福을 다했으니, 함께 부처님 땅에 올라 모든 쾌락을 받음이 장차 여기로부터 비롯될 것이다.

全羅道康津縣南, 有山崛起. 淸秀峽岍, 際海岸而止, 曰萬德. 山之陽, 有

佛氏之宮. 顯敞宏豁, 俯瞰滄溟, 曰白蓮. 世傳創始於新羅氏, 重新於高

麗圓妙國師, 傳至十一代無畏國師, 恒爲法華道場, 號東方名刹.

曁島夷陸梁, 負海奧區, 鞠爲丘墟, 寺亦隨其盛衰. 惟我朝鮮, 聖神繼作,

---

62 변한卞韓 소경공昭頃公: 조선 3대 태종대왕의 넷째 아들 성녕대군誠寧大君 이종李褈을 가리킨다. 성녕대군은 효령대군의 친동생으로 1418년 14세의 어린 나이에 홍역을 앓다가 죽었다. 태종이 이를 슬퍼하여 친히 제문을 짓고 오늘날 경기도 고양시 대자동에 대자암을 지으며, 행호 스님을 이곳에 주지로 머물게 한 것이다. 훗날 1436년 효령대군이 백련사의 중창을 도운 것은 이런 인연이 있어서였다.

海岳淸寧, 風塵不驚. 乃有天台領袖都大禪師乎公, 遊陟白蓮寺, 見其荒
圮, 駐錫長吁, 奮發興廢復古, 壽君福國之誓願.

囑其徒弟信諶等, 誘掖諸善檀越, 量度經營. 且遣信諶, 奉書于孝寧大
君, 請爲大功德主. 大君於是, 欣然相許, 不謀而同. 施錢財, 出氣力, 人
競樂趣, 不遠而至. 長興府人前都官佐郞曹隨, 康津縣安逸戶長姜濕, 爲
最先焉. 經始於庚戌之秋, 訖功於丙辰之春, 佛殿僧寮, 幾復升平之舊.
作法祝釐, 迨將軼古而過之.

師俗姓崔氏, 文憲公之裔孫, 孤竹士族也. 蚤歲出家, 戒行高絶, 頓悟妙
法, 緇衲景仰. 太宗恭定大王, 嘗營雉岳山覺林寺, 設大會以落之, 聞師
名, 徵主斯席. 又構大慈庵於長嶺山, 卜韓昭頉公之塋之側, 命爲住持.

今上踐祚, 以判天台宗事召師, 遺落世塵. 不久, 輒棄去, 遁于山野, 其雅
尙類此. 性純孝事老母, 生養死葬, 務盡其心, 非他釋可比. 頭流山之金
臺安庵, 天冠山之修淨, 皆其所新, 而白蓮其最後者.

大君知某與師有舊, 因俾某略記始末. 故不敢辭. 若夫大君與乎師, 下至
緣化檀越, 罄未來世福, 同躋佛土, 受諸快樂, 將自此而始.

위 글은 고려 때 원묘의 중창 이래 11대 무외국사에 이르는 전법
과정에서 법화도량으로 동방의 명찰로 이름이 우뚝했던 백련사가
고려 말 왜구의 발호로 황폐화된 것을, 조선 초기 천태영수 도대선
사 호공이 우연히 들렀다가 보고, '수군복국壽君福國'의 원찰願刹로 세
우겠다는 서원을 맺어 이후 이를 중창한 과정을 설명했다. 그 과정
에서 도제 신심의 주관 아래 효령대군의 전폭적인 지원을 받아, 장

홍 사람 조수와 강진 사람 강습이 앞장서서 1430년부터 1436년 사이에 공사를 진행하여 마쳤다.

이 일을 주관한 승려 호공乎公은 행호行乎(?~1446) 스님이다. 그는 세종의 특별한 신임을 받아 판선종사判禪宗事에 올랐고, 지리산 안국사와 금대암, 천관산 수정사와 만덕산 백련사의 중창에 앞장섰던 인물이다. 그는 최충의 후예로 효령대군의 지원을 받아 중창 불사를 마쳤고, 왕위를 동생 세종에게 양보하고 조선 각지를 행각하던 효령대군은 실제 백련사에서 8년간 머물기도 했다. 행호의 중창을 통해 폐허로 변했던 백련사가 새롭게 거듭났고, 효령대군이 윤회에게 백련사와 행호 스님과 관련된 사적을 기록으로 남길 것을 명하여 이 글을 썼다.

이어 읽을 글은 조종저趙宗著가 1681년에 지은 「만덕산백련사비萬德山白蓮社碑」의 전문이다. 종실 낭선군朗善君 이우李俁(1637~1693)가 글씨를 쓰고, 낭원군朗原君 이간李侃(1640~1699)이 두전頭篆을 썼다. 현재 강진 백련사 경내에 서 있는 비석에 새겨진 글이다. 전문은 다음과 같다.

예로부터 삼신산은 동해에 있다고 일컬어져왔다. 우리나라는 발해의 동쪽에 있는지라, 풍악산과 두류산, 한라산을 봉래와 방장, 영주에 견주는 것은 참으로 근거가 없지 않다. 풍악산으로부터 비스듬히 남쪽으로 1000여 리를 내려오면 두류산이 된다. 이름난 가람과 큰 절로 그 사이에 있는 것은 이루 다 적을 수가 없다. 두류산의 서남쪽 수백 리 지점에 산이 바닷가에 임하여 멈춘 곳이 있다. 막바로 탐라의 한라산을 마주보고서 우뚝하게 높이 솟은 것이 강진의 만덕산이다.

그 산의 남쪽에 백련사가 있으니, 감여가堪輿家들이 '천하 명산은 승려들이 대부분 차지하고 있다'는 것이 대개 이를 두고 하는 말이다. 절은 신라 때 처음 창건되었다가 중도에 폐하여져서 황량하게 풀에 묻혀 언제 어디인지조차 알지 못한다. 고려 때 원묘국사가 두류산으로부터 왔다가 절의 남은 터를 보고서 그 장소의 형세가 기특하게 빼어난 것을 기뻐하여, 그 문도인 원형元瑩과 지담之湛, 법안法安 등으로 하여금 절의 중수 작업을 맡게 했다. 금나라 대안大安 3년 신미년(1211)에 시작해서 정우貞祐 4년(1216)(그 사이가 무릇 6년이다)에 공사를 마쳤다. 새롭게 지은 집이 무릇 80여 칸이었다.

인하여 문인 천인 등과 함께 설법하고 불경에 대해 이야기하자, 원근의 승려들이 몰려들어 앞다퉈 나아와 제자의 예를 취했다. 공경公卿과 지방관들도 그의 풍문과 명성을 사모하여, 결사하여 좇아 노닌 자가 거의 300여 명이나 되었다. 고려 국왕이 이 말을 듣고서 정유년(1237)에 선사禪師의 칭호를 내리고, 여러 번 기려 높이는 뜻을 내렸으며, 명절 때마다 하사품을 내림이 몹시 많았다. 이로 말미암아 본사는 동방에서 으뜸가는 도량이 되었으니, 총령葱嶺의 확림霍林[63]이나 진조震朝의 여부廬阜[64] 정도가 아니었다. 열한 분의 스님에게 전하여 무외대사가 이 절에

---

63 총령葱嶺과 확림霍林: 총령은 파미르 고원을 가리킨다. 천산天山과 곤륜崑崙산맥이 일어나는 둔황敦煌 서쪽 8000리 지점의 준령이다. 확림은 티베트 불교 사원의 이름이다.
64 진조震朝의 여부廬阜: 진조는 원래 진단震旦인 것을 태조 이성계의 휘諱인 단旦을 피해 바꿔 쓴 것이다. 진단은 예전 인도印度에서 고대 중국을 부르던 표현이다. 여부廬阜는 여산

서 이어 살면서부터 그 의발을 전하여 도법道法을 천양했다. 그래서 땅과 사람이 함께 세상에 드러났다. 세상에서 이 절을 중시하는 것은 다른 산에 견줄 바가 아니다.

우리 세종조에 들어와 절이 왜란에 불타고, 망가져 무성한 풀에 덮였다. 천태종의 승려 행호 스님이 그 문도인 신심과 더불어 절을 다시 세우기로 발원하고, 경술년(1430)에 공사를 시작해서 병진년(1436)에 작업을 마쳤다. 전각과 건물들이 몹시 드넓고 높아서 거의 옛날을 앞질러 그보다 더 낫게 되었다. 아! 신라로부터 백제를 거쳐 이제까지 1000여 년 동안 절이 폐하여 없어진 것은 한 번이 아니었다. 하지만 문득 돌아서면 또 수리하여 옛 모습을 모두 회복한 것은 어찌 땅의 영기와 지경의 기이함 때문에 부처님의 힘이 암암리에 지켜주어 그러함이 있었던 것이 아니겠는가?

원묘의 이름은 요세이니, 원묘란 것은 죽은 뒤에 내려진 시호였다. 그 학문은 목우자 보조국사와 더불어 암암리에 맞는 지점이 있었으므로 정하여 법우法友가 되었다. 목우자가 일찍이 "물결 일 땐 달빛도 못 드러나고, 방 깊으면 등불 빛 더욱 빛나네. 그대여 마음 그릇 잘 정돈해서, 감로장이 쏟지 않길 권해보노라波亂月難顯, 室深燈更光. 勸君整心器, 勿傾甘露漿"라는 게송을 스님에게 주었다고 한다. 절 안에 예전에 원묘비가 있었다. 당시의 학사 최자가 교서를 받들어 지은 것인데, 지금은 그 비석을 잃어버렸다.

廬山의 다른 표현이다. 여산 동림사東林寺에서 동진東晉 시기 승려 혜원慧遠이 염불결사를 결성한 일이 있다.

부도가 여덟 개 있는데, 그중 하나가 바로 원묘의 사리를 보관하고, 고려 국왕이 이름을 내려 중진탑이라고 하는 것이다. 절의 승려 탄기坦奇가 본사의 실적實跡이 오래되어 없어질 것을 염려하여 이를 돌에다 새기려고 나에게 글을 청했다. 내가 병을 앓은 지 여러 해가 된지라 오래도록 붓과 벼루를 내던졌으나, 그 뜻을 훌륭하게 보아 마침내 그를 위해 글을 지었다. 절에는 만경루가 있는데, 앞쪽에 큰 바다를 임해 있어서, 올라서 바라다보는 빼어남이 있었다.

골짜기에 심은 나무는 모두 동백나무다. 겨울과 봄 사이에 진한 붉은색 꽃이 산에 가득해서 볼만했다. 상서 성임成任과 석천石川 임억령林億齡(1496~1568)이 모두 제영시를 남겼다. 내가 정사년(1677)에 호남에 과거 시험을 주관하려고 왔으나 나라의 일정에 얽매여서 능히 두루 살펴볼 수가 없었으니, 이제껏 유감스럽다. 어찌해야 마땅히 다시금 남쪽으로 유람 가서 이 절의 누대에 올라, 북쪽으로는 월출산 구정봉九井峯을 올려다보고, 동쪽으로는 천관산의 석름봉石廩峯을 엿보며, 남쪽으로 한라산이 마치 한 점의 안개와 같은 것을 바라본단 말인가. 이에 성임과 임억령 두 분의 작품을 가져다가 빠르게 읽어보아, 해묵은 고질병이 시원스레 몸에서 떠나가게끔 했다. 숭정崇禎 기원후 54년 신유년(1681) 5월 일에 세우다.

古稱三神山在東海, 而我國在渤海之東, 則以楓嶽頭流漢拏, 擬蓬萊方丈瀛州者, 信不虛矣. 自楓嶽迤而南千餘里, 爲頭流. 名藍巨刹之在其間者, 不可勝記. 頭流之西南數百里, 有山臨海岸而止. 直對耽羅漢拏山,而崒然高峙者, 是爲康津萬德山.

山之陽有白蓮社, 堪輿家所謂天下名山, 僧占多者, 盖以此也. 寺始創於新羅, 中廢荒莱, 不知年所. 麗朝圓妙國師, 自頭流來見寺遺址, 喜其處勢奇勝, 使其徒元瑩之湛法安等, 幹其重修之役, 經始於金大安三年辛未, 訖工於貞祐四年. 其間凡六年. 立屋凡八十餘椽.

仍與門人天因等, 說法談經, 遠近緇徒坌集, 爭就北面. 公卿牧守, 慕其風聲, 結社從遊者, 殆三百餘人. 麗王聞之, 丁酉歲, 賜號禪師, 屢降襃旨, 歲時賜賚甚多. 由是本寺爲東方第一道場, 不啻慈嶺之霆林, 震朝之廬阜矣. 傳十一師, 至無畏大師, 繼居是寺, 而傳其衣鉢, 闡揚道法. 故地與人俱顯于世. 世之重此寺, 非他山寺之比也.

入我世宗朝, 寺燬于倭亂, 鞠爲茂草. 天台師行乎, 與其徒信諶, 發願重建. 庚戌肇役, 丙辰斷手. 殿宇廊寮, 極其宏敞, 殆軼古而過之. 噫! 自羅歷麗, 至今千有餘歲, 寺之廢夷非一, 而旋又修葺, 悉復舊貫者, 豈非地靈境異, 自有佛力之冥護而然也.

圓妙名了世, 圓妙卽贈諡也. 其學與牧牛子普照有暗契處, 定爲法友. 牧牛嘗以'波亂月難顯, 室深燈更光. 勸君整心器, 勿傾甘露漿'之偈, 賜師云. 寺中舊有圓妙碑. 其時學士崔滋, 奉敎所撰者. 今失其碑.

有窣堵波八. 其一卽圓妙舍利之藏, 而麗王册名, 爲中眞塔者也. 寺僧坦奇恐本寺實跡, 久而亡泯, 欲刊之石, 請文于余. 余抱疾經年, 久抛筆硯, 而嘉其志, 遂爲之書. 寺有萬景樓, 前臨大海, 有登眺之勝.

洞有所植, 皆冬柏樹. 冬春間深紅遍山可玩. 成尙書任, 林石川億齡, 俱有題詠. 余於丁巳歲, 掌試湖南, 以王程之拘, 而不能歷覽, 至今爲恨. 何當復作南遊, 登玆寺樓. 北眺月出之九井, 東睨天冠之石廩, 南望漢拏之如一點煙, 而仍取成林兩作, 而快讀之, 使沈痾脫然去體也. 崇禎紀元戊辰後五十四年辛酉五月 日立.

글은 백련사의 지리적 위치를 설명하고 고려조 원묘국사가 이곳에 가람을 새롭게 조성한 내력을 기술했다. 세종조 행호 스님이 폐허로 변한 이곳에 새로 전각을 들여 과거의 위상을 회복한 과정을 잇달아 썼다. 이어 원묘에게 준 보조국사 지눌의 게송을 소개하고, 최자가 쓴 원묘국사 비문에 대해 설명했다. 그런 뒤 절에 남아 있는 8개의 부도 중, 원묘국사의 사리탑인 중진탑과 절 전면의 전각인 만경루의 경관을 설명했다. 또 산에 가득한 동백숲의 장관과 성임 및 임억령의 시에 관한 사실을 언급했다.

조종저는 1677년 향시鄕試를 주관하기 위해 호남에 들렀지만 백련사를 찾지는 못했는데, 이후 백련사 승려 탄기의 요청을 받고 이 글을 썼다. 『만덕사지』에는 『강진현지』를 인용해, "옛 비석은 소재를 잃어버렸다. 다만 비부碑趺는 숙종 무진년(1688)에 승려 탄기가 다른 돌을 캐어다가 고쳐 세운 것이다. 조종저의 문장은 이 때문에 옛 비부를 사용했다古碑失所在. 但有趺. 肅宗戊辰, 僧坦機伐他石, 改堅. 趙文仍用舊趺"고 적었다. 지금 백련사 경내에 서 있는 조종저의 비문은 고려 때 세운 최자의 원묘국사비문이 서 있던 비부에다 새 비문을 새겨넣었다는 뜻이다.

한편 조종저가 말한 임억령의 제영시는 「백련사동백가白蓮社冬柏歌」

| 조종저의 「만덕산백련사비」 정면.

| 조종저의 「만덕산백련사비」 측면.

를 말한 것이다. 『석천시집石川詩集』 권2에 실려 있다. 전문은 다음과 같다.

바닷가에 신령스런 산이 있는데	海上有神山
그 산속에 백련사가 세워져 있네.	中有白蓮社
단청은 아침 해에 환히 비치니	金碧映朝日
봉호蓬壺도 여기 대면 으뜸 아닐세.	蓬壺此其亞
온 산에 잡스런 나무가 없고	漫山無雜樹
동백만 눈 속을 비추는구나.	冬柏照雪下
늙은 가지 돌난간에 가로 걸쳤고	老柯橫石欄
야승野僧과 더불어 내가 앉았네.	吾與野僧坐
비췻빛 가지 사이 둘러어 있고	翡翠繞枝間
향기론 꽃 어지러이 떨어지누나.	香蕊紛紛墮
물길 따라 산 사이에 쌓여 있어서	隨流積山間
멀리서 보면 들불이 붙은 것 같네.	遠見如野火
신선 유람 다시는 찾지 못하니	仙遊不復尋
심하다 내 이리 늙어버렸네.	甚矣吾衰也
어쩌다 금릉촌을 찾아와서는	偶來金陵村
산을 보며 이따금 말을 세웠지.	觀山時立馬
산속에서 왔다는 어떤 사람이	有人山中來
유람하긴 지금이 좋을 때라고.	云遊今正可
좋은 꽃이 어찌 능히 오래가겠나	好花詎能久

좋은 때엔 또한 이미 시드는 것을.	良時亦已謝
내가 유공兪公의 말을 들으니	我聞兪公言
어질도다 참으로 나를 일으키시네.	賢哉眞起我
내 장차 대지팡이 끌고 가서는	吾將曳竹筇
달빛 아래 산문을 두드리리라.	帶月山門打
꽃을 꺾어 내 머리에 비녀로 꽂고	折花簪我頭
꽃 마주해 내 술잔에 가득 따르리.	對花斟我斝
그뿐일세 다시금 그뿐이로다	已而復已而
가고 멈춤 어이 실행 혐의하리오.	行止何嫌果
혼자서 산 가운데 서 있으려니	獨立山之中
긴 회포 어디에 적어볼거나.	長懷何處寫

강진을 찾았다가 백련사의 동백숲이 장관이란 말을 듣고, 그 풍광을 그려보며 쓴 작품이다. 지금도 그렇지만 임억령의 당시에도 이곳은 여전히 동백숲이 군락을 이룬 장관을 연출하고 있었음을 알 수 있다.

이상 백련사 8국사의 행적을 바탕으로 백련사의 역사 사실을 문헌으로 살폈고, 특히 용혈암과 관련된 내용을 집중해서 소개했다. 용혈암의 문헌을 정리하면서 백련사의 역사 기술을 담은 기록을 함께 소개한 것은, 용혈암이 백련사의 말사 암자로서 고려 후기 요원의 불길처럼 퍼져나간 법화 신앙의 근본 도량이었기 때문이다.

제4부

용혈암지의
공간
구성과
배치

4부에서는 여러 문헌 기록을 바탕으로 용혈암의 공간 구성과 배치에 대해 살펴보겠다. 먼저 용혈이란 명칭의 유래를 짚고, 무외 정오의 「암거일월기」와 다산 정약용의 「용혈기」를 바탕으로 이곳의 공간 구성과 배치에 대해 살펴보기로 한다.

1.

용혈 명칭의 유래

용혈龍穴이란 지명을 가진 곳은 전국에 여러 군데 남아 있다. 이남규
李南珪(1855~1907)의 「소재기小齋記」에 용혈에 대한 논의가 보이는데,
잠깐 인용한다.

우리나라에는 용혈이 많다. 깊은 산의 물의 근원에는 없는 데가 없다.
서울 근처에 이름난 것은 다만 한강 동북쪽 포천의 용정龍井이 이곳이
다. 상사上舍 윤장尹丈이 그 위에 집을 짓고 편액을 소재小齋라 하고는 내
게 기문을 청했다. 대개 그 뜻은 용에게 있었다. 대저 용은 어려서부터
깊은 연못의 바닥에 가만히 서려 있어서 적막히 아무것도 없는 듯하고,
가만히 아무 생각이 없는 듯하여 천하에 대해 아무 희로의 감정이 없
는 것만 같다. 다 크게 되면 아득히 육허六虛를 노닐고, 구름을 일으키
고 벼락과 우레를 일으킨다. 광경 속에 숨어 있다가 하해河海를 뒤흔드
니 그 신묘한 변화는 알 수 없는 점이 있다.

東國多龍穴, 深山窮源, 莫不皆有. 近京師而有名者, 獨泂水東北, 抱川
之龍井是已. 上舍生尹丈築其上, 扁曰小齋, 微余記. 盖其意有以於龍也.
夫龍之自小也, 闖然蟄乎重淵之底, 寂乎若無物, 泊乎若無思. 儼乎若無
所喜怒於天下. 及其大也, 茫洋遊乎六虛, 興雲物作震電, 伏景光動河海,
其神變有不可知也.

용혈은 깊은 산속 동굴로 물이 솟아나는 못을 갖춘 곳이다. 용혈
의 연못 바닥에는 용이 숨어 서려 있다. 용은 죽은 듯이 있다가 때
를 만나면 구름을 일으키고 벼락과 우레를 일으키는 풍운 조화를
부린다.

풍수학의 용어에도 용혈이 있다. 명산에는 용신龍神이 살고 있고,
용신이 있는 곳에서 용의 기운이 흐르는 방향을 용맥龍脈이라 한다.
풍수서인 『선택요략選擇要略』의 「조종朝從」에는 "만약 진짜로 용혈의
땅이라면 유혈乳穴이나 못과 늪이 거기에 호응한다若眞龍之地, 則有乳山池
沼應之"고 하여, 용혈에 못이나 늪이 필수 요소임을 언급했다.

『신증동국여지승람』에는 실제로 전국 각처에서 용혈이란 지명이
확인된다. 충청도 문의현文義縣 조의 누현漏峴 항목에는 "현의 동쪽으
로 9리 지점에 있다. 구소리九巢里에 크고 작은 두 개의 바위 굴石穴
이 있는데, 깊이를 헤아리지 못한다. 홍수나 가뭄에도 마르거나 넘
치는 법이 없다. 세속에 전하기는 아홉 용이 사는 곳이라 마을 이름
을 구소九巢라 한다在峴東九里. 九巢里有大小二石穴. 其深不測. 水旱無涸溢. 俗傳九
龍所棲. 故里號九巢"는 기록이 있다. 또 용혈 항목은 "고을 동쪽 3리 되

는 지점에 있다. 고을 사람이 횃불을 들고 들어가 끈을 묶어 돌아올
지점을 표시해두었다. 깊이 들어갔지만 바닥이 없고, 아래에는 큰 물
이 있었다. 횃불을 던지자 불꽃이 마치 반딧불이처럼 사라졌다고 한
다在縣東三里. 邑人束火而入, 縻繩以志其返. 深入無底, 下有巨瀆, 以火擲之, 焰焰若螢火而
滅"고 적었다.[1]

충청도 목천현木川縣 조에도 "취암산鷲巖山은 고을 서쪽 12리에 있
다. 용혈이 있는데, 비를 비는 곳이다鷲巖山在縣西十二里, 有龍穴, 禱雨處"라
고 했다.[2] 또 전라도 고창현의 용혈 항목에도 "용혈은 반등산과 취령
산, 구왕산과 화시산 네 산 사이에 있다. 성이 높이 솟아 있는데 사
면은 가파르고 험하다. 예전 성을 쌓을 때 용이 솟아 나왔다. 그 구
멍이 지금도 남아 있는데, 성 아래에는 반룡원盤龍院이 있다龍穴, 半登鷲
嶺九王火矢四山之間. 有城高峙, 四面危險. 昔築城之時, 有龍聳出. 其穴尙在, 城下有盤龍院"
고 했다.[3]

황해도 장연군長淵郡 조에도 용혈 관련 기사가 보인다. "용혈은 고
을 서쪽 5리에 있다. 끊어진 언덕의 길이가 200여 보다. 언덕 머리에
굴이 있는데 지름이 한 자 남짓이다. 언덕 끝에 또한 굴이 있어 머리
와 꼬리가 맞통한다. 어떤 사람이 불을 가지고 들어갔는데, 100여
보를 가자 물이 있으나 깊고 어두워서 근원은 찾지 못하고 돌아왔
다龍穴 在縣西五里. 有斷壟, 長二百餘步. 壟頭有穴, 圓徑丈餘. 壟端亦有穴, 首尾相通. 有人

---

1 두 기록 모두 『신증동국여지승람』 권15, 「문의현」 조에 나온다.
2 『신증동국여지승람』 권16, 「목천현」 조에 나온다.
3 『신증동국여지승람』 권36, 「고창현」 조에 나온다.

持火而入, 行至百餘步, 有水深昧, 不得尋源而返.[4]

　이렇듯 전국 여러 곳에 위치한 용혈에는 공통점이 있다. 그곳은 깊은 산에 자리잡은 굴속에 반드시 깊은 연못이 있어야 한다. 동굴 속 깊은 연못은 용혈의 기본 조건인 셈이다. 실제로 각종 문집을 검색해보면 위에서 언급한 것 외에도 수없이 많은 용혈 관련 기사를 볼 수 있다.

　이승소李承召(1422~1484)가 문의현의 용혈을 노래한 한시 한 수를 읽어보자. 제목은 「문의 용혈文義龍穴」이다.

길가의 바위 구멍 깊어서 바닥 없고	路傍石竇深無底
부로父老들 서로 전해 신령하다 애기하네.	父老相傳頗有神
용 떠난 뒤 안 돌아와 봄날이 적막한데	龍去不歸春寂寂
들바람 불어 들어 말발굽에 먼지 인다.	野風吹入馬蹄塵

　깊은 바위 구멍 속은 깊어서 끝이 보이지 않는다. 그 아래 소沼 또한 깊이를 알 수 없다. 그 속에 살았다는 용은 어느 순간 번개를 타고 하늘로 올라 승천해버렸다. 용이 떠나간 용혈은 이제 신령함을 잃어서인지 사람들 발자취도 끊겨 적막하기만 하다. 우연히 찾아든 나그네의 말발굽에서는 먼지만 풀풀 인다.

4　『신증동국여지승람』 권43, 「장연현」 조에 나온다.

2.

강진 용혈과 용추

이렇듯 용혈이란 지명은 깊은 산속에 굴이 있고, 굴속에는 연못이 있다는 공통점이 있다. 이런 바탕 아래 이제 강진 용혈에 대해 살펴보기로 하자. 다산의 외손자인 윤정기尹廷琦(1814~1879)의 시에 「용혈을 유람하고遊龍穴」가 있다. 먼저 시를 읽어본다.

용 바위 쭈볏 솟아 허공에 솟구치니   龍巖崛屴勢凌空

용은 가고 바위 비어 산엔 홀로 바람뿐.   龍去巖虛山自風

진린陳璘 사당 외론 섬에 멀리 나무 푸르고   樹逈陳璘孤島碧

임진년 난리 때 명나라 장수 진린이 고금도에 진을 남겨두었는데, 바로 용혈에서 바라다뵈는 곳이다壬辰之亂, 天將陳璘留鎭古今島, 卽龍穴相望處也.

천책 선사 옛 누대엔 이끼만 가득하다.   苔滋天頙舊臺崇

고려 때 승려 진정국사 천책이 용혈암에 은거했다. 능허대와 초은정을 세웠는데, 지금 주춧돌과 빈터가 그대로 남아 있다高麗僧眞靜國師天頙, 隱居龍穴菴. 築凌虛臺招隱亭. 今其石基遺址尙存焉.

등나무 가지 너머 푸른 하늘 내려앉고	靑霄欲庫藤梢外
바위 동굴 속에는 한낮에도 한기 돋네.	白日生寒石洞中
이처럼 교묘하고 이같이 험준하니	如此巧奇如此險
조물주가 조각할 때 애를 많이 먹었겠네.	天公雕斲太煩功

제목 아래 짧은 설명을 붙여놓았는데, 내용은 이렇다. "덕룡산에 있다. 바위 굴이 깊고 텅 비었는데, 굴 안에는 못이 있다. 세상에서는 용이 승천한 곳이라고 전해진다. 시내와 바위의 풍광이 몹시 빼어나다在德龍山. 石竇寥廓, 穴中有湫. 世傳爲龍騰處. 泉石絶勝."

텅 빈 바위 굴이 있고, 그 안에 용추龍湫, 즉 용이 머물던 연못이 있다고 분명하게 적었다. 그리고 세상에서는 용이 승천한 곳이라고 전해진다고 썼다. 앞서 살핀 용혈이란 지명을 지닌 공간의 특성과 정확하게 일치한다. 시에서도 제2구에서 '용은 가고 바위는 텅 비었다'고 했다. 또 제4구에는 천책 선사의 옛 누대 터에 이끼가 가득하다고 하면서, 주석에서 천책 선사 당시에 능허대와 초은정을 세웠는데 그 주춧돌과 빈터가 그대로 남아 있다고 적었다.

그런데 용혈 안에 있었다는 연못인 용추에 대해서는 석오石梧 윤치영尹致英(1803~1858)이 쓴 「향로기香爐記」라는 글에 한 번 더 분명하게 나온다. 이 글은 『석오집石梧集』 속집 권1에 수록되어 있다. 용혈에 전해진 고려 때 국왕이 하사한 향로에 대해 쓴 글이다. 글의 전문은 제5부에서 자세히 살피기로 하고, 여기서는 우선 용혈과 용의 관련성을 설명한 한 대목만 보겠다.

도강현道康縣 덕룡산에는 상서로운 기운이 지맥으로 맺혀서 계산雞山을 옆에 두고 불쑥 솟았다. 소석문小石門과 용혈암이 꼭대기에 있다. 세속에서 용이 이 동굴에서 꼬리를 태워 승천했다고 일컬으므로 이렇게 이름 지었다.

용혈이란 이름이 용이 이 동굴에서 꼬리를 태워 승천했다는 설화에서 비롯된 것임을 밝힌 대목이 주목된다. 꼬리를 태우고 용이 되어 하늘로 올라갔다는 소미등룡燒尾登龍의 고사가 있다. 세종 때 김반金泮이 서장관이 되어 명나라에 사신으로 갔다. 그에게 어룡魚龍을 그린 족자를 내밀며 제시題詩를 청하는 이가 있었다. 그가 붓을 들었다.

가벼운 비단 화폭 그 위에다가	誰畫輕綃幅
바람 물결, 구름 안개 누가 그렸나?	風濤雲霧濛
비단잉어 푸른 바다 번드치더니	錦鱗翻碧海
신물神物이 푸른 허공 올라가누나.	神物上靑空
숨고 드러난 형상은 비록 달라도	潛見形雖異
날아 솟는 그 뜻은 한가지일세.	飛騰志則同
만약에 꼬리 태워 끊는다 하면	若爲燒斷尾
하늘 위의 용이 되어 타고 오르리.	攀附在天龍

김반의 시를 본 중국 사람이 감탄하며 그를 '소단미선생燒斷尾先生'

다산과 강진 용혈

으로 불렀다고 한다. 황하 상류의 용문협龍門峽에는 가파른 절벽이 버티고 서 있다. 거친 물결을 힘겹게 거슬러 온 잉어가 이 절벽을 치고 올라가면 용으로 변화하지만 실패하면 이마에 상처만 입고 하류로 밀려 내려간다. 이른바 용문점액龍門點額의 성어가 그것이다. 잉어가 용문협을 힘차게 뛰어올라 꼭대기에 다다르는 순간, 머리부터 눈부신 용으로의 변모가 시작된다. 마지막 순간에 하늘은 우레를 쳐서 아직 남은 물고기의 꼬리를 불태운다. 소미燒尾, 즉 꼬리를 태워 끊어버려야 마침내 잉어는 용이 되어 허공으로 번드쳐 올라갈 수 있다.

이 의미를 확장해 이후 소미등룡은 선비가 과거에 급제해서 청운의 벼슬길에 들어서는 것을 상징하게 되었다. 흔히 말하는 등용문登龍門의 고사가 그것이다. 송나라 때 공평중孔平仲의 『공씨담원孔氏談苑』 중 「소미연燒尾宴」 항목을 보면, "선비가 처음 과거에 급제하면 반드시 즐거운 잔치를 베푸는데, 이를 일러 소미연이라 한다士人初登第, 必展歡宴, 謂之燒尾宴"고 했다. 또 그 설명에 "물고기가 용문협을 뛰어올라 용으로 변화할 때는 반드시 벼락이 그 꼬리를 태워주어야 변화할 수 있다魚躍龍門化龍時, 必须雷電爲燒其尾乃化"고도 했다.

고려 때 이규보도 잉어 그림 위에 쓴 「화이어행畫鯉魚行」에서 "염려키는 도화 물결 하늘까지 닿을 적에, 용문에서 꼬리 태워 갑자기 날아감일세我恐桃花浪拍天, 去入龍門燒尾歘飛起"라는 구절을 남겼다. 정조 때 이헌경李獻慶(1719~1791)이 시 「기몽記夢」에서 "신물神物이 어이 오래 못 속에서 길러지리. 용문협서 꼬리 태운 잉어가 되리라神物寧久池中養, 會作龍門燒尾鯉"라고 한 것도 같은 의미다.

잠린潛鱗 즉 물에 잠겨 살던 잉어가 가파른 절벽을 타고 올라 제 게 달렸던 꼬리를 태워야 비로소 용이 되어 승천한다. 그리하여 여 의주를 입에 물고 신묘한 변화를 일으켜 천지에 새 기운을 불어넣 는 영험스런 존재가 된다.

앞 절에서 살핀 천인이 쓴 시 「서를 스님이 용혈에 있으면서 불경 을 베껴 쓰고, 시를 지어 보이므로 그 시운에 차운하여 삼가 답하 다」에 "몇 번이나 맑은 밤 꿈을 꾸면서, 용혈의 어구까지 날아갔던 가幾廻淸夜夢, 飛到龍泓口"라는 구절에서 용혈 대신 '용홍龍泓'이란 표현 을 쓴 것도 당시 용혈 내부에 있던 용이 숨은 연못을 지칭한 것이다. '홍泓'은 깊고 맑은 물이 고인 웅덩이란 뜻이다.

이상 윤정기, 윤치영, 그리고 천인의 언급을 통해 볼 때 용혈 굴 내부에 연못이 있었음이 확인된다. 용이 살려면 반드시 깊은 못이 있어야 하는 것은 『신증동국여지승람』 등에 나오는 수많은 사례에 서도 한결같이 적용되는 원칙이다.

3.

문헌 기록을 통해 본 용혈암지의 공간 배치

그렇다면 강진 용혈암지의 공간은 어떻게 배치되고 구성되었을까? 이 질문에 대한 대답은 다산이 1814년 삼초 정호와 기어 자굉을 데리고 용혈 답사를 갔다 돌아와 지은 「용혈기」에 가장 자세하다. 전문은 앞 절에서 소개했으니, 필요한 부분만 발췌해서 인용하며 논의를 전개하겠다.

다산은 용혈을 이렇게 묘사했다.

다만 마치 소라 껍질처럼 휑하니 깊게 패여 괴상하게 보이는 것이 용혈이다. 쟁글대며 쏟아지는 물이 절벽을 따라 흘러서 내려가는 것은 용천龍泉이다. 용천의 동편에 한 구역의 평탄한 땅이 있는데, 이곳이 용혈암의 옛터다. 골짝 어귀 곁의 깎은 듯이 높은 대臺는 옛날에 누각이 서 있던 곳일 뿐이다.

용혈로부터 남쪽으로 가서 산마루 하나를 넘어, 산을 따라 서쪽으로 수백 걸음을 가면 상사동上寺洞이라는 골짜기가 나온다. 시내를 따라 돌비탈을 밟고 올라가면 작은 바위 구멍이 서편 벼랑 곁에 있다. 구멍을 통해 들어가 한 구역의 평탄한 땅을 얻으니, 이것은 옛 암자의 터라고 한다. 그 남쪽 봉우리 위에는 평평하고 넓은 대臺가 있다. 바위는 천연으로 이루어졌으나 사람의 힘으로 빈틈을 채워서 앉을 수가 있고 멀리 바라볼 수도 있다. 동쪽 벼랑 곁에 역시 작은 대가 있는데, 모두 다 이름이 없다. (…)

정오는 처음에는 용혈에서 지내다가, 나중에는 괘탑암에서 살았다. 괘탑암이란 것은 오늘날 이른바 상사上寺, 즉 웃절이다. 그 남쪽 봉우리에 대가 있는 것은 정오가 세운 것으로 능허대라고 부른다. 그 동쪽 벼랑에 작은 대가 있는 것 또한 정오가 세운 것이다. 이름이 초은정이다. 능허대는 원정元貞 을미년(1295)에 세웠고, 초은정은 대덕 정유년(1297)에 이루어졌다.

용혈이 소라 껍질처럼 휑하니 패어 있고, 절벽을 타고 용천이 흘러내린다고 했다. 지금도 큰비가 내리면 용굴 바로 옆에 폭포가 생겨날 만큼 수량이 풍부하다. 또 용혈암의 옛터는 용천의 동쪽에 평탄한 한 구역의 땅에 있었고, 골짝 어귀에 깎은 듯이 높은 대는 예전 누각이 서 있던 곳이라고 썼다. 실제로 상부 용굴에서 동쪽으로 내려와 축석을 쌓아 조성한 평지에 용혈암지가 있다.

다산은 여기서 멈추지 않고, 용혈 굴에서 남쪽으로 산마루 하나를 넘어 서쪽으로 수백 걸음 되는 곳에 있는 상사동 골짜기를 언급했다. 골짜기 초입에서 시내를 따라 돌비탈을 올라가면 작은 바위 구멍이 서편 벼랑 곁에 있고, 그 구멍으로 들어가 나오는 한 구역의 평탄한 땅이 괘탑암 터다. 상사동은 우리말로 풀면 '웃절골'이 되는데, 웃절이 바로 이 괘탑암을 지칭한다. 여기에 남쪽 봉우리에 능허대가 있었고, 동쪽 벼랑에는 초은정이란 정자가 있다고 했다.

정리하면 이렇다. 먼저 덕룡산에는 용혈과 괘탑암의 두 개 암자가 있었다. 이 중 용혈 구역에는 용혈 굴과 그 동편 아래쪽 평지의 용혈암, 그리고 누각이 있었다. 그리고 괘탑암은 용혈에서 남쪽 고개를 넘어 서쪽으로 수백 보 지점의 상사동에 있었고, 근처에 능허대와 초은정이란 정자가 있었다.

이것이 다산이 「유용혈기」에서 그려 보인 용혈암지 인근의 공간 구성이다. 다산은 무엇을 근거로 용혈암과 괘탑암 인근의 공간을 이렇게 설명했을까? 다산의 이 같은 설명은 고려 무외 정오가 쓴 「암거일월기」에 바탕을 두고 있다. 해당 대목을 보이면 다음과 같다.

지난 무인년(1278) 봄 내가 처음으로 오산현鰲山縣의 용혈암에 머물렀다. 경진년(1280) 여름에 상주尙州 땅을 향해 옮겨갔다가 또 경인년(1290) 봄에 다시 괘탑암으로 왔다. 이곳은 바로 나의 종조께서 중창하신 곳이다. 서편의 세 칸이 무너져 땅으로 떨어질 듯한지라 갑오년(1294) 가을에 고쳐 지었다. 을미년(1295) 4월에는 남쪽 봉우리에 가시덤불을 베어내고서 높은 대를 쌓아 이름을 능허대라 했다.

앞서 설명했듯이 정오는 이 글에서 자신의 암자생활의 내력을 정리했다. 정오는 용혈암에서 1278년부터 1280년 여름까지 살았고, 그해 여름 상주 동백련사로 거처를 옮겼다가, 10년 만인 1290년 봄에 다시 괘탑암으로 왔다. 이 글의 끝에서 자신이 괘탑암을 제외하고는 한곳에서 3년 이상 머문 적이 없다고 했으니, 상주에 머물던 10년간도 여러 암자를 떠돌며 생활했던 것을 알 수 있다.

그런데 이 글에서 정오는 상주에서 머문 암자에 대해서는 아무런 설명을 하지 않았고, "1290년 봄에 다시 괘탑암으로 왔다"고 했다. 사실 이 글만 봐서는 괘탑암이 용혈암 바로 인근에 있다는 근거를 확보하기 어렵다. 특별히 그는 괘탑암이 자신의 종조가 중창한 곳이라고 썼다. 정오의 종조는 누구를 가리킬까? 정오는 6대 원혜와 함께 5대 이안의 후계였고, 이안은 4대 천책의 적통이었다. 그러니까 천책은 정오에게 조부가 되고, 2대 천인이 그의 종조에 해당된다. 말하자면 괘탑암을 창건한 이가 천인이었다고 말한 셈이다.

정오가 상주에서 생활한 암자에 대해서는 이름을 제시하지 않고, 굳이 용혈암에서 상주로 갔다가 괘탑암으로 다시 왔다고 한 것은 괘탑암이 용혈암 인근임을 전제로 한 표현일 때 가능하다. 실제로 다산은 정오의 글을 그렇게 이해하여, 정오가 자신의 「암거일월기」에서 밝힌 괘탑암과 능허대와 초은정을 용혈 굴이 있던 남쪽 고개를 넘어 서쪽 수백 보 거리에 있던 상사동 구역에 있었다고 특정한 셈이다. 다산은 이 공간을 답사해서 위치까지 살펴보았던 듯, 「유용혈기」에서 "바위는 천연으로 이루어졌으나 사람의 힘으로 빈틈을 채워서 앉을 수가 있고 멀리 바라볼 수도 있다"고 설명할 수 있었다.

정오의 「암거일월기」는 말 그대로 암자에서 생활한 나날에 대한 기록이다. 그런데 실제로 이 글은 13년간 이례적으로 오래 머물렀던 괘탑암에서 월출산 백운암으로 떠나면서, 그간 자신이 이곳에 가꿨던 능허대와 초은정 등의 공간을 묘사하고, 이별의 소회를 드러내기 위해 쓴 글이다. 결과적으로 글의 대부분은 괘탑암 주변을 묘사하는 데 할애되어 있다.

이 책은 괘탑암에 대한 보고가 아닌 용혈암지에 대한 정리이지만, 두 공간이 잇닿아 있고 어차피 이곳에 대한 설명 또한 생략할 수 없으므로, 여기서 잠깐 괘탑암과 능허대, 초은정 공간에 대한 묘사도 살펴보기로 하자.

처음 정오의 글에서 괘탑암은 '괘탑암掛搭庵'으로 썼는데, 다산은 이를 '괘탑암掛塔菴'으로 고쳤다. '괘掛'는 걸다, 태우다는 뜻이고, '탑塔'은 말 그대로 탑이다. '괘탑암掛搭庵'이라 하면 허공에 걸려 있는 암자란 뜻이 되고, '괘탑암掛塔菴'이라 하면 탑처럼 아슬하게 높이 걸린 암자의 의미가 된다. 의미에는 큰 차이가 없다. 상사동 계곡은 가파른 바위산이 둘러쳐진 좁은 국면이어서 현장에 가보면 '괘탑掛搭' 또는 '괘탑掛塔'의 느낌이 절로 일어난다.

정오는 1290년에 이곳에 다시 온 뒤 서편의 세 칸이 무너질 듯해서 1294년 가을에 전면적으로 수리했다. 굳이 서편의 세 칸을 말한 것을 보면 동편에도 같은 규모의 건물이 있었다는 뜻으로 읽을 수 있으니, 그렇다면 괘탑암은 동서 6칸 남짓의 규모였다는 추정이 가

능하다.

그리고 이듬해인 1295년 4월에 괘탑암 남쪽 봉우리에 대를 쌓고 능허대를 세웠다. 정오가 능허대를 짓고 나서 지은 시 두 수는 다음과 같다.

새로 쌓은 높은 누대 좋은 경관 얻으니	新築高臺得勝觀
봉래산과 화악인들 오르기가 어렵겠나.	蓬山華岳陟何難
앞쪽은 큰물 삼켜 구름 안개 넘실대고	前呑巨浸雲煙洶
뒤편 높은 바위에 읍挹해 옥설이 차갑구나.	後挹巉巖玉雪寒
능허대 위에서 홀로 놀며 구경하니	凌虛臺上獨遊觀
시로는 못 그리고 그림 또한 어렵다네.	詩不能形畫亦難
하늘이 도인의 뼈저린 가난 보시고서	天見道人貧到骨
산수를 독차지하게 해 춥고 주림 위로하네.	命專山水慰飢寒

능허대는 예전에 없던 것을 정오가 새로 신축한 건물이다. 첫 수 3, 4구를 보면 뒤편에는 높은 바위가 우뚝 서 있고, 앞쪽으로는 큰물, 즉 바다가 내려다보이는 광경이었다.

이어 2년이 지난 1297년 봄에 역시 돌로 터를 다져 동편 벼랑 시내 옆에 초은정이란 작은 정자를 얽었다. 역시 이를 기념하여 시 두 수를 남겼다.

홰나무 밤나무 솔과 대 바위 자리 둘러 있고	槐栗松篁圍石座
들판과 바다 산이 초가 처마로 돌아온다.	田原海岳入茅簷
유유히 누워 쉬며 몸과 세상 다 잊으니	悠然偃息忘身世
이 맛을 어느 누가 나와 함께 즐기리오.	此味何人共我甜

꽃 무더기 옮겨 심어 뒤편 섬돌 꾸미고	移得花叢粧後砌
솔가지 꺾어와서 서쪽 처마 채우누나.	折來松杪補西簷
손은 다만 산속 거처 일들에 익숙하니	手中只慣山居事
혀 밑으로 세상맛의 달콤함을 어이 알리.	舌下那知世味甜

홰나무와 밤나무, 소나무와 대나무가 바위를 둘러 서 있고, 처마에서 내다보면 들판과 바다, 산이 시야로 들어온다. 뒤편 섬돌에는 화단을 일구었고, 서쪽 처마는 솔가지를 꺾어와서 지붕을 덮은 조촐한 정자였다.

정오는 "혹 침울한 마음을 펼 때는 능허대로 올라가 눈길 가는 대로 올려다보거나 굽어보았으며, 혹 들뜬 마음을 다스리려 할 때는 초은대로 내려가서 마음을 잠재우고 고요히 침묵하면서 홀로 마음 가는 대로 하면서 온통 가고 머묾을 잊었다"며 두 공간의 기능을 설명했다. 능허대는 아주 높은 곳에 자리잡아 답답할 때 올라가고, 초은정은 냇가에 자리잡아 마음을 차분히 가라앉히고 사색에 잠길 때 찾던 공간이었다.

정리한다. 다산과 정오의 글을 통해 볼 때, 용혈 구역은 절벽 아

래 물이 쏟아져 내리는 용천을 곁에 둔 용혈 굴이 있었고, 그 동편
의 넓은 평지에 용혈암이 있었다. 그 아래쪽에는 축대를 쌓아 누대
가 있었다. 또 괘탑암 구역은 예전 천인이 중창한 괘탑암이 동서 각
3칸의 규모로 자리잡았고, 남쪽 봉우리에 대를 쌓아 세운 능허대가
있고, 동쪽 시냇가에 초은정이란 작은 정자가 있었다.

4.

용혈암지 현장 공간

이상의 기록을 통해 볼 때, 고려시대 당시 이곳에는 용혈 굴과 용혈암, 고개 너머 상사동의 괘탑암과 능허대 및 초은정 등의 존재가 확인된다. 하지만 현재 덕룡산 자락에 자리한 용혈 인근에는 용혈 굴과 그 앞의 건물 유구, 그리고 동쪽 용혈암 터의 축석 흔적 외에는 아무 남은 것이 없다. 다산이 상사동이라 말한 구역에도 군데군데 석축의 유구가 남아 있으나, 잡목으로 우거진 공간에 접근하는 것이 쉽지 않아 자세한 배치를 살피기가 어렵다.

필자는 이곳 공간의 정확한 위치 비정을 위해 지난 2014년과 2017년, 2018년과 2019년, 2020년 여섯 차례에 걸쳐 현장 답사를 진행했다. 답사 때마다 현장 지리에 익숙한 신영호, 윤치정, 윤동옥 선생이 동행하여 도움을 주었다. 하지만 문헌 기록의 모호함과 현장 공간의 변화로 인해 상사동 쪽 괘탑암과 능허대, 초은정은 정확한 지점을 특정하기가 어려웠다. 향후 이 책을 바탕으로 좀더 정치한 발굴 작업이 이루어지기를 희망한다.

용혈이란 이름에서 보듯 용혈암은 이곳 바위산에 자연적으로 생성된 동굴을 바탕으로 조성되었다. 이곳에는 몇 개의 굴이 남아 있다. 이곳에서 태어나 어린 시절부터 나무하고 동무들과 뛰놀며 자란 윤치정 선생의 증언 및 현장 확인에 따르면, 이곳에는 모두 세 개의 굴이 있다고 한다. 위쪽 절벽 아래 있는 숲에 가려진 용굴과, 앞서의 발굴 조사에서 용혈암지로 비정된 널찍한 평면 공간 옆의 땅굴, 그리고 땅굴의 위쪽으로 절벽을 돌아 어렵게 올라가면 또 하나의 작은 굴이 있다고 한다.

아래쪽 땅굴 앞에는 상당한 넓이로 인공으로 조성한 평지가 있다. 위쪽 용굴에서 보면 동쪽에 해당된다. 이 평지는 과거 고려 시절 용혈암이 있던 건물터에 해당된다. 현재 건물지에는 2013년 2월부터 한 달간 민족문화유산연구원 주관으로 진행된 지표 조사 및 시굴 조사 후 현장 보존을 위해 천이 덮여 있다. 당시의 지표 조사와 시굴 조사를 통해 적지 않은 청자 불상 및 나한상의 파편이 수습되었다. 하지만 건물지의 정확한 위치와 규모를 확인하는 단계까지 이르지는 못했다. 트렌치를 설치해서 두 곳의 건물지 흔적을 일부 확인하는 데 그쳤는데, 이는 조사 기간이 너무 짧았기 때문이다.

또 한 가지 결정적인 문제는 정작 용혈암의 근거가 되는 상부 용혈 쪽은 아예 손조차 대지 않았다는 사실이다. 상부 용굴 바로 앞에도 석축 유구와 건축물이 있었던 흔적으로 주추가 남아 있다. 주춧돌의 배치로 보아, 세 칸짜리 작은 집이 있었던 듯하다. 다만 2013년 당시에 이 용혈 굴이 있는 공간은 아예 발굴 범위에 포함조차 되지 않았으므로, 보고서에서 이 건물 공간을 포함시키지 않았다.

앞서 지표 조사 당시 발굴한 아래쪽 땅굴은 깊이 160센티 정도의 작은 굴이다. 이곳에서 청자 불두와 불수 및 나한 보살상의 파편이 여럿 출토되었다. 고려 당시 이 굴에 청자로 만든 부처님과 나한상 등이 모셔져 있었음을 알 수 있다.

이곳에서 봉우리 위편으로 난 길을 따라 150미터쯤 더 올라가면 고개와 만나기 직전 우측으로 가파른 길이 나 있다. 이 길을 올라가면 동쪽 벼랑 아래 용굴이 나온다. 숲으로 덮여 있어 밖에서는 전혀 보이지 않는다. 하지만 자세히 보면 측면 가파른 비탈로 올라가는 길에 인위적 석축의 흔적이 일부 남아 있어, 과거 이곳에 용혈로 들어가는 계단이 놓여 있었음을 확인할 수 있다. 이 석축의 흔적 사이로 올라서면 약간 평평한 공간이 나오고, 그 안쪽에 용굴, 즉 용혈이 자리잡고 있다. 전면에 밖을 향한 구멍이 크게 두 개 나 있고, 굴은 기역자 모양으로 약간 휘어져 위아래 공간으로 나뉜다.

아래쪽은 예전 용못이 있던 곳이다. 지금은 흙으로 메워졌지만 여전히 축축한 습기가 올라와 이곳을 파면 지금도 그대로 자연적인 연못이 만들어질 것으로 보인다. 그리고 그 용못은 깊이가 상당했을 것으로 추정된다. 그 용못 자리에서 위쪽으로 고개를 들면 굳은 암반을 뚫고 10미터가 넘는 높이의 구멍이 하늘을 향해 뻥 뚫려 있다. 용못에 살던 용이 꼬리를 태우고 하늘로 올라갔다는 용혈의 전설을 증명하는 통천문通天門이다.

반대편 굴 끝에 용 베개라고 부르는 큰 바위가 놓여 있다. 원래 그 자리에 있던 자연석으로 용못의 용이 나와 용혈에 누울 때 머리를 괴던 베개로 전해진다. 굴 중간중간에는 감실처럼 팬 작은 공간이 서너 곳 있다. 추정컨대 이곳에 청자로 만든 소형 부처와 나한상 등이 모셔져 있었을 것이다. 이곳의 연못 자리와 바닥의 퇴적층을 걷어내면 아래쪽 땅굴에서 수습된 것보다 훨씬 많은 양의 불상 파편이 나올 것으로 기대된다.

용굴 바로 앞에 인위적으로 조성한 평지에는 아래쪽에 석축이 있고, 3미터 간격으로 여덟 개의 주초석이 놓여 있어 이곳에 예전에 3칸의 건물이 있었음을 알려준다. 이 또한 정확한 발굴 작업이 필요하다.

이렇게 볼 때 용혈암은 위쪽 용굴과 그 부속 공간, 그리고 아래쪽 땅굴과 그 부속 공간으로 조성되어 있었던 듯하다. 당시에는 상하 공간을 연결하는 별도의 통로가 있었을 텐데, 지금은 숲으로 덮여 전모를 파악하기 힘들다.

아래쪽 땅굴과 그 앞의 평지 공간 또한 땅굴 좌측과 전방에 상당한 높이의 석축이 현재도 남아 있는 것으로 보아, 건물을 지을 공간 확보를 위해 땅을 골라 평지화한 것임을 알 수 있다. 위쪽의 용굴 쪽은 비탈이 가팔라서 건물을 짓더라도 공간 확보가 어렵기 때문에, 아래쪽 땅굴 쪽에 너른 공간을 확보해서 암자의 중심 건물을 이곳에 마련했던 것으로 보인다.

한편 용혈 너머 상사동에 조성된 괘탑암과 능허대, 초은정의 유구는 아직까지 정확한 위치를 찾지 못했다. 이 지역은 현재 숲이 무성하고 길이 가팔라 접근이 쉽지 않고, 막상 몇 차례 현장 답사를 통해 유구를 찾아봤지만, 명확한 지점 파악이 쉽지 않다. 능허대로 비정되는 위치에 인위적으로 바닥을 고른 흔적을 일부 확인하였다. 좀더 전면적인 현장 답사를 통해 정확한 위치를 파악하는 노력이 필요하리라 본다. 이 책은 용혈암지에 대한 정리이므로 괘탑암 구역에 대해서는 더 길게 설명하지 않겠다.

| 용혈암지 전경, 민족문화유산연구원 제공.

| 용혈암지 옆 땅굴, 민족문화유산연구원 제공.

| 상부 용굴 입구, 이재연 제공.

| 용혈암지 옆 땅굴 입구, 민족문화유산연구원 제공.

| 용혈암지 초입의 평지 조성을 위한 석축 유구.

| 용굴 하부의 용추 연못 터.

| 용굴 내부 용 베개 자리에서 입구 쪽으로 바라본 용굴.

| 용추 터에서 올려다 본 용굴의 상부와 입구. 이재연 제공.

| 상부 용굴 입구의 석축 유구.

| 용굴 하부 용추 연못터에서 올려다본 통천문. 높이 12미터 내외.

| 용굴 상부의 감실 자리와 용 베개.

제5부

유물로 본
용혈암의
불교사적
위상

5부에서는 문헌과 실물로 확인되는 용혈암의 유물을 살펴보기로 한다. 그동안 용혈암지에서 출토된 청자 불상 조각들은 현재 국립광주박물관과 강진의 고려청자박물관에 나뉘어 보관되어 있다. 또한 해남군 옥천면 탑동리 마을에는 일제강점기에 일본인들이 제 나라로 실어 나르기 위해 옮겨갔다가 반출하지 못하고 남겨둔 용혈암지 5층석탑 1기가 남아 있다. 이 밖에 문헌 기록에는 용혈암에 있던 향로와 고기古器에 대한 기록들이 남아 있다. 차례로 살펴보겠다.

1.

고려 국왕의 하사품 향로와 「향로기」

「향로기香爐記」는 석오石梧 윤치영尹致英(1803~1858)의 『석오집石梧集』 속집 권1에 수록된 글이다. 글 속의 향로는 고려 국왕이 천책 선사에게 하사한 것으로, 19세기 중반 윤치영이 이 글을 쓸 당시 대둔사 북미륵암에 소장되어 있던 물건이다. 윤치영은 대둔사 승려에게서 들은 내용을 바탕으로 용혈에서 사용되던 고려 국왕의 하사품 향로가 북미륵암에 소장된 경위와 모양 등을 기록으로 남겼다. 전문은 다음과 같다.

사람들은 옛 그릇을 보배로 여겨, 영평전永平磚과 묘전경妙典鏡, 열적명閱赤明 등이 세상에 남아 전한다. 이따금 산문山門에서 기이한 물건이 나타나면, 고을의 수령이 더욱 기이하게 여긴다. 도강道康의 덕룡산德龍山은 상서로운 기운이 절로 기맥을 맺어 계산雞山을 옆에 두고 불쑥 솟았다. 소석문小石門과 용혈암이 꼭대기에 있다. 세속에서 용이 이 동굴에서 꼬리를 태워 승천했다고 일컬으므로 이렇게 이름 지었다.

고려 때 승려 천책은 호가 진정국사이니 이 암자를 창건하여 설법의 도량으로 삼았다. 그 학문은 적자赤髭[1]를 조종으로 삼아 의론은 성색향미聲色香味가 정결한 마음을 더럽힐 수 없음을 위주로 했다. 고려 국왕이 높이고 총애하여 위魏나라 태무제太武帝가 백족白足 아련阿練[2]을 대하듯 했다. 한번은 무리를 모아 사체四諦를 강의하자 호구虎邱의 여러 바위가 따라서 고개를 끄덕였다고 한다. 왕이 그 재주를 더욱 공경하여 황금 바리때와 향로를 하사했다. 향로는 모양이 몹시 특이하여, 은실로 상감하여 연꽃이 반쯤 피어난 모양을 만들고, 연잎이 그 바닥을 받치게 만들어서 불기운을 격리시켰다. 진아전眞鵝殿이 더욱 빛나고 용궁龍宮에서 빛이 피어났다.

스님이 도를 이룸에 미쳐, 사리 구슬을 과거불過去佛의 허깨비로 보고, 지저분한 먹과 남은 그을음을 오히려 가사袈裟(水田衣)로 여겼다. 제가들이 읊던 시는 뒷사람들이 교연皎然에다 견주었으나, 도의 근원은 작은 티끌이라도 밟아 선禪의 기쁨을 음미하려 했어도 얻을 수가 없었다.

이제 스님과의 거리는 천 년 백 년에 가깝다. 용혈은 이미 빈터가 되었다. 산인山人이 향로 받들기를 마치 황록黃籙의 금룡金龍과 자부紫府의 보

---

1 적자赤髭: 고승高僧을 가리키는 말이다. 천축天竺의 불타야사佛陀耶舍로 수염이 붉었다고 한다. 『비파사毗婆沙』를 잘 해설했으므로 당시 사람들이 그를 가리켜 '적자비파사赤髭毗婆沙'라 불렀다고 한다. 『고승전高僧傳』 「불타야사」에 나온다.

2 아련阿練: 위魏나라의 승려 담시曇始로, 발이 얼굴보다 깨끗했다고 한다. 비록 흙탕물 속에 맨발로 다녀도 발이 전혀 더러워지지 않았으므로 세상 사람들이 그를 가리켜 '백족화상白足和尙'이라 불렀다고 한다.

등實燈처럼 여겨, 장차 벽지화辟支靴와 더불어 같이 전하려고 지금 대둔 사의 북미륵암에 두었다. 보는 자가 오른쪽으로 세 바퀴 돌면서 합장하여 공경하지 않음이 없다. 진실로 옛 그릇을 보물로 여기는 것이다.

하지만 유독 금발金鉢에 대해서는 알려진 것이 없다. 그 손때가 묻기로는 향로와 무엇이 다르겠는가? 하물며 무애반無碍飯을 담았던 것이니 마땅히 지위가 높은 승려가 비장한 바가 되었을 것이나, 끝내 능히 산인의 향로나 가사 같은 것과 함께 전해지지는 못했다. 이것은 후생으로 뒤를 잇는 무리가 능히 염화拈花의 뜻을 체득할 수 없었기 때문이다. 저 향로마저 함께 내다 버리지 않았던 것은 그릇이라 능히 오래간 것이 아니라, 반드시 스님의 이름으로 인해 이 그릇이 장차 없어지지 않았던 것이다. 이는 마치 붉은 신발 한 켤레가 떨어져 화산華山에 남아 사람들로 하여금 남양공주南陽公主가 신선이 되어 승천한 땅을 알게 함과 같다 하겠다.3 그럴진대 이 한 개 향로면 시방세계의 불법 수호를 대신하기에 충분할 터이니, 금발이 남아 있고 없고를 따지겠는가?

내가 매진梅津 땅에 있으면서 고을의 수한秀開과 더불어 처음으로 그 일을 상세하게 썼다. 혼자 생각에 스님의 신마神馬와 지장智杖이 이따금 덕룡산과 소석문 사이에 왕래함이 있어, 훗날 대그릇에 담아 묶어둔 것을 끄른다고 하면 장차 가서 향로를 살필 것이다. 이 때문에 기록해둔다.

人以古器爲寶, 如永平磚妙典鏡闕赤明留傳. 往往現其傲詭於山門, 爲

---

3 남양공주南陽公主: 남양공주 양씨楊氏(586~?)는 수나라 양제煬帝의 맏딸이다.

鎭者尤奇. 道康德龍之山, 自瑞氣結脉, 迤雞山而峙. 有小石門龍穴菴, 居其椒. 俗稱龍子燒尾於是穴故名.

高麗僧天頙, 號眞靜國師, 刱是庵, 爲說法場. 其學祖赤髭, 論主聲色香味, 不能坌汚淨心. 高麗王尊寵之, 如魏太武之白足阿練. 嘗聚徒講四諦, 虎邱諸石, 從以點頭. 王尤敬其才, 賜金鉢香爐. 爐樣絶異, 以銀絲嵌鏤, 爲蓮花半開狀, 爲蓮葉承其底以隔火. 眞鵝殿增輝龍宮發色.

及師之道成, 以舍利珠, 幻過去佛, 其浣墨餘煤, 猶爲水田衣. 諸家所誦, 後人比之皎然, 道源欲躡微塵, 味禪悅而不可得.

今距師近千百載. 龍穴已邱墟. 山人奉香爐, 如黃籙金龍紫府寶燈, 將與辟支靴同壽, 今在大芚之北彌勒. 見者莫不右繞三匝, 合掌恭敬, 誠以古器之爲寶.

然獨金鉢無聞, 其手澤所被, 與香爐奚殊? 況無碍飯所盛, 宜爲上才所祕藏, 終不爲能如山人金鴨裂裟之同傳. 此乃後生鍾魚之衆, 不能體拈花之意. 彼香爐之不共淪棄, 非器之能壽, 其必師之名因是器, 將以不朽, 如朱履一雙, 墮在華山, 使人知南陽公主昇仙之地. 然則一香爐, 足以替十方護法. 何論鉢之有無乎?

余在梅津, 與縣秀閒, 寫始詳其事, 竊意師之神馬智杖, 有時往來於德龍石門之間, 他日解籠笯之縛, 則將往觀香爐, 故爲之記云.

첫 단락에는 용혈암의 위치와 지명 유래를 간략히 설명했다. 이 가운데 용이 꼬리를 태우고 하늘로 솟아올랐다는 소미등천 고사 부분은 앞 절에서 살펴보았다.

둘째 단락에서는 진정국사 천책이 용혈암을 창건했고, 이후 설법의 도량이 되었다고 했다. 중심 이론은 성색향미가 정결한 마음을 더럽힐 수 없도록 끊임없이 참회하고 보살행을 행하는 법화 신앙을 위주로 했다고 했다. 여기에 더해 대중을 모아 고집멸도苦集滅道의 사제四諦에 대해 강의하자, 호구의 바위가 그 말에 감응하여 고개를 끄덕였을 정도다. 이 소식을 듣고 감동한 고려 국왕이 진정국사에게 황금 바리때와 향로를 하사했다.

글에서 향로의 생김새를 묘사한 설명은 이렇다. "향로는 모양이 몹시 특이하여, 은실로 상감하여 연꽃이 반쯤 피어난 모양을 만들고, 연잎이 그 바닥을 받치게 만들어서 불기운을 격리시켰다. 진아전眞鵝殿이 더욱 빛나고 용궁龍宮에서 빛이 피어났다爐樣絶異, 以銀絲嵌鏤, 爲蓮花半開狀, 爲蓮葉承其底以隔火. 眞鵝殿增輝, 龍宮發色."이로 볼 때 고려 국왕이 용혈에 하사했던 향로는 옆면에 반쯤 핀 연꽃 문양을 은실로 상감하여 얹었고, 바닥에는 연잎 모양의 쟁반을 받쳐 뜨거운 불기운이 바닥과 떨어지게 했다. 일반적인 향로의 형태와는 달리 몹시 화려한 것이었다. 글 속에 나오는 진아전은 당시 용혈암에 있던 불당을 지칭한 듯한데, 달리 문헌의 근거를 찾을 수 없어 글을 쓴 윤치영이 임의로 만든 명칭인 듯싶다. 용궁은 바로 용혈의 내부에 있던 연못을 지칭한 표현일 것이다.

하지만 진정국사가 입적하자, 스님의 사리를 비롯하여 남긴 글씨, 그리고 무엇보다 당나라 때 유명한 시승詩僧 교연皎然(720~803?)에 견줄 만하다는 높은 평가를 받았던 그의 시도 제대로 간수되지 않아,

스님의 자취는 더 이상 찾아볼 수 없게 되었다.

그가 세상을 뜬 뒤로 500, 600년의 세월이 흘렀고, 용혈은 빈터만 남았다. 이 소중한 향로는 이후 대둔사로 옮겨져 1850년대 윤치영이 신지도에 유배객으로 있을 당시에는 북미륵암에 모셔져 있다고 했다. 글 속에서 윤치영은 향로와 함께 보관된 물품으로 벽지화와 금발을 더 꼽았다. 벽지는 비스듬한 문양을 새겨넣은 모직품을 가리키므로, 진정국사가 신었던 털신인 듯하고, 금발은 국왕이 진정국사에게 향로와 함께 하사한 바리때였던 것으로 보인다.

마지막 단락에서는 향로의 보관 상태를 알려준다. 윤치영에게 향로의 존재를 알려준 이는 승려 수한이었다. 수한은 윤치영에게 국왕의 하사품인 향로가 원래 진정국사 천책이 머물던 용혈암에 있던 것인데, 뒤에 대둔사 북미륵암으로 옮겨와서 모시게 된 연유를 설명했고, 글 끝에서 북미륵암에서도 이 향로를 소중히 보관하느라 대그릇에 담아 묶어두었다고 하여, 향로가 불전에 놓여 사용된 것이 아니라 대그릇 상자 안에 꽁꽁 싸인 채로 소중하게 보관되고 있다고 증언한 것이다.

글로 볼 때 윤치영은 자신의 눈으로 직접 이 향로를 목격하지는 못했다. 하지만 이 글은 용혈 향로의 존재를 알린 유일한 기록이고, 북미륵암에서 밀폐된 그릇에 담아 소중하게 보관했으며, 향로의 외관까지도 상세하게 묘사한 소중한 기록이다. 현재 북미륵암은 물론 대흥사 성보박물관에 문의해봐도 19세기 중반까지 분명 소중하게 보관되었던 이 향로의 소재는 파악하지 못하고 있다.

2.

국왕의 하사품 금발

위 향로와 함께 진정국사에게 고려 국왕이 하사한 물품 중에 금발, 즉 황금 바리때가 또 있다. 금발은 실제로는 동기銅器 즉 구리 그릇이 었다. 윤치영은 앞서 읽은 「향로기」에서 "유독 금발에 대해서는 알려진 것이 없다. 그 손때가 묻기로는 향로와 무엇이 다르겠는가? 하물며 무애반을 담았던 것이니 마땅히 지위가 높은 승려가 비장한 바가 되었을 것이나, 끝내 능히 산인의 향로나 가사 같은 것과 함께 전해지지는 못했다"고 썼다.

하사품 중에 바리때도 있었지만 이것은 어디론가 사라져서 다시는 찾을 수 없게 되었다고 한 것이다. 하지만 이 바리때도 조선시대 내내 오래도록 전해져왔고, 관련 기록도 찾을 수 있다. 다산이 편집과 기획을 주도한 『대둔지』 상권에 「아래로 남송 순우淳祐 연간에 미쳐, 고려 진정국사가 이곳 대둔사에 이르러 북암에서 주석하셨다. 그때 남긴 그릇이 이제껏 전해져온다下逮南宋淳祐秊間, 高麗眞靜國師, 寔至芚寺,

駐錫北菴. 厥有遺罍, 至今流傳」는 항목이 그것이다.

　대둔사의 역사를 기술하면서 송나라 순우 연간에 고려 진정국사가 대둔사로 와서 북미륵암에 주석했는데, 그때 스님이 사용하던 발우가 이제껏 전해진다고 쓴 것이다. 『대둔지』 상에 실린 이 표제 항목 바로 아래에 다음과 같은 기록을 덧붙였다.

　『북암기』에 말했다. 북암에 해묵은 구리 그릇 수십 개가 있는데, 술잔이나 주전자 종류다. 거기에 적힌 것은 모두 '용혈龍穴'이란 두 글자가 새겨져 있다. 매번 큰 스님이 본 암자에 처음 이르면 반드시 이 그릇에 공양을 올렸다.

　용혈은 대둔사에서 북쪽으로 20리 떨어진 덕룡산 가운데 있는데, 대둔산의 뻗어나간 지맥이다. 고려 때 진정국사 천책은 본래 만덕산 백련사로부터 용혈암으로 옮겨왔으므로 용혈대존숙이라 일컬었다. 천인의 문집을 보면 또 간혹 북암에도 머물렀다. 이 때문에 용혈의 옛날 그릇이 이곳에 남아 전하게 된 것이다.

　천책은 본래 세상에 이름난 경상卿相의 자제로 나이 스물에 과거에 급제하여 문장으로 한 세상에 환히 빛났다. 하지만 하루아침에 백련사에서 머리를 깎고 원묘에게 의발을 전수받았으며, 만년에 계승하여 국사가 되었다.

　○색성의 안설: 용혈의 옛날 그릇은 연대가 오래되어 삭아 부서져서 공양에 사용하지 못하게 된지라, 수십 년 전에 어리석은 수좌승이 이를 녹여서 작은 종으로 만들었다. 천년의 옛 그릇을 이제 물을 수가 없게

되었으니 탄식을 이길 수 있겠는가?

○의순의 안설: 천책의 「유사불산기遊四佛山記」에 말했다. "고종 29년 신축년(1241)에 소경少卿 최자崔滋가 상주 목사로 나갔다가 그 기이함을 듣고서 처음으로 찾아갔다." 이것은 송나라 이종理宗 순우 원년이니, 천인이 순우 연간의 사람인 줄을 알겠다.

北菴記云: 菴中有古銅器數十事, 卽柶匜之屬. 其款識皆雕龍穴二字. 每宗師初至本菴, 必以此罍供養. 龍穴在大芚北二十里德龍山中, 大芚之來脉. 高麗眞靜國師天頙, 本自萬德山白蓮社, 移住龍穴菴, 稱龍穴大尊宿. 見天因文集, 又或駐錫於北菴, 故龍穴古器, 傳留在是也. 天頙本以奕世卿相之子, 二十登第, 文章震耀一世. 而一朝落髮於蓮社, 受鉢於圓妙. 晩年襲爲國師. ○磧性案: 龍穴古罍, 年久繡破, 不堪供養. 數十年前, 愚魯首座僧, 鎔之爲小鍾. 千年古器, 今不可問, 可勝歎哉. ○意洵案: 天頙遊四佛山記云: "高宗二十九年, 歲在辛丑, 少卿崔滋出守尙州, 聞其奇異, 始尋訪焉." 此宋理宗淳祐元年也, 故知天因爲淳祐間人.

『북암기』는 현재는 전하지 않는 문헌이다. 이 기록 속에 국왕이 하사한 수십 개의 구리 그릇에 관한 내용이 나온다. 당시 북암, 즉 대둔사 북미륵암에 해묵은 구리 그릇 수십 개가 윤치영이 말한 향로와 함께 보관되어 있었다. 술잔도 있고 주전자 종류도 있다고 한 것으로 보아, 그릇 일습을 갖추어두었던 듯하다. 그리고 그릇 하나하나마다 '용혈'이란 두 글자가 새겨져 있었다고 했다.

당시 대둔사에서는 전국의 명망 높은 승려를 초대해서 법회와 강회講會를 열곤 했는데, 훌륭한 스님이 강회를 위해 북암에 머물면, 반드시 처음 한 번은 이 그릇에다 음식을 담아 공양을 올렸다고 썼다. 일종의 법맥이 계승된 것을 인증하는 상징적인 절차로 이 그릇이 사용되었다는 뜻이다.

용혈은 대둔사에서 20리 떨어진 덕룡산 가운데 있는 암자다. 처음 백련사에서 주석하던 진정국사가 뒤에 용혈암으로 물러나 있으면서 용혈대존숙이란 칭호로 불리며 큰 존경을 받았다. 하지만 이 대목에서 『대둔지』의 기술은 어긋나기 시작한다. 백련사 2대인 정명국사 천인의 문집을 보면 북암에 머문 기록이 있는데, 천인과 천책 등이 용혈암 이후 대둔사 북미륵암에 와서 머물렀기 때문에 오늘날 이 금동 발우가 북미륵암에 전해졌다는 언급이 그것이다.

실제로 천인과 천책 당시에 대둔사 북미륵암은 존재 여부를 알 수 없고, 단지 용혈암에 있던 향로와 그릇이 북미륵암에 보관되게 된 것은 용혈암의 본사인 만덕사가 고려 말 폐사가 되고, 이후 용혈암 또한 조선조에 들어 폐사되면서 그 유물이 대둔사로 옮겨진 것일 뿐이다. 따라서 진정국사가 북미륵암에 옮겨서 주석했다는 『대둔지』의 기술은 본말이 전도된 것이다. 실제로 『만덕산백련사제이대정명국사후집萬德山白蓮社第二代靜明國師後集』과 진정국사의 『호산록』에서도 북암 관련 언급은 찾아볼 수 없다.

이 그릇은 어찌 되었을까? 그 답은 『대둔지』 같은 항목 끝에 실린 수룡 색성의 안설 속에 나온다. "용혈의 옛날 그릇은 연대가 오래되어 삭아 부서져서 공양에 사용하지 못하게 된지라, 수십 년 전에 어리석은 수좌승이 이를 녹여서 작은 종으로 만들었다"는 언급이 그것이다. 이 때문에 이보다 30여 년 뒤에 「향로기」를 쓴 윤치영은 이 그릇의 존재 여부 자체를 알지 못했던 것이다.

이 구리 그릇은 또 다른 기록인 『가련유사迦蓮幽詞』에 한 번 더 보인다. 이 책은 『대둔지』 편찬이 마무리되어가던 1818년 12월에 다산의 제자 윤종영尹鍾英 및 윤종민尹鍾敏 등과 승려 수룡 색성 등이 대둔사 산방에 모여 편집 작업을 하면서 여가에 운자를 나눠 대둔사의 옛 고사와 풍광을 가지고 쓴 연작 시집이다. 이 가운데 '청靑'자 운으로 지은 시 중 배연拜延 윤종영이 다시 이 그릇에 대해 기록을 남겼다.

푸른 대와 국화를 병 하나에 꽂으니   翠竹黃花憩一瓶
천책이 운유하던 그 옛날 거처일세.   雲遊天頙舊居停
애석타 용혈의 천년 묵은 그릇은   堪嗟龍穴千年器
산종山鍾으로 녹여져서 형체가 망가졌네.   鎔鑄山鍾已壞形

이 시의 상단 주석에는 "진정국사 천책이 북암에 주석하고 계실 적에, 용혈의 고기古器를 이 암자에 남겨 전했는데, 산승이 녹여서 작은 종을 만들었다眞靜天頙, 當住北菴, 龍穴古器, 傳留是菴. 山僧鎔鑄爲小鍾"고 적어 놓았다. 윤종영 또한 다산과 마찬가지로 천책이 북암에서도 한동안 주석했다고 믿었던 듯하다. 1818년 당시에는 이미 용혈이란 두 글자가 새겨진 그릇이 애석하게도 이미 녹여져서 산사 범종의 일부가 되고 말았다.

3.

용혈암지 5층석탑

앞의 글에 나오는 향로와 그릇, 그리고 구체적 언급이 보이지 않는
신발은 이미 실물이 사라지고 문헌 기록으로만 남은 자료들이다. 이
와 달리 과거 용혈암지에 서 있던 것으로 알려진 5층석탑은 별도의
기록 없이 실물만 남은 경우다.

현재 해남군 옥천면 청신리 185-2에 서 있는 해남 청신리 탑동
5층석탑이 그것이다. 덕룡산 용혈암지에 있던 탑이 어째서 해남군 옥
천면으로 옮겨져서 동네 이름까지 탑동리로 불리게 되었을까? 현지
에는 두 종류의 안내판이 세워져 있다. 두 글 모두 아래에 소개한다.

옥천 탑동 5층석탑
해남군 향토문화유산 제14호
소재지: 해남군 옥천면 청신리 185-2
탑동 5층석탑은 확실한 건립 연대는 알 수 없으나 평박한 옥개석과 기

| 용혈암지 5층석탑 안내문.

| 용혈암지 5층석탑 측면.

| 용혈암지 5층석탑 정면.

단부의 결구 수법으로 보아 통일신라시대의 전통을 이어받아 고려 초기(서기 945년경) 혜종惠宗 때 조성된 것으로 판단된다.

이 마을에는 고려 충숙왕 때 창건되었다고 하는 '덕룡사'라는 절이 있었던 것으로 구전되고 있어 마을에 절이 있었을 것으로 보고 있다. 이곳에는 본래 2기의 석탑이 있었다고 전하나 1기의 석탑은 자연재해로 파손되었다고 하며, 현재는 1기의 석탑만이 남아 있다. 일본 통치하에서는 일인日人들에게 넘어가 마산면 공세포항까지 옮겨졌으나 배에 실으려는 순간 태풍이 불고 파도가 쳐서 그대로 놔두고 도망을 갔다고 하며, 이를 안 탑동 마을 사람들이 다시 마을까지 옮겨와 현재의 위치에 세웠다고 한다. 현재는 4층 옥개석까지만 남아 있으며, 이 탑은 각 부재의 비율로 보아 5층석탑으로 추정되고 있다. 탑의 높이는 4.8미터, 기단 높이는 1.8미터, 기단의 폭은 2.4미터이다.

그 옆에 또 하나의 예전 안내판이 서 있다. 그 내용도 아울러 소개한다.

옥천면 탑동 5층석탑

이곳 탑동 5층석탑은 확실한 건립 연대는 알 수 없으나 구전口傳에 의하면 고려 초기 혜종惠宗 서기 945년경에 건립된 것으로 추정된다. 탑동 5층석탑一名 용혈암은 대둔사大芚寺 북쪽 덕룡산德龍山에 있다고 대둔사지에 기록되어 있다. 용혈암은 없어지고 마을 뒷산 주변에 작은 암자 터가 남아 있다. 강진 만덕산 백련사 원묘국사圓妙國師에 출가한 진정국사眞靜國師가 백련사의 제4대 조사가 되고 말년에 용혈암에 계셨다고 전해지고 있다. 이 탑은 일제日帝강점기에 일본인日本人들이 강제로 해체하여 일본으로 반출하려고 마산면 공세포항에서 배에 실었으나 때마침 거센 북서풍이 불어 출항을 못하고 잠잠해지기를 기다려 출항을 재시도했지만 또다시 거센 북서풍이 불어와 일본인들은 부처님의 노여움이라 생각하고 탑을 버리고 도망가버렸다. 이 소식을 들은 마을 사람들과 당시 옥천면장(양재정)과 옥천면 유지들이 모금한 성금으로 우마차를 이용하여 이 자리에 세우게 된 이후 매년 정월 대보름이면 정성껏 제사 음식을 차려놓고 마을의 안녕과 번영을 기원해오고 있다. 해남군 옥천면 청신리 185-2, 도로 327㎡ 주변에 세워진 이 5층석탑은 해남군 향토문화재 14호로 등재된 이후 대한불교문화연구소 고증을 거쳐 3국시대의 불교문화 연구 자료로 보존 가치가 높다고 평가받아 전라남도 지방문화재로 승격되어 오늘에 이르렀음을 아뢰옵니다.

서기 2013년 3월 30일

청송 전기주 白

처음 소개한 안내판보다 두 번째 안내판의 내용이 한층 더 분명하고 조리가 있다. 앞서는 현재 탑이 서 있는 탑동리 마을에 덕룡사란 절이 있었다고 했는데, 이것은 앞뒤가 없는 얘기다. 두 번째 안내판에는 앞서보다 더 분명하게 이 5층석탑이 덕룡산 용혈암지에 있던 것임을 밝혔고, 일제강점기에 일본인들이 이 탑을 실어가려고 배에 싣던 정황도 한결 자세하게 기술했다.

이렇듯 이 탑이 용혈암지에서 옮겨온 것이 분명하다면, 탑의 조성 시기는 1216년 백련사 창건 이후의 일일 것이다. 두 표지판 모두에 적힌 고려 혜종대 건립설은 어떤 근거에서 나온 말인지 알 수가 없다. 본래 2기의 석탑이 있었다고 하나, 현재는 1기만 서 있다. 실제로 탑 주변에는 석재들이 흩어져 있는데, 탑의 부재로 보이는 것은 거의 없다.

현재 5층석탑은 옥개석이 4개만 남아 있다. 부재의 비율로 보아 5층석탑이었던 것이 분명하다. 또 기단부 바로 위 1층 탑신을 받친 기둥 사이의 판석이 소실된 상태다. 통일신라기의 탑의 형태를 바탕으로 높이를 좀더 상승시킨 고려시대 탑파의 전형적인 형태를 보여준다.

용혈암지에 있던 석탑이 이곳까지 옮겨진 사연도 기이하다. 일제 강점기에 일본인들이 이 탑을 일본으로 반출하기 위해 근처 마산면 공세포항까지 실어갔다. 하지만 배에 실으려고만 하면 태풍이 불고 높은 파도가 치자, 일인들은 두려움을 느껴 그냥 항구에 놓아둔 채 달아나고 말았다. 이것을 탑동 마을 주민들이 다시 마을로 옮겨와서 현재의 위치에 세웠다는 것이다. 일제강점기 당시 옥천면장으로 있던 양재정씨가 옥천면 유지들의 성금을 모아 이 탑을 현재의 자리에 복원하게 된 정황도 안내판에는 분명하게 기록되어 있다.

양재정씨가 면장으로 근무했던 시점을 알아보기 위해 옥천면에 확인을 요청했으나, 기록을 찾을 수 없다는 대답뿐이었다. 다시 청신리 전재섭 노인회장과 통화해보니, 본인의 부모 대에 탑을 가져오기 위해 양 면장이 모금하려 했으나 비용 마련이 여의치 않아 농악대를 만들어 옥천면 산하 43개 마을을 돌며 모금해서 마련한 비용으로 우마차에 실어 탑을 현재의 위치로 옮겨왔다는 증언을 전해주었다(2020년 1월 28일). 다만 전재섭 회장은 5층석탑이 원래 그 자리에 서 있었고, 그 주변을 파면 지금도 건물 터와 기와 조각이 많이 출토되므로 발굴이 필요하다는 전언이어서, 덕룡산 용혈암 터에 원래 있던 탑이라고 한 안내판의 기록과 맞지 않는다. 좀더 자세한 발굴과 정리가 필요해 보인다.

이후 용혈암지에 대한 본격적인 발굴 조사가 이루어진다면, 이 5층석탑이 서 있던 원래 자리를 확인할 수도 있을 것이다. 다만 용혈암의 국면이 그다지 넓지 않음에도 불구하고 이 같은 5층석탑이 2기나 서 있었다고 할 때, 당시 용혈암의 위용과 위상이 결코 만만치 않았음을 가늠하기란 어렵지 않다.

4.

용혈암지 수습 청자 불상 파편

고려 당시 용혈암의 위상과 위용을 보여주는 또 다른 유물은 바로 용혈암 터에서 쏟아져 나온 고려청자 불상과 나한상의 파편들이다. 2013년 강진군의 의뢰를 받아 민족문화유산연구원에서 실시한 시굴 조사 결과 용혈암지에서는 고려시대와 조선시대 건물지 2동과 석렬 3기가 확인되었고, 용혈암 터 앞에 있는 땅굴 내부의 트렌치 조사에서 청자 불상 파편이 다수 출토되었다. 시굴 조사는 2013년 2월 7일부터 2013년 3월 8일까지 한성욱 민족문화유산연구원 원장을 조사단장으로 하여 진행되었다. 이어 2014년 12월 30일부터 2015년 2월 28일까지 발굴 조사가 추가로 진행되었다. 당시 용혈암 발굴과 시굴에서 불교 관련 조각편이 90개가량 발견되었다. 이전에 발견된 25점의 유물은 국립광주박물관에 보관되어 있고, 나머지는 고려청자박물관에 소장되어 있다.

다만 당시의 발굴은 앞서 지적했듯, 용혈암지 위쪽에 자리한 실제 용혈은 범위에 넣지 않고, 아래쪽 건물지 앞 절벽 아래 있는 땅굴과 그 앞쪽의 건물지만을 조사 대상으로 삼았다. 그럼에도 아래쪽 굴의 내부에서만 청자 불상편 28점과 자기류 5점, 기와류 1점이 출토 수습되었다.

하지만 이곳 용혈암지의 청자 불상편의 존재는 1960년대부터 이미 조금씩 알려져왔다. 이 같은 정황은 2012년 1월 31일자 강진고을신문 기사를 통해 확인할 수 있다. 기사 내용은 다음과 같다.

도암 덕룡산 용혈암에서 청자 불두 출토 뒤늦게 밝혀져
불두, 전통도예가 조기정씨 광주시립박물관에 기증
토불은 청자장 이용희씨가 강진청자박물관에 기증

덕룡산 용혈암에서 청자 불두와 토불이 출토된 사실이 뒤늦게 밝혀져 용혈암이 재조명되고 있다. 이용희 청자장에 따르면 "60년대 초 도암 용산의 김우식씨가 용혈암에 농장을 하고 있었는데, 원채는 불타고 없어 부속사에서 기거했다"며 "그때 조기정씨와 함께 간 일이 있다"고 회고했다. 이 청자장은 "그때 용혈암에는 이상한 돌들이 진열되어 있었고 폐병에 걸린 사람이 절터 움막 밖에서 수양을 하고 있었는데, 그때 굴을 들여다보니 사람이 나뒹굴고 있는 것처럼 보였던 것이 청자 불상이었다"고 증언했다.

이 청자장은 이어 "내가 구입한 토불은 가사 부분만 남아 있는 파편이어서 이렇다 할 흔적이 없지만 조기정씨가 구입한 것은 특히 불두의 뒷

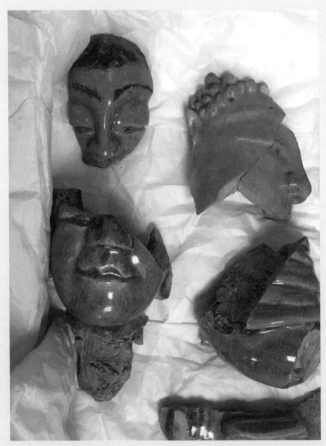

| 보살상과 불두편, 고려청자박물관.

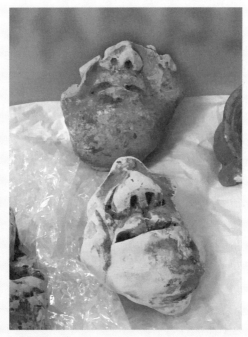

| 나한상편, 고려청자박물관.

| 보살상편, 고려청자박물관.

| 보살상편, 고려청자박물관.

| 불두와 보살상편, 국립광주박물관.

| 불수편, 고려청자박물관.

| 보살상 신체 부분, 국립광주박물관.

| 불두 나발 부분, 고현도자전시관.

| 용혈암지 출토 불상 두상편, 고려청자박물관.

| 용혈암지 출토 불상 두상 및 신체편, 국립광주박물관.

부분이 고스란히 남아 있었다"고 말했다.

한편, 지난해 12월 3일 백련결사 정신의 선양 및 재조명을 위한 제1차 학술세미나에서 최동순 동국대학교 불교학술원 연구교수는 "백련사에 보현도량을 개설한 과정은 근본적으로 요세 스님의 성격 혹은 성향 때문이기도 하지만 그의 성격이 천태종의 사상과 종파적 지향점과 완벽하게 맞았음이 나타나고 있다"며 "그가 일으킨 천태종의 완결성은 고려 후기 및 조선 초기까지 영향을 미쳤다는 점에서 요세 스님의 생애를 면밀히 고찰할 필요가 있다"고 강조했다.

최 교수는 이어 "「만덕사지」의 기록에 의하면 선자禪者들의 처소에서도 낮과 밤을 가리지 않고 참회 예경을 하는 '주참야참晝懺夜懺'이 이루어졌다고 한다"며 "요세 스님은 천태인으로서 천태교의나 수행의 본바탕을 버리지 않았음을 추측케 한다"고 말했다.

그는 요세 스님의 활동에 대해 "비명에 월생산(월출산) 약사난야藥師蘭若를 중수하고 그곳에 머물렀던 시기가 무진년(1208) 희종 4년 봄이었음을 기록하고 있다"며 "약사난야는 심히 협소하니 우리 고을 남해의 산기슭에 만덕사란 옛터가 있어 절승하니 집을 지을 만하다고 탐진현의 신자인 최표, 최홍, 이인천이 말한 바 있다"고 밝혔다.

최 교수는 또 "요세 스님이 만덕산 만덕사를 중건하는 대단위 불사를 일으켰다는 소식을 접한 남원의 복장한 태수는 요세 스님을 방문했는데, 이는 대방의 임실에 있는 백련사에도 불사를 일으켜달라는 요청 때문이었다"고 말했다.

결국 최 교수가 주장하는 것은 백련사는 요세 스님이 불사를 일으켜 오늘날에 이르렀고, 그런 요세 스님은 천태종이었다는 점인데, 그러므로 백련사는 천태종의 본산이라는 주장이었다. 이 점에 대해 강진의 한 향토사학가는 "백련사와 용혈암 터를 마케팅하여 천태종 신도들이 강진을 성지순례할 수 있도록 해야 한다"고 주장했다.

_송하훈 기자

신문 기사 내용을 정리하면 이렇다. 1960년대 초에 도암면 용산리 사는 김우식씨가 용혈암 터에서 농장을 운영하고 있었다. 당시 용혈암의 원채는 불타고 없었고, 그는 절에 딸린 부속 건물에서 기거하고 있었다. 당시 조기정씨와 함께 이용희 청자장이 이곳을 찾았다. 용혈암 터 움막에는 당시 폐병 걸린 사람이 요양차 머물고 있었고, 굴속을 들여다보니 사람 몸뚱이 같은 것이 뒹굴고 있었다. 자세히 보니 청자 불상의 조각들이었다.

청자장 두 사람이 일부러 이곳을 찾은 것으로 보아 당시 이곳에 머물던 폐병 환자가 아마 이 불상 파편을 파내서 관심 있는 사람에게 돈을 받고 팔았던 듯하다. 당시 이용희씨는 가사 부분만 남은 토불 파편을 구입했고, 조기정씨는 불두의 나발 일부가 남아 있는 조각을 구입했다. 당시 두 사람이 용혈암 터에서 구입했던 불상 조각들은 현재 국립광주박물관과 고려청자박물관에 기증되어 보관되어 있다. 다만 나발이 일부 남은 부처님의 머리 부분 파편은 현재 조기정씨의 작품을 전시하고 있는 고현도자전시관에 보관되어 있다.

또한 2013년 시굴 조사와 2014년 발굴 조사 당시에도 청자 불상과 소조편들이 다양하게 출토되었는데, 여래와 보살상, 나한상, 그리고 시자나 동자상 같은 것들이었다. 소조편 또한 청자편과 비슷한 모습이며 동일한 위치에서 발견되었다. 대부분의 주요 존상은 약 20~30센티미터 크기로 추정되고, 작은 크기의 동자상은 신체가 3센티미터, 전체 크기가 7~8센티미터인 것도 있다.

이들 다양한 출토 불상 파편은 현재 국립광주박물관과 고려청자박물관에 나뉘어 보관되어 있다. 전후 발굴 조사를 통해 수습된 불상 파편에 대한 정리 보고는 발굴 보고서와 관련 연구에 이미 자세히 소개되어 있으므로 이 글에서는 생략하겠다.

제6부

제언과
전망

이제껏 강진 덕룡산 용혈암지와 관련된 각종 문헌 기록을 정리해서 살펴보았다. 고려 때 백련결사를 이룬 만덕산 백련사의 말사 암자로 지금은 빈터만 남은 용혈암과 관련해 실로 달리 유례를 찾을 수 없을 만큼 풍부한 기록들이 남아 있다.

특별히 『동문선』에는 원묘와 천인, 천책, 정오로 이어지는 백련결사 역대 주맹들의 시문이 예외적으로 풍성하게 남아 있어, 당시 용혈암의 위상과 위용을 드러내는 데 큰 어려움이 없을 정도다. 이것은 조선 초기 『동문선』을 엮은 찬자들이 고려 말 이후 왜구의 노략질로 초토화된 백련사를 창건한 행호 대사와 그의 패트런으로 8년간 이곳에서 생활하기까지 한 효령대군과의 인연을 통해 백련결사와 관련된 문적文籍들을 다수 확보해, 여기에 실린 글을 『동문선』에 대거 수록함으로써 가능했던 일로 보인다. 실로 강진 땅끝의 잡초에 뒤덮인 암자 하나와 관련된 기록이 이토록 많이 남을 수 있었던 것은 기적에 가까운 일이다.

여기에는 19세기 초반 이곳 강진에 귀양 와서 18년간 유배생활을 했던 다산의 역할이 가장 컸다. 다산은 아암 혜장을 통해 천책 선사와 용혈암에 대한 정보를 얻었고, 천책의 시문이 담고 있는 깊고 넓은 성취에 매료되었다. 천책에 대한 관심이 『동문선』 전체 문헌에서 잇달아 찾아낸 백련결사와 용혈에 관한 관심으로 확장되면서, 다산은 『만덕사지』를 편찬했고, 이 과정에서 만덕사 고려 8국사의 존재를 밝혀내는 쾌거를 이루었다.

용혈암은 만덕사 고려 8국사 중에서 백련결사 2대 주맹 천인이 이곳에서 입적했고, 4대 주맹 천책은 용혈대존숙의 호칭으로 불리며 당대 조정의 대관들이 백련결사에 입사하기를 청원하는 제명시첩을 지어 보내오는 등 용혈암 최고의 성황을 이끌었다. 이후 7대 주맹 정오가 이곳에 3년간 머물렀고, 이후 인근의 괘탑암에서 13년을 더 머물러 강진의 용혈암 시대를 나란히 빛냈다.

고려 말 이후 폐허로 변한 이곳은 500년 넘는 세월을 잡초 속에 묻혀 있다가 다산에 의해 그 이름이 되살아나, 다산초당 시절 매년 봄마다 제자들을 이끌고 봄소풍을 오는 장소로 거듭났다. 이후 『만덕사지』에 그 인연이 기록으로 남고, 외손인 윤정기와 당시 해남에 내려와 있던 윤치영 등에 의해 유물 기록이 전해져서, 오늘날 그 장구한 역사의 내력이 정리될 수 있도록 했다.

현재 이 공간은 1988년 이후 만덕광업이 채굴권을 보유해 30년 넘게 광산을 운영해왔다. 용혈암 산자락 반대편에서 2킬로미터가량

굴을 파고 들어와 인근에서 유리의 원료나 내화 벽돌 및 페인트 도료와 화장품에 원료로 사용되는 규사를 채취하고 있다. 굴의 규모는 트럭 두 대가 교행이 가능한 정도라고 한다. 이로 인해 환경 훼손과 분진 소음의 문제가 지속적으로 제기되어왔다.

2012년 1월 31일자 강진고을신문에는 덕룡산 용혈암지에서 출토된 청자 불두의 존재가 소개되었고, 2012년 2월 21일에는 용혈암복원추진위원회의 정식 창립대회가 2월 23일 오후 2시에 강진아트홀 소공연장에서 개최된다는 사실이 기사화되었다. 당시 취지문의 일부는 다음과 같다.

다산은 이 산, 바다가 그리워 해마다 유난히도 하얀 바윗돌에 진달래가 필 때, 용혈암에 참례하여 유숙했고, 국중의 명유들이 입을 모아 이곳의 선경을 노래했거늘, 애달프다. 나와 우리가 무지해 선열의 무몰이 이와 같음이. 하지만 부끄러워 고개 숙이고 주저앉아 있지만 말자. 이제 우리가 떨쳐 일어나 백련결사 스님들의 뜻을 받들어 이곳을 새의 둥지로 만들어야 할 때다.

그대, 용혈암 위에 올라 우수영 쪽 산과 바다, 노을을 본 적이 있는가? 선말의 초의 선사와 추사가 바라봤던 석양 노을 말이다. 이 산을 넘나들었던 사람들을 기억하는가? 우심재를 넘나들었던 사람들의 슬프고도 아름다운 이야기를. 이제 이 아름다운 땅은 우리의 등 뒤편이다. 우리는 새가 되어 이제 석름에서 달마산까지 이어지는 긴 산에서 해 뜨는 동쪽 대양의 세계로 나가야 한다. 용혈암은 이 웅비의 시작이다.

이후 백련결사에 대한 학술 세미나가 매년 개최되었고, 백련결사를 주도했던 고려 국사의 불교 성지인 이곳의 용혈암을 복원해야 한다는 청원이 지속적으로 계속되었다.

박희준은 2012년 12월 26일에 강진고을신문에 기고한 「용혈암, 강진의 미래」란 글에서 다음과 같이 썼다.

강진 도암면 덕룡산에 자리한 용혈암은 백두대간의 마지막 기혈이 응집된 곳이다. 백두대간이 남으로 뻗어오다가 호남정맥 삼계봉에서 동남쪽으로 가지 친 땅끝 기맥이 불꽃처럼 피어난 월출산을 이루고 문득 한숨을 돌리고 남으로 내달리다 만덕산에서 다시 일어나 시작된 석름과 부용이라는 돌병풍은 능선을 이루어 석문산으로 이어지다가 남쪽으로 뻗으며 문득 덕룡산을 피워내고 이어서 주작산을 펼쳐낸다. 만덕산이 활짝 핀 연꽃이라면 덕룡산은 새롭게 돋아나는 수많은 연봉 우리, 그리고 주작산은 연잎처럼 펼쳐진 형국을 하고 있다. 이 능선은 해남의 두륜산에까지 이어지며, 달마산과 도솔봉을 거쳐 땅끝에서 바다에 잠긴다. 이 유장한 흐름의 기운이 응집된 곳이 바로 용혈암이다. (…)
용혈암이 있는 덕룡산은 유리의 주재료인 규사가 난다. 1980년대부터 이곳 덕룡산은 만덕광업에서 규사를 채취하기 시작하여 이제 30년이 넘었다. 그 결과 이제 우리는 경제라는 이름에 파괴된 자연환경과 문화재 유산을 고스란히 물려받게 되었다. 물론 용혈암이 파괴되기 시작한 것은 고려 불교가 조선으로 넘어오면서부터이겠지만, 본격적인 훼손과 파괴는 일제강점 시기에 자행되었다.

해남군 옥천면 청신리 탑동마을에는 '용혈암 5층석탑'이 마을 한가운데 서 있는데, 이 탑이 여기에 있는 이유가 바로 우리가 우리 것을 지키지 못할 때 생겨나는 비극을 그대로 증언해주고 있다. 기단석은 일제강점 시기에 이 탑을 옮기던 중 상당 부분 유실되어 형태를 잃었고, 2층의 앞뒤 판석과 상륜부 옥개석 등이 모두 없어졌으나 탑에서 나오는 기품이 여느 탑과 다르다. 이 탑의 유래를 기록한 안내문에는 이 탑이 어디에 있었다고는 적시하고 있지 않았지만, 이 탑의 이름이 용혈암 5층석탑이라는 점만은 분명히 밝히고 있다. 일제강점기에 일인들이 마산면 공세포항을 통해 반출하려다가 날씨가 여의치 않자 출항하지 못하던 차에 당시 옥천면장이던 양재정씨와 지역 유지들이 돈을 모아 우마차로 실어와 이곳에 세우고, 매년 정월에 제사를 지내오고 있다. 이 용혈암 5층석탑에 대하여 『만덕사지』에도 기록이 없는 것을 보아 일제강점기 이전에 옮겨졌다가 다시 일본으로 옮겨지려는 수모를 겪었던 것을 알 수 있다. (…)

강진에 숨어 있던 한국 정신사의 찬란한 한 모습이 부상투성이의 모습으로 우리 앞에 서 있다. 나는 덕룡산 앞에서 참회를 한다. 용혈암에서 참회를 한다. 그리고 용혈암 5층석탑을 보면서 참회를 한다. 깨지고 부수어지고 망가진 마음을 보듬는다. 모든 사물이 제 모습 제자리를 찾을 때 아름다운 것이 아닌가? 문화답사 일번지 강진의 미래는 용혈암을 어떻게 보존하고 지킬 것인가란 문제를 해결함으로써 결정된다. 덕룡산을 지키고, 용혈암을 복원하고, 용혈암 5층석탑을 다시 용혈암으로 옮겨와야 한다. 그 가운데서도 가장 시급한 일은 덕룡산을 지키는 일이다.

용혈암의 역사를 살펴, 장래의 복원과 보존을 역설한 글이다. 또 2013년 1월 말부터 2월 말까지 한 달간 강진군 향토문화유산 제 47호인 용혈암지의 정밀 지표 조사 및 시굴 조사가 시행되었다. 2013년 2월 19일 기사에는 목포 민속문화유산연구원의 시굴 조사 결과 주춧돌과 기와를 수습하여 건물의 규모가 상당했다는 내용과 기단의 발견을 기사화하고 있다. 이어 2월 26일 기사에는 건물지 2동과 석렬 2기가 확인되었고, 청자 불상편이 다량 출토된 사실을 확인하여, 용혈암이 고려청자의 성지인 강진의 중요성을 알려준다고 썼다.

이제까지의 검토를 통해서도 알 수 있듯이, 강진 용혈암지는 고려 불교사의 중심에 서 있던 만덕사 8국사 중 3국사가 거쳐간 유서 깊은 성지이고, 백련결사 당시 조정 대관들이 용혈대존숙 천책에게 입사제명시축에 입사를 소망하는 시를 담아 보냈던 의미 깊은 공간이었다. 각종 기록 속에 풍부하게 남아 있는 내용은 이 공간이 함유하고 있는 상징적 의미를 극명하게 잘 드러내고 있다.

현재 이곳은 만덕광업으로 인해 일반인의 출입이 통제된 상태이고 지표 조사를 마친 용혈암지 앞의 건물지는 그사이 자란 신우대 군락에 덮여 접근하기도 어려운 상태다. 더욱이 앞선 지표 조사와 발굴의 경우 원래 용혈 굴에 해당되는 상부 굴 쪽은 손조차 대지 않은 반쪽 발굴에 그쳐서, 이 지역과 산 너머 상사동 괘탑암지까지를 하나의 권역으로 묶는 더 큰 규모의 발굴 조사가 요청된다.

용혈 굴 안에 있었다는, 지금은 매몰된 용추 연못까지 발굴해서 용혈암지 전반에 걸친 복원이 이루어진다면, 강진군은 월출산 약사난야와 백운암터, 그리고 백련사와 용혈암으로 이어지는 고려 불교문화의 한 흐름을 이끌었던 불교문화 벨트를 개발할 수 있을 것이다.

이 책의 출간을 계기로 용혈암지 일원의 발굴 조사가 시급히 이루어져, 역대 어느 문헌에서도 찾아볼 수 없는 풍부한 기록을 지닌 이곳이 불교문화의 한 성지로 기려지고, 나아가 이를 연계한 지역 관광 테마파크 등의 개발로 이어질 수 있기를 기대한다.

참고문헌

『大芚寺志』
『萬德寺志』
梵海 覺岸, 『東師列傳』
丁若鏞, 『茶山詩文集』
趙秉鉉, 『成齋集』
『원묘국사 요세와 백련결사운동』, 백련결사 정신의 선양 및 재조명을 위한 제1차 학술세미나 자료집, 만덕산 백련사, 2011. 12. 3.
『원묘국사의 재조명』, 제2회 백련결사 학술세미나, 백련사, 2012. 11. 24.
『고려후기 백련결사의 전개』, 제3회 백련결사 학술세미나, 백련사, 2013. 11. 22.
『고려후기 백련사의 위상과 활동』, 제4회 백련사의 문화와 전승 학술대회, 백련사, 2019. 4. 27.
한성욱 외, (재) 민족문화유산연구원, 『강진 백련사 용혈암지 발굴조사 보고서』, (재)민족문화유산연구원, 2017.
강호선, 「원간섭기 천태종단의 변화-충렬 충선왕대 묘련사계통을 중심으로」, 『보조사상』 제16집, 2001. 8, 335~375면.
고익진, 「백련사의 사상전통과 천책의 저술문제」, 『불교학보』 제16집, 동국대학교 불교문화연구원, 1979. 12, 119~167면.
김성숙, 「백련사의 차문화 연구」, 동국대 석사논문, 2013.
오경후, 「조선후기 『만덕사지』의 찬술과 성격」, 『역사민속학』 제28집, 역사민속학회, 2008, 77~109면.
정 민, 『다산의 재발견』, 휴머니스트, 2010.
_____, 『다산증언첩』, 휴머니스트, 2017.
_____, 「다산과 은봉의 교유와 『만일암지』」, 『문헌과 해석』 2008년 가을호(통권 44호),

11~27면.

_____, 「한국교회사연구소 소장 다산친필 서간첩『梅玉書匭』에 대하여」,『교회사연구』제
33집, 한국교회사연구소, 2009. 12, 539~584면.

_____, 「다산 일문을 통해본 승려와의 교유와 강학」,『한국한문학연구』제50집, 한국한문학
회, 2012. 12, 101~127면.

_____, 「다산이 승려에게 준 증언첩과 교학방식」,『한국실학연구』제27호, 2014년 6월호,
231~257면.

_____, 「다산과 은봉의 교유와『만일암지』」,『문헌과 해석』, 2008년 가을호(통권 44호),
11~27면.

_____, 「다산의 선문답」,『문헌과 해석』 2008년 겨울호(통권 45호), 13~31면.

_____, 「신헌의『금당기주』와 다산의 일문」,『문헌과 해석』 48호, 문헌과해석사, 2009년 가
을호, 151~170면.

_____, 「일민미술관 소장『다산송철선증언첩』에 대하여」,『문헌과 해석』 51호, 문헌과 해
석사, 2010년 여름호, 229~264면.

_____, 「초의에게 준 다산의 당부」,『문헌과 해석』 41호, 문헌과해석사, 2007년 겨울호,
49~69면.

정은우, 「강진 용혈암지 출토 청자불상연구」,『한국중세연구』제48집, 한국중세사학회,
2017. 2, 295~326면.

채상식, 「무외국통 정오의 활동상과 사상적 경향」,『부대사학』제23집, 부산대학교 사학과,
1999. 6, 593~575면.

許興植, 「만덕사지의 편찬과 그 가치」,『만덕사지』(아세아문화사, 1977)

허흥식,『眞靜國師와 湖山錄』, 민족사, 1995.

허흥식, 「무외국사 정오의 사업과 계승」,『천태사상과 동양문화』, 불지사, 1997, 42~63면.

황인규, 「고려후기 백련사 결사의 계승과 전개」,『불교연구』제38집, 2013, 227~260면.

다산과 강진 용혈
ⓒ 정민

초판 인쇄 2020년 6월 19일
초판 발행 2020년 6월 29일

지은이 정민
펴낸이 강성민
편집장 이은혜
마케팅 정민호 김도윤 고희수
홍보 김희숙 김상만 지문희 우상희 김현지
독자모니터링 황치영

펴낸곳 (주)글항아리 | 출판등록 2009년 1월 19일 제406-2009-000002호
주소 10881 경기도 파주시 회동길 210
전자우편 bookpot@hanmail.net
전화번호 031-955-1936(편집부) 031-955-2696(마케팅)
팩스 031-955-2557

ISBN 978-89-6735-795-5 93900

이 책의 판권은 지은이와 글항아리에 있습니다.
이 책 내용의 전부 또는 일부를 재사용하려면 반드시 양측의 서면 동의를 받아야 합니다.

이 도서의 국립중앙도서관 출판예정도서목록(CIP)은 서지정보유통지원시스템 홈페이지
(http://seoji.nl.go.kr)와 국가자료종합목록 구축시스템(http://kolis-net.nl.go.kr)에서 이용
하실 수 있습니다. (CIP제어번호 : CIP2020023714)

잘못된 책은 구입하신 서점에서 교환해드립니다.
기타 교환 문의 031-955-2661, 3580

www.geulhangari.com